农业龙头企业绿色创业：行为测度、驱动机理及绩效评价

朱红根 著

中国环境出版集团·北京

图书在版编目（CIP）数据

农业龙头企业绿色创业：行为测度、驱动机理及绩效评价/朱红根著. —北京：中国环境出版集团，2023.9

ISBN 978-7-5111-5616-7

Ⅰ. ①农… Ⅱ. ①朱… Ⅲ. ①农业企业—龙头企业—企业创新—研究—中国 Ⅳ. ①F324

中国国家版本馆 CIP 数据核字（2023）第 179440 号

出 版 人 武德凯
责任编辑 李士卿 韩 睿
封面设计 彭 杉

出版发行 中国环境出版集团
（100062 北京市东城区广渠门内大街 16 号）
网 址：http：//www.cesp.com.cn
电子邮箱：bjgl@cesp.com.cn
联系电话：010-67112765（编辑管理部）
发行热线：010-67125803，010-67113405（传真）

印 刷 北京中科印刷有限公司
经 销 各地新华书店
版 次 2023 年 9 月第 1 版
印 次 2023 年 9 月第 1 次印刷
开 本 787×960 1/16
印 张 14.25
字 数 230 千字
定 价 69.00 元

前言

随着经济的快速增长，自然资源的消耗日益增加，环境污染日趋严重，经济发展与环境保护之间的矛盾不断激化，从而促使企业对原有的发展理念和发展模式进行反思[1]。近年来，环境污染事件频发，2010 年英国石油公司墨西哥湾漏油事件，2010 年中国紫金矿业环境污染事件，2013 年浙江新安化工和湖南天心牧业的水污染事件、攀枝花钢铁公司的空气污染事件，以及食品安全事件中的瘦肉精、苏丹红、甲醛水产品、三聚氰胺牛奶、掺假羊肉、镉大米、马肉风波（欧洲）……它们所暴露的正是企业片面追求经济利益最大化所造成的生态负外部性影响。这表明，企业原有的以破坏生态环境为代价的经营模式与人们生态诉求之间的矛盾正逐渐加剧，而解决这一矛盾的根本方法是兼顾经济利益与环境保护的新的企业运营模式。在这样的社会背景下，一种兼顾生态效益和经济效益的企业发展形势——绿色创业，正被越来越多的学者、企业家及政府部门所关注。

自 20 世纪 90 年代中期以来，农业龙头企业迅速发展并不断壮大，全国农业龙头企业提供的农产品及加工制品占农产品市场供应量的 1/3，占主要城市“菜篮子”产品供给的 2/3 以上。农业龙头企业已经成为农产品供应的重要主体和农村经济中最具活力与带动力的市场主体，不仅在保障农产品质量安全和保护农村资源环境方面具有至关重要的作用，对农业发展、农村繁荣和农民增收也有举足轻重的影响。绿色创业紧扣“创业”和“绿色”两大主题，既能促进经济的发展，又能体现可持续发展的理念，在社会范围内培养环境责任意识和绿色发展理念。

因此，加强对农业龙头企业绿色创业的研究，增强企业绿色创业意识，推进龙头企业履行绿色创业行为，具有重要的意义。

本课题组幸运地中标国家自然科学基金面上项目“农业龙头企业绿色创业：行为测度、驱动机理及绩效评价研究”（71473111），在本课题组成员的共同努力下，项目研究成果通过了国家自然科学基金委的验收，并且在验收后的第二年，在国家自然科学基金委组织的绩效评估中被评为“优秀”等级，这不仅是对本课题研究质量的肯定，也是对我本人甚至本课题组及团队成员的鼓励。本书是在本项目研究成果的基础上作进一步充实、完善和提升，本书作为课题的后续研究成果之一，共分为 11 章。

第一章“绪论”。本章阐述了开展本课题的必要性和意义，明确了本项目研究的研究思路、技术路线、研究方法和数据来源，介绍了本课题的特色和创新之处。

第二章“理论基础与文献综述”。本章梳理了创业理论、创业导向理论、创业绩效理论、绿色创业理论、绿色创业导向理论、企业绩效理论，并且对相关研究文献进行了总结，为本研究提供了良好借鉴。

第三章“农业龙头企业绿色创业行为测度”。首先，从绿色采购、绿色生产、绿色管理、绿色营销和绿色服务 5 个维度构建了农业龙头企业绿色创业行为评价指标体系。其次，对农业龙头企业绿色创业行为进行测度，发现企业生产经营的绿色化程度总体上处于较高水平；5 个维度的农业龙头企业绿色创业行为指数中，绿色采购得分最高，绿色服务和绿色管理次之，绿色生产和绿色营销的指数偏低。另外，不同规模、性质、行业、资产、生命周期的企业在绿色服务行为上存在显著差异，在绿色采购、绿色生产、绿色管理、绿色营销各行为上也存在一定差异。

第四章“农业龙头企业绿色创业行为影响因素研究”。本章运用分位数回归模型以及因子分析法，对农业龙头企业绿色创业行为的影响因素（企业规模、企业性质、政策支持、环境规制、利益相关者压力及企业环境意识等）进行实证分析。

经研究发现：随着企业规模的扩大，企业生产运营的绿色化程度会有所降低；民营企业性质变量对企业生产运营的绿色化程度有正向影响；初创期企业生产经营的绿色化程度相较于成熟期企业更高；良好的政策支持环境将能推动企业进行绿色创业，提高其生产运营的绿色化程度；严格的环境管理规章制度能迫使企业实行绿色创业，并推动其生产运营绿色化程度的提高；由利益相关者对环保的要求带来的压力能推动企业进行绿色创业，提高其生产运营的绿色化程度；企业领导者或者管理层所具有的保护环境、节约资源的意识及价值观能使企业主动进行绿色创业，并尽力提高其生产运营的绿色化程度。

第五章“政策支持、监督响应对农业龙头企业绿色创业的影响”。本章实证检验了政策支持和监督响应对企业绿色创业的影响，并进一步考虑了两者的交互作用效果。经研究发现：一是政策支持力度越大，企业绿色创业水平越高；二是监督响应越强，说明企业对社会公众的监督重视程度越高，其绿色创业水平越高；三是政策支持和监督响应对农业龙头企业绿色创业的影响存在互补效应；四是企业规模、跨区经营及业务成长对农业龙头企业绿色创业有显著正向影响，即规模越大、跨区经营越多、业务成长越强的企业，其绿色创业水平越高。

第六章“政府规制对农业龙头企业绿色创业的影响”。本章实证考察了政府规制对农业龙头企业绿色创业的影响。经研究发现：一方面，激励规制越好、约束规制越强，农业龙头企业的绿色创业表现越好；另一方面，政府规制对农业龙头企业绿色创业营运流程的影响存在差异性，激励规制和约束规制均能促进企业积极实施绿色采购和绿色生产行为，但对企业的绿色管理和绿色营销影响不显著。因此，要促进农业龙头企业绿色创业，就必须完善相关的政府规制，为企业绿色创业提供充分的激励与约束机制。

第七章“农业龙头企业绿色创业驱动机理分析”。本章首先提出了农业龙头企业绿色创业测度模型，然后构建了农业龙头企业绿色创业驱动机理模型，并运用结构方程模型进行实证检验。结果表明：环境规制、社会监督和领导层生态意向对农业龙头企业的绿色采购、绿色生产、绿色管理、绿色营销以及绿色创业总行为具有显著的正向影响，政策支持对绿色采购、绿色生产、绿色管理、绿色营销以及绿色创业总行为的直接影响不显著，而是通过领导层生态意识间接产生积极促进作用；政策支持、环境规制、社会监督和领导层生态意向等因素对绿色采购、绿色生产、绿色管理、绿色营销以及绿色创业总行为的影响程度有所差异；从绿色创业总行为的驱动因素来看，领导层生态意向的影响最大，其次是社会监督和环境规制，且两者作用大小相当，政策支持的影响最小。

第八章“政府介入和消费者环境卷入情景下农业龙头企业绿色创业对企业绩效的影响”。本章基于政府介入和消费者环境卷入情景，首先研究农业龙头企业绿色创业不同维度对企业绩效的影响程度及其差异性。主要的研究结论如下：一是农业龙头企业绿色创业对企业绩效具有广泛的、较强的影响力。二是在不同的政府介入水平下，影响模型中的路径系数是动态变化的。当政府介入程度较高时，绿色生产对企业成长绩效和财务绩效有显著影响，绿色管理对企业成长绩效有显著影响，而对财务绩效的影响为负。三是在消费者高环境卷入与低环境卷入情景下，绿色创业对企业绩效的影响存在显著差异性。处于高环境卷入的农业龙头企业，其成长绩效和财务绩效受绿色创业的影响总体上高于低环境卷入的企业。

第九章“新制度经济学视角下农业龙头企业绿色创业对企业绩效的影响”。本章考察了农业龙头企业绿色创业对企业绩效的影响。经研究发现：一方面，企业绿色创业总体上有助于企业绩效提高，尤其是在制度环境越好的情形下，企业绿色创业对提高企业绩效的作用越明显，而处于制度环境较差的企业，由于交易成本高和消费者对绿色创业的敏感度低，其绿色创业行为不能及时地转化为企业社会资本，从而对企业绩效影响不显著；另一方面，企业不同维度的绿色创业对企业绩效的影响存在一定差异性，即企业绿色采购对所有企业绩效都有显著作用，而绿色生产和绿色管理只对绩效较好的企业提升作用更大，绿色营销对所有企业绩效都没有显著作用。

第十章“农业龙头企业绿色创业导向对企业绩效的影响”。本章考察了农业龙头企业绿色创业导向对企业绩效的影响。经研究发现：整体来说，不同导向对创业绩效的影响存在差异。环境导向对企业绩效的 2 个维度具有不同影响，其中对财务绩效的影响为负向，对成长绩效的影响为积极的正向影响；盈利导向对企业绩效 2 个维度的影响是相悖的，其对财务绩效具有负向影响，对成长绩效具有积极的正向影响，但影响均不显著；创新导向能更好地促进企业发展；先动导向对企业的创业绩效具有负向影响，但并不显著；冒险导向使企业在发展过程中愿意将大量的资源投入不确定的创业活动中，冒险导向对企业的财务绩效和成长绩效均显示出积极的正向影响，但并不显著。

第十一章“总结及政策建议”。本章总结了全书主要研究结论，并在此基础上提出相应的政策建议。本章还提出了本书的研究局限以及研究展望。

本书凝聚了课题组成员的辛勤劳动，他们分别是南京财经大学康兰媛副教授，江西农业大学经济管理学院滕玉华博士、曹大宇博士、刘华明老师、付莲莲博士以及硕士研究生江慧珍、刘磊、张媛媛、李婷、梁曦、姚莉萍、刘斐，河海大学解春艳博士，南京财经大学研究生宋成校、陈晖、郄雪婷、马群、李瑶、单慧、方炎炎、罗洪迪、卢佳琦、冯姗姗。本课题研究的野外调查和资料收集工作得到了江西省统计局以及国家统计局江西调查总队的大力支持和帮助，在此表示衷心感谢！

南京财经大学 朱红根教授

2023 年 9 月

目 录

第一章

绪　论

第一节　研究背景与研究意义

一、研究背景

（一）资源、环境问题日益严峻

人类的一系列行为活动在使经济社会获得极大发展的同时，也给自然环境、自然资源带来了严重的创伤，人与自然的关系正由和谐共生走向对立发展。人类一味地追求经济和物质财富总量的增长，导致工业生产污染的泛滥以及农业生产经营环节农药化肥的滥用、污水灌溉等，这些行为活动迅速加重了大气污染、农业土壤污染、水源污染，进而影响作物生长周期、危及国家粮食和食品安全，甚至可以认为这类持续性的人类破坏行为或许会导致整个生态系统的严重失衡。近年来，我国大部分地区出现了较为严重的大范围持续性灰霾天气，严重损害了人们的身体健康和生活质量。当前，地球上的森林正以平均每年 4 000 平方千米的速度消失，生物多样性锐减，水土流失也因此加剧。当前人类社会正面临资源约束趋紧、环境污染严重、生态退化的严峻形势，这些自然及社会问题导致了直接和间接的经济损失，降低了经济增长速度，甚至严重威胁人类的生存和发展。这些问题往往被忽视，传统的生产发展理念及方式必须加以转变，以促进人与自然关系的和谐，实现全球、全人类的可持续生存与发展。

（二）食品安全问题成为严重的社会问题

随着人们生活水平的不断提高，人们越来越重视食品安全和健康消费。但现实中一系列“舌尖上”的食品安全问题却不断出现，从“瘦肉精”“红心鸭蛋”“三鹿奶粉”到“染色馒头”“镉大米”“硫黄姜”等，这些不断受到拷问的食品安全问题已成为当前社会面临的重要问题。从“田间到餐桌”，食品生产经历着漫长的产业链过程，从种养、加工、包装、流通到消费，中间的每个环节都可能引起食品安全问题。中国商务部的统计数据表明，35%的农民进行生产活动时会在没有经过农业技术人员专业指导下使用农药和兽药，48.4%的养殖场及种植地的周边存在不同程度的污染源，并且上市前没有进行产地检验的蔬菜达到 64%。此外，据统计，我国食品生产加工企业中规模在 10 人以下的小作坊、小企业达到 80%，这些企业的生产技术及生产工序简单粗暴，难以达到相关食品标准，而企业数量的庞大又给食品安全监管带来了极大的困难与不便。民以食为天，要让百姓真正吃得放心与安心，切实地为人民身体健康提供稳定有力的安全屏障，需要国家及社会各界携手共同努力解决食品安全问题，真正降低食品安全事故发生概率。

（三）生态文明建设被纳入国家发展战略

生态文明建设已被纳入国家的发展战略，是“五位一体”的重要组成部分。党的十八大报告明确指出：“建设生态文明，是关系人民福祉、关乎民族未来的长远大计。面对资源约束趋紧、环境污染严重、生态系统退化的严峻形势，必须树立尊重自然、顺应自然、保护自然的生态文明理念，把生态文明建设放在突出地位，融入经济建设、政治建设、文化建设、社会建设各方面和全过程，努力建设美丽中国，实现中华民族永续发展。”生态文明建设是我党总结关于我国生态治理的经验与教训所做出的重大历史性战略，符合我国国情，传承人与自然和谐共生理念，坚持和完善马克思主义生态文明观，顺应国际化趋势与潮流。世界其他国家，尤其是发达国家很早便树立起对生态环境保护、资源节约及可持续发展的意识，并且在生态文明建设方面已取得了一定的成绩。从 20 世纪 90 年代的《21 世纪议程》到每年召开的联合国气候变化大会，都反映出世界各国对全球气候环境及资源问题的极大关注。资源节约、环境保护、可持续发展已成为世界各国的共同目标。因此，中国要真正实现可持续发展，必须深刻重视生态文明建设，坚持习近平生态文明思想，探索优化生态文明建设路径。

综上所述，随着经济的快速增长，自然资源的消耗日益加剧、环境污染日趋严重，经济发展与环境保护之间的矛盾不断激化，促使企业对原有的发展理念和发展模式进行反思[1]。英国石油公司的2010年墨西哥湾漏油事件、中国紫金矿业的2010年环境污染事件以及瘦肉精、苏丹红、甲醛水产品、三聚氰胺牛奶等食品安全事故暴露出的正是企业片面追求经济利益最大化所造成的生态负外部性影响，这类生态负外部性影响严重制约着人们对自然环境、自然资源的长期使用。频繁发生的环境污染事件给人们敲响了警钟，企业原有的以破坏生态环境为代价的经营模式与人们生态诉求之间的矛盾正逐渐加剧，而解决这一矛盾的根本方法是兼顾经济利益与环境保护的新的企业运营模式。在这样的社会背景下，一种兼顾生态效益和经济效益的企业发展形势——绿色创业，正为越来越多的学者、企业家及政府部门所关注。

农业作为国民经济的基础，正在步入现代化农业发展阶段。其中，农业产业化是农业现代化的重要一环，而发展农业产业化以农业龙头企业为关键。农业龙头企业作为当前一种重要的新型农业经济主体，在农业产业化、农业现代化方面发挥着越来越重要的作用。自20世纪90年代中期以来，农业龙头企业迅速发展并不断壮大。2012年，全国各类农业龙头企业近11万家，提供的农产品及加工制品占农产品市场总供应量的1/3，占主要城市“菜篮子”产品总供给的2/3以上。到2020年年底，全国有县级以上农业龙头企业9万家，其中国家重点龙头企业1 547家，省级以上近1.8万家，市级以上近6万家，初步形成国家、省、市、县四级联动的乡村产业“新雁阵”。由此可见，农业龙头企业已经成为农产品供应的重要主体和农村经济中最具活力与带动力的市场主体，不仅在保障农产品质量安全和保护农村资源环境方面具有至关重要的作用，对农业发展、农村繁荣和农民增收也有举足轻重的影响。与此同时，绿色创业紧扣“创业”和“绿色”两大主题，坚持农业绿色创业能够促进农村经济社会的发展，体现可持续发展的理念；同时可以保障农产品的质量与安全、避免环境进一步被破坏，从而在社会范围内建立环境责任意识和绿色发展理念[2]。因此，加强对农业龙头企业绿色创业的研究，进一步提升农业龙头企业的绿色创业意识，积极推进农业龙头企业履行绿色创业行为，对保障农产品质量与安全以及保护环境与资源具有重要作用，对决胜全面建成小康社会、构建现代化农业生产经营体系以及实现乡村振兴也具有重要的理论和现实意义。

二、研究意义

本书首先构建农业龙头企业绿色创业行为测度指标，对农业龙头企业绿色创业行为进行定量测度。其次，一方面从理论上探讨农业龙头企业绿色创业行为机理，并运用计量经济模型定量考察农业龙头企业绿色创业行为驱动因素及作用机理；另一方面基于新制度经济学理论，构建农业龙头企业绿色创业行为对企业绩效影响的均衡理论模型，并运用计量经济模型定量评价企业绿色创业行为绩效。最后，提出农业龙头企业绿色创业的路径选择和政府完善绿色创业政策的对策建议。本书研究的重要意义在于以下两个方面。

（一）理论意义

作为一个新兴的研究主题与研究视角，绿色创业的具体内涵以及相关概念尚未明确，并且相关理论体系尚未形成，还存在很大的研究空间与研究价值。当前，绿色创业相关研究仍然以定性分析为主要研究手段，缺乏对企业绿色创业行为的量化指标体系的研究与设计。在这样的背景下，本书一方面对农业龙头企业绿色创业行为概念及内涵进行界定，并综合构建了测量指标体系；另一方面基于新制度经济学理论，分析农业龙头企业绿色创业行为对企业绩效的影响，揭示其内在作用机理。这些都有利于进一步丰富与完善绿色创业理论，为后续相关研究的开展提供一种思路与视角，同时为保障国家农产品质量与安全、促进资源环境可持续发展与利用提供理论支撑与理论依据。

（二）实践意义

本书以农业龙头企业为研究主体，实证考察其绿色创业行为状况，探讨其绿色创业行为的影响因素，定量评估绿色创业对企业绩效的影响大小，并据此提出政策建议，为促进农业龙头企业绿色创业提供实践指导，同时为政府制定绿色创业政策提供决策参考。

第二节 研究方法

一、文献研究法

本书首先根据国内外现有文献与研究成果，对创业理论、创业导向理论、绿色创业理论、企业绩效理论等相关理论与概念进行系统及全面的梳理。其次，借鉴国内外专家学者对企业绿色创业导向及创业绩效的维度划分方法，结合农业龙头企业的具体特征与实际情况，对农业龙头企业绿色创业行为及创业导向进行多维度划分和评价，并将创业绩效分为财务绩效和成长绩效 2 个维度。总体上，现有文献和研究为本书相关内容的开展提供了大量的理论支撑与研究设计依据。

二、描述性统计分析方法

由于本书研究所使用的数据是农业龙头企业的实地微观调查数据，故在进行实证分析之前，首先，对样本数据的基本特征（包括企业性质、规模、总资产、企业上市与否、企业所处行业和企业所处生命周期等）进行简单的描述性统计分析，对相关数据传达的信息进行初步判断；其次，对农业龙头企业绿色导向的不同维度（先动导向、盈利导向、创新导向、环境导向、社会导向）进行描述分析，包括对不同创业导向的均值、方差、标准差、峰度、偏度等内容进行描述分析；最后，对创业绩效的不同维度进行描述性统计分析，利用方差分析法对不同特征的农业龙头企业绿色创业行为进行分析。

三、因子分析法

因子分析法是本书相关研究开展的主要方法之一。本书在对农业龙头企业绿色创业行为、绿色创业导向以及创业绩效进行测量时，主要运用了因子分析法。

因子分析法是将每个原始变量分解成两部分：一部分是由所有变量共同具有的少数几个因子构成的，即所谓的公共因素部分；另一部分是每个变量独自具有的因素，即所谓的独特因素部分。

设有 P 个测量变量 $x_1,x_2,\cdots,x_p$，每个变量可作如下分解

$$x_1 = \alpha_{11} f_1 + \alpha_{12} f_2 + \cdots + \alpha_{1m} f_m + \alpha_1 \varepsilon_1 \quad (1\text{-}1)$$

$$x_2 = \alpha_{21} f_1 + \alpha_{22} f_2 + \cdots + \alpha_{2m} f_m + \alpha_2 \varepsilon_2 \quad (1\text{-}2)$$

$$x_p = \alpha_{p1} f_1 + \alpha_{p2} f_2 + \cdots + \alpha_{pm} f_m + \alpha_p \varepsilon_p \quad (1\text{-}3)$$

上述 3 个为因子模型，其中 $f_1, f_2, \cdots, f_m$ 叫作公共因子，它们是在各个变量中共同出现的因子。可以把它们看作高维空间中所张起的互相垂直的 m 个坐标轴。ε_i（i=1,2,⋯,p）表示影响 x_i 的独特因子。α_{ij} 作因子载荷，是第 i 个变量在第 j 个主因子上的负荷，或者叫作第 i 个变量在第 j 个主因子上的权，反映了第 i 个变量在第 j 个主因子上的相对重要性。α_i 为独特因子的载荷。因子分析的基本问题就是要确定因子载荷。

因子载荷矩阵的确定思路如下：

设 n 个原始观测数据样品分别为 $x_1 = (x_{11}, x_{21}, \cdots, x_{p1})'$，$x_2 = (x_{12}, x_{22}, \cdots, x_{p2})', \cdots$，$x_n = (x_{1n}, x_{2n}, \cdots, x_{pn})'$ 可写成原始数据矩阵为

$$x = (x_1, x_2, \cdots, x_p) = \begin{bmatrix} x_{11} & x_{12} & \cdots & x_{1n} \\ x_{21} & x_{22} & \cdots & x_{2n} \\ \vdots & \vdots & & \vdots \\ x_{p1} & x_{p2} & \cdots & x_{pn} \end{bmatrix} \quad (1\text{-}4)$$

为方便起见，假定经标准化处理后得到的数据矩阵仍记为 X。它的相关矩阵 R 和协方差矩阵 S 完全一样。这时相关矩阵可表示为

$$R = X \cdot X'$$

R 矩阵的特征方程为 $|R-\lambda|$，假定其 p 个特征值满足如下关系：

$$\lambda_1 > \lambda_2 > \cdots > \lambda_{ip} \geqslant 0$$

相应的特征向量为 $U_1, U_2, \cdots, U_p$ 外，以每个特征向量为列向量构成的矩阵为

$$U=\left[U_1,U_2,\cdots,U_p\right]=\begin{bmatrix}U_{11} & U_{12} & \cdots & U_{1p}\\ U_{21} & U_{22} & \cdots & U_{2p}\\ \vdots & \vdots & & \vdots\\ U_{p1} & U_{p2} & \cdots & U_{pp}\end{bmatrix} \tag{1-5}$$

U 为正交矩阵，它满足 $U'U=UU'=I$，那么公式为

$$R=X'X=U\begin{bmatrix}\lambda_{11} & & & 0\\ & \lambda_2 & & \\ & & \ddots & \\ 0 & & & \lambda_p\end{bmatrix}U'=U\wedge U' \tag{1-6}$$

式（1-6）两边左乘以 U'，右乘以 U 得

$$U'XXU=U'U\wedge U'U=\begin{bmatrix}\lambda_{11} & & & 0\\ & \lambda_2 & & \\ & & \ddots & \\ 0 & & & \lambda_p\end{bmatrix} \tag{1-7}$$

令 $F=U'X$，则式（1-7）变为

$$FF'=\wedge=\begin{bmatrix}\lambda_{11} & & & 0\\ & \lambda_2 & & \\ & & \ddots & \\ 0 & & & \lambda_p\end{bmatrix} \tag{1-8}$$

F 称为主因子阵，可写成

$$\begin{aligned}F&=\left[F_1,F_2,\cdots,F_n\right]_{p\times n}\\ &=U'x\\ &=U'\left[x_1,x_2,\cdots,x_n\right]\\ &=\left[U'x_1,U'x_2,\cdots,U'x_n\right]\end{aligned} \tag{1-9}$$

故 $F_\alpha=U'X_\alpha\left(\alpha=1,2,\cdots,n\right)$，即每一个 F_α 为第 α 个数据样品的主因子观测值

可写成

$$F_{\alpha}=\left[f_{1\alpha},f_{2\alpha},\cdots,f_{p\alpha}\right]'$$

在因子分析中，通常只选其中 m（$m<p$）个主因子，即根据变量的相关选出第一主因子 f_1，使其在各变量的公共因子方差中所占的方差贡献为最大，然后消去这个因子的影响，而从剩余的相关因子中，选出与之不相关的因子，使其在各个变量的剩余因子方差贡献中为最大，如此往复，直到各个变量公共因子方差被分解完毕。

例如，如果我们按所选取的各主因子的信息量之和占总体信息量的85%，那么应选择 m 使得

$$\frac{\lambda_1+\lambda_2+\cdots+\lambda_m}{\sum_{i=1}^{p}\lambda_i}\geqslant 85\% \tag{1-10}$$

选定了 m 之后，我们就可将 U 矩阵分为两部分，以确定因子模型，由 $F_{\alpha}=U'X_{\alpha}$ 得 $X_{\alpha}=UF_{\alpha}$，即

$$X_{\alpha}=[U_1,\cdots,U_m,U_{m+1},\cdots,U_p]\begin{bmatrix}f_{1\alpha}\\ \vdots\\ f_{m\alpha}\\ f_{(m+1)\alpha}\\ \vdots\\ f_{p\alpha}\end{bmatrix} \tag{1-11}$$

令

$$U_{(1)}=\left[U_1,U_2,\cdots,U_m\right]_{p\times m}$$

$$U_{(2)}=\left[U_1,U_2,\cdots,U_m\right]_{p\times(p-m)}$$

$$f_{(1)\alpha}=\begin{bmatrix}f_{1\alpha}\\ \vdots\\ f_{m\alpha}\end{bmatrix}_{m\times 1}\qquad f_{(2)\alpha}=\begin{bmatrix}f_{(m+1)\alpha}\\ \vdots\\ f_{p\alpha}\end{bmatrix}_{(p-m)\times 1}$$

则

$$X_\alpha = \left[U_{(1)}, U_{(2)}\right] \begin{bmatrix} f_{(1)\alpha} \\ \vdots \\ f_{(2)\alpha} \end{bmatrix}$$

$$= U_{(1)} f_{(1)\alpha} + U_{(2)} f_{(1)\alpha} \qquad (1\text{-}12)$$

$$= \left[U_1, U_2, \cdots, U_m\right] \begin{bmatrix} f_{1\alpha} \\ f_{2\alpha} \\ \vdots \\ f_{3\alpha} \end{bmatrix} + U_{(2)} f_{(2)\alpha}$$

式中，$U_{(1)} f_{(1)}$ 为 m 个主因子所能解释的部分，而 $U_{(2)} f_{(2)}$ 为其残余部分，记为 E_α，则

$$X_a X_\alpha = U_{(a)} f_{(1)a} U_{(\alpha)} f_{(1)\alpha} + E_a E_\alpha \quad (\alpha=1,2,\cdots,n) \qquad (1\text{-}13)$$

由于该式对任意的样品都成立，故式中的 α 可去掉，这样就得因子模型：

$$X_1 = U_{11} f_1 + U_{12} f_2 + \cdots + U_{1m} f_m + \varepsilon_1 \qquad (1\text{-}14)$$

$$X_2 = U_{21} f_1 + U_{22} f_2 + \cdots + U_{2m} f_m + \varepsilon_2 \qquad (1\text{-}15)$$

$$X_p = U_{p1} f_1 + U_{p2} f_2 + \cdots + U_{pm} f_m + \varepsilon_p \qquad (1\text{-}16)$$

式中的主因子系数矩阵 $U_{(1)}$ 称为因子载荷矩阵。

由于特征向量 U_i 通常是用单位向量表示的，故需要进行规格化处理，即

$$a_{ij} \alpha_{ij} = U_{ij} \sqrt{\lambda_j} \qquad (1\text{-}17)$$

所以，因子载荷矩阵为

$$\boldsymbol{A} = (a_{ij})(\alpha_{ij}) = \begin{bmatrix} U_{11}\sqrt{\lambda_1} & U_{12}\sqrt{\lambda_2} & \cdots & U_{1m}\sqrt{\lambda_m} \\ U_{21}\sqrt{\lambda_1} & U_{22}\sqrt{\lambda_2} & \cdots & U_{2m}\sqrt{\lambda_m} \\ \vdots & \vdots & & \vdots \\ U_{p1}\sqrt{\lambda_1} & U_{p2}\sqrt{\lambda_2} & \cdots & U_{pm}\sqrt{\lambda_m} \end{bmatrix} \qquad (1\text{-}18)$$

因此，因子模型为

$$X_1 = a_{11}\alpha_{11}f_1 + a_{12}\alpha_{12}f_2 + \cdots + a_{1m}\alpha_{1m}f_m + a_1\varepsilon_1\alpha_1\varepsilon_1 \quad (1\text{-}19)$$

$$X_2 = a_{21}\alpha_{21}f_1 + a_{22}\alpha_{22}f_2 + \cdots + a_{2m}\alpha_{2m}f_m + a_2\varepsilon_2\alpha_2\varepsilon_2 \quad (1\text{-}20)$$

$$X_p = a_{p1}\alpha_{p1}f_1 + a_{p2}\alpha_{p2}f_2 + \cdots + a_{pm}\alpha_{pm}f_m + a_p\varepsilon_p\alpha_p\varepsilon_p \quad (1\text{-}21)$$

由以上分析可见，因子分析与主成分分析有很大差别。主成分分析是将主分量表示为原观测变量的线性组合，而因子分析是将原观测变量表示为公共因子的线性组合；主成分分析的主分量数 m 和原变量数 p 相等，它是将一组具有相关性的变量变换为一组独立的变量，而因子分析的目的是要使公共因子数 m 比原变量数 p 小，而且要尽可能地选取小的 m，以便尽可能地构造一个结构简单的模型。在主成分分析中，原观测变量对某一主成分的影响大小，由该主成分相应的特征向量确定，而在因子分析中，原观测变量在某一主因子上的载荷，由该主因子相应的特征向量确定。

四、相关分析法

相关分析是计量分析的基础和前提。如果不对研究的客观现象进行相关分析，而是直接探究因变量与自变量的关系，这样建立的分析方程通常没有实际意义。本书在对绿色创业导向及企业创业绩效量表的信度检测与效度检测的基础上，就各变量间的相互关系进一步展开相关分析。通过绿色创业导向各因子与创业绩效不同维度相关分析的 Pearson 相关性系数及显著性判断变量间是否存在相关性、相关性的正负方向、相关性是否显著。

五、结构方程模型分析

本书在考察农业龙头企业绿色创业导向对企业绩效的影响时，主要运用了结构方程模型。传统的路径分析由多个线性回归方程构成，在估计多变量的关系时有许多局限性，对于本书提出的理论模型来说，结构方程是一个合适的分析工具，它可以解释一个或多个自变量与一个或多个因变量之间的关系。结构方程包含随机变量、结构参数、非随机变量。随机变量包含 3 种类型，即观测变量、潜在变量以及干扰/误差变量。观测变量是可以直接被测量的变量；潜在变量通常无法直接测量，需要通过观测变量加以构建；非随机变量则是探测性变量，其值在重复随机抽样下保持不变。结构方程模型描述观测变量与观测变量、观测变量与潜在变量以及潜在变量与潜在变量间的关系。

对于指标与潜在变量间的关系，通常写为以下观测模型：

$$x = \Lambda_x \xi + \delta, \quad y = \Lambda_y \eta + \varepsilon$$

结构方程表示为

$$\eta = B\eta + \Gamma\xi + \varsigma \tag{1-22}$$

式中，x 为外生观测变量；ξ 为外生潜在变量；Λ_x 为外生观测变量在外生潜在变量上的因子载荷矩阵；δ 为外生观测变量的误差项；y 为内生观测变量；η 为内生潜在变量；Λ_y 为内生观测变量在内生潜在变量上的因子载荷矩阵；ε 为内生变量的误差项；B 为内生潜在变量间的关系；Γ 为外生潜在变量对内生潜在变量的影响；ς 为结构方程的残差项，反映了在方程中未能被解释的部分。

六、分位数回归模型

Koenker 和 Bassett 于 1978 年提出了分位数回归方法，它是一种估计方法，用于表示自变量 x 和因变量 y 之间在各分位数上的线性关系。相较最小二乘回归法（OLS），分位数回归有其不可比拟的优势，表现在分位数回归能更精准地描述解释变量（X）对于被解释变量（Y）的变化范围，同时形成条件分布特征的影响。当解释变量（X）对不同部分的被解释变量（Y）的分布产生不同的影响时，分布的尾部特征能够被捕捉和刻画，从而得到全面的分析。分位数回归的估计方法：假设条件分布 $y \mid x$ 的总体 τ 分位数 $y_\tau(x)$ 是 x 的线性函数，即 $y_\tau(x_i) = x_i'\beta_\tau$，其中，$\beta_\tau$ 表示“q 分位数的回归系数”，以下最小化问题可以求解出估计量 $\hat{\beta}_\tau$，公式为

$$\min_{\beta_\tau} \sum_{i:y_i \geqslant x_i'\beta_\tau}^{n} \tau \left| y_i - x_i'\beta_\tau \right| + \sum_{i:y_i < x_i'\beta_\tau}^{n} (1-\tau)\left| y_i - x_i'\beta_\tau \right| \tag{1-23}$$

如果 $\tau = \dfrac{1}{2}$，就是中位数回归，此时，目标函数可被简化为

$$\min_{\beta_\tau} \sum_{i=1}^{n} \left| y_i - x_i'\beta_\tau \right| \tag{1-24}$$

最终，该目标函数的解就是随机变量的 τ 样本分位数。

第三节 数据来源

本书主要依托国家自然科学基金项目“农业龙头企业绿色创业：行为测度、驱动机理及绩效评价研究”（71473111），于 2015 年 11 月至 2016 年 3 月，课题组通过走访调查、发放问卷等形式，对江西省内的农业龙头企业进行了调查。此次调查涵盖了江西省内 11 个地级市的 250 家农业龙头企业，这些农业龙头企业来自 2014 年农业部公布的江西省龙头企业名单。在 250 份调查问卷中共回收了 224 份有效问卷，问卷有效率达到 89.6%。问卷内容较为丰富，涵盖了企业基本特征（主要有企业所有制性质、规模、总资产、所处行业、所处生命周期等）、领导者个体特征（年龄、性别、文化程度等）、绿色创业环境、企业绿色创业行为（创业导向、创业绩效及企业社会责任等）等方面。

由表 1-1 可以看到，在被调查的 224 家农业龙头企业样本中，民营企业占绝大部分，占比达到 90.2%，国有/集体企业占 3.6%，外资/合资企业占 2.2%，其他类型企业占 4.0%。在企业规模方面，中小规模企业占 92.9%，大规模企业只占 7.1%。在企业所处行业方面，从事种植业的企业占 34.4%，从事养殖业的企业占 21.8%，从事农产品加工业及其他行业的企业占 43.8%。在企业总资产方面，资产规模在 1 000 万～5 000 万元的企业比重最大，为 43.3%；其次是资产规模在 5 000 万～1 亿元的企业，占比为 27.3%；资产规模在 1 亿～4 亿元的企业占 16.5%；资产规模在 1 000 万元以下的企业占 8.0%；资产规模在 4 亿元以上的企业占比较小，低于 5%。在所处生命周期方面，大部分企业处于发展阶段，占比为 71.9%；处于成熟阶段的企业占 16.1%；处于转型期的企业占比为 8.9%；处于初创期的企业占比最小，仅为 3.1%。

表 1-1 企业基本特征的样本数据描述性统计

统计类别	范围	频数/家	有效百分比/%
性质	国有/集体	8	3.6
	民营	202	90.2
	外资/合资	5	2.2
	其他	9	4.0

统计类别	范围	频数/家	有效百分比/%
规模	中小规模	208	92.9
	大规模	16	7.1
行业	种植业	77	34.4
	养殖业	49	21.8
	农产品加工业及其他	98	43.8
总资产	低于 1 000 万元	18	8.0
	1 000 万～5 000 万元	97	43.3
	5 000 万～1 亿元	61	27.3
	1 亿～4 亿元	37	16.5
	4 亿元以上	11	4.9
生命周期	初创	7	3.1
	发展	161	71.9
	成熟	36	16.1
	转型	20	8.9

第四节 研究思路与研究结构

一、研究思路

本书从当前资源与环境现实背景出发，基于创业理论、可持续发展理论、利益相关者理论及环境经济学理论，借鉴绿色创业的研究成果，以农业龙头企业为研究对象，首先，对农业龙头企业绿色创业动因进行理论层面上的探讨；其次，在科学界定农业龙头企业绿色创业的基础上，从绿色采购、绿色生产、绿色管理、绿色营销、绿色服务等维度构建农业龙头企业绿色创业行为测量指标体系，并进行定量测度；再次，构建计量经济模型，实证考察影响农业龙头企业绿色创业行为的因素及作用机理，并从理论与实证层面考察农业龙头企业绿色创业对企业绩效的影响；最后，提出促进农业龙头企业绿色创业的相关政策建议。具体技术路线如图 1-1 所示。

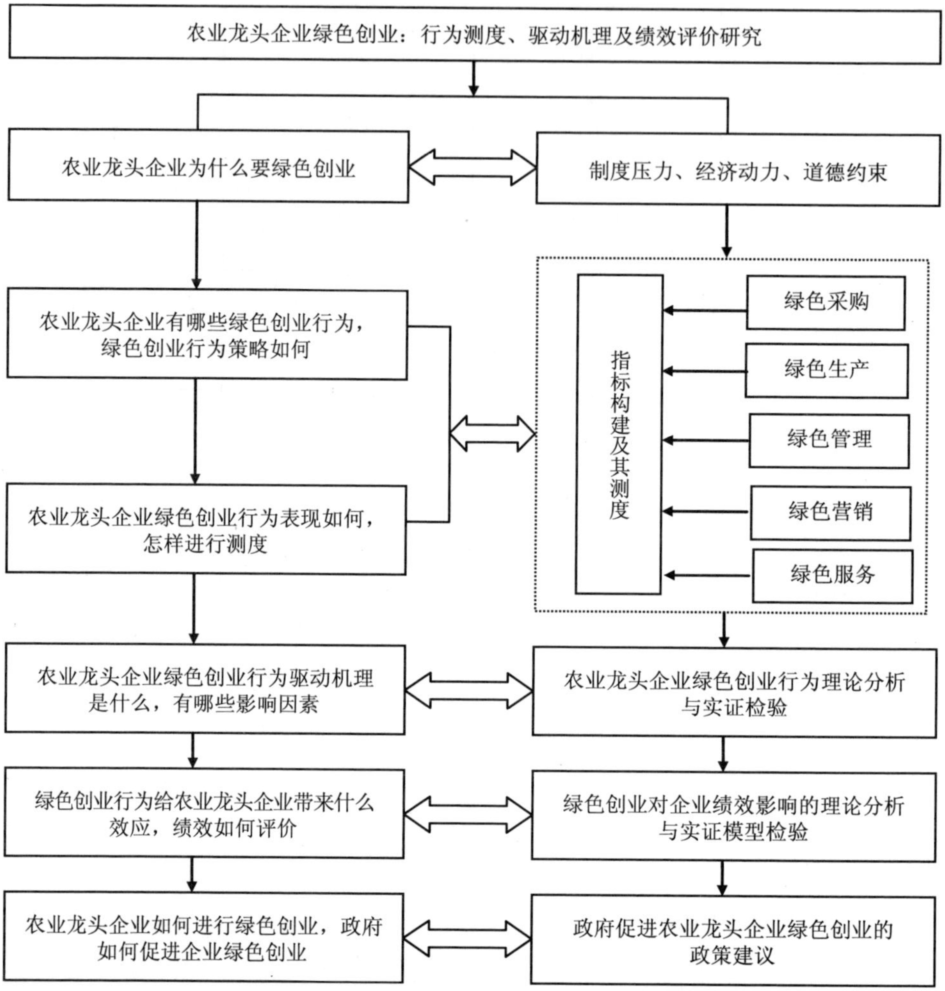

图 1-1　技术路线

二、研究结构

本书旨在分析农业龙头企业绿色创业行为，以期寻找出影响其绿色创业行为的因素，进而为政府制定有效推动企业绿色创业的相关政策提供参考，解决企业行为带来的环境污染、资源浪费等问题，在促进经济发展的同时，使社会与环境得到可持续发展。主要研究内容共分为 11 章，具体章节内容如下：

（1）第一章“绪论”。在本书开篇部分首先指出研究背景和研究意义，紧随其后对研究内容、研究方法、数据来源进行了简单介绍。其中，通过技术路线图展示了本书的研究思路，最后提出了本书可能的创新之处与存在的不足。

（2）第二章“理论基础与文献综述”。创业理论、可持续发展理论、利益相关者理论等是本书所涉及的相关理论；同时，对国内外已有研究进行回顾，对绿色创业内涵、类型、驱动因素等研究进行梳理；最后，指出本书的研究方向。首先，本章回顾了创业理论、创业导向理论、创业绩效理论、绿色创业理论、绿色创业导向理论、企业绩效理论及绿色创业导向对企业创业绩效影响研究现状等相关理论文献；其次，根据相关研究资料，对绿色创业导向及创业绩效进行初步的维度构建；最后，对相关研究文献进行了梳理与总结。

（3）第三章“农业龙头企业绿色创业行为测度”。本章从绿色采购、绿色生产、绿色管理、绿色营销和绿色服务 5 个维度构建农业龙头企业绿色创业行为评价指标体系，建立农业龙头企业绿色创业行为指数测度模型，对绿色创业行为（绿色采购、绿色生产、绿色管理、绿色营销、绿色服务 5 个维度）及总体绿色创业行为进行测度。

（4）第四章“农业龙头企业绿色创业行为影响因素研究”。本章运用分位数回归模型以及因子分析法，对农业龙头企业绿色创业行为的影响因素（企业规模、企业性质、政策支持、环境规制、利益相关者压力及企业环境意识等）进行实证分析，分析其影响方向、程度及作用机理。

（5）第五章“政策支持、监督响应对农业龙头企业绿色创业的影响”。本章通过构建多维度的综合指标体系定量测度农业龙头企业绿色创业水平，并运用因子分析法构建计量模型，实证检验了政策支持和监督响应对企业绿色创业的影响，并进一步考虑了两者的交互作用效果。

（6）第六章“政府规制对农业龙头企业绿色创业的影响”。首先，本章构建了企业绿色创业行为理论模型，考察了政府规制对企业绿色创业的影响机理；其次，通过构建计量经济模型进行了实证检验；最后，本章进一步考察了政府规制对企业绿色创业营运流程的影响。

（7）第七章“农业龙头企业绿色创业驱动机理分析”。本章基于绿色创业理论和社会认知理论等，构建农业龙头企业绿色创业行为测度模型以及农业龙头企业绿色创业驱动机理模型，探讨农业龙头企业绿色创业行为的驱动因素。同时，采用结构方程模型实证分析农业龙头企业绿色创业行为驱动因素及其作用机理。

（8）第八章“政府介入和消费者环境卷入情景下农业龙头企业绿色创业对企业绩效的影响”。首先，研究农业龙头企业绿色创业不同维度对企业绩效的影响程度及其差异性；其次，引入政府介入变量，检验其在绿色创业对企业绩效影响中是否起到调节作用；最后，引入消费者环境卷入变量，检验其在绿色创业对企业绩效影响中是否起到调节作用。

（9）第九章“新制度经济学视角下农业龙头企业绿色创业对企业绩效的影响”。本章从新制度经济学的视角，论述企业绿色创业行为是市场经济条件下利益相关者对企业逐利行为进行非正式约束的制度选择，并在此基础上提出“绿色创业行为有助于提高农业龙头企业绩效”的理论假设。通过构建企业绿色创业行为的测量指标，采用因子分析法衡量企业绿色创业行为指数；然后使用最小二乘法和分位数回归验证企业绿色创业对企业绩效的影响假说。

（10）第十章“农业龙头企业绿色创业导向对企业绩效的影响”。首先，本章运用 SPSS 21.0 软件对样本数据进行描述性分析，观察样本数据的整体特征；其次，运用相关分析方法检测农业龙头企业绿色创业导向各维度及创业绩效的相关性；再次，运用 AMOS 21.0 软件构建结构方程模型，考察农业龙头企业绿色创业导向对企业绩效的影响；最后，在前文结构方程模型的研究基础上，引入控制变量，运用 SPSS 21.0 软件对绿色创业导向与企业绩效的影响进行回归分析，并针对不同研究方法所得出的结果进行分析。

（11）第十一章“总结及政策建议”。本章总结全书主要研究结论，并在此基础上提出了相应的政策建议。最后，本章还提出了本书的研究局限以及研究展望。

第五节　特色及可能创新点

一、课题选题有新颖性

在环境保护和资源可持续利用的背景下，特别是在当前食品安全事件频发的形势下，以农业龙头企业为对象研究绿色创业问题，考察农业龙头企业绿色创业行为及驱动机理，揭示绿色创业行为对企业绩效的影响及作用机理。截至目前，还没有发现与本书同题或相类似的研究成果，本书选题新颖，特色明显。

二、研究内容有创新性

一方面，本书在综合国内外有关绿色创业定义、内涵等研究成果的基础上，结合农业龙头企业的特征，尝试从绿色采购、绿色生产、绿色管理、绿色营销及绿色服务等维度构建指标体系，并对农业龙头企业绿色创业行为进行定量测度；另一方面，在农业龙头企业是否决定绿色创业，绿色创业行为表现和驱动机理如何的问题上，目前涉及企业绿色创业行为决策的研究成果比较鲜见，因此，本书将重点考察农业龙头企业绿色创业行为的驱动机理及其影响因素。如何构建农业龙头企业绿色创业行为对企业绩效影响的计量经济模型，是正确考察企业绿色创业行为绩效的重要环节。因此，本书运用新制度经济学理论、消费者行为理论、企业战略理论综合考察农业龙头企业绿色创业行为绩效。这是本书的创新之处。

三、方法应用有突破性

目前，在关于农业龙头企业绿色创业行为测度、驱动机理及绩效评价的研究中，定量研究不多。本书尝试应用分位数回归法、结构方程模型、工具变量法等多种实证研究方法进行研究，相较于现有文献来说，可视为方法应用上的新突破。

第二章

理论基础与文献综述

理论基础与文献综述是本章的两个组成部分。创业理论、可持续发展理论、环境经济学理论及利益相关者理论是理论基础部分。文献综述部分对国内外已有研究进行了回顾，对绿色创业内涵、类型、驱动因素等研究进行了梳理，并在此基础上进行文献评述，同时指出了本书的研究方向和内容。

第一节　理论基础

一、相关概念界定

（一）创业的定义

创业是推动社会经济发展的重要引擎。一直以来，社会对创业活动都有强烈的热情。早在 18 世纪中期，创业现象就已经出现，到 20 世纪 80 年代中期，创业得到了迅速发展，而在今天，创业活动呈现越来越热烈的局面，学术界对创业的研究也进入新的阶段。学者们对创业理论的研究涵盖了各个领域，包括经济学、社会学、管理学、教育学、金融学、心理学、法学、商业伦理学以及公共政策学等，所以，在对创业的定义方面，学术界并未达成统一。

在对目前比较有代表性、有重要影响的创业定义进行梳理的基础上，我国学者朱仁宏[3]通过进一步分析，从识别创业机会的能力，领导者个体特征与心理特质，创业机会获取，以及创建新组织与开展新业务的活动 4 个方面展开（表 2-1），对创业定义进行分类。

表 2-1　创业定义对照表

定义的焦点	定义	作者（年份）
识别创业机会的能力	对未来预测成功的能力	Knight（1921）[4]
	对下一个不完全市场、存在市场缺口的现象在何处发生进行准确预测的套利行为与能力	Kirzner（1973）[5]
	比你的竞争对手更明智、更努力地工作的能力	Leibenstein（1978）[6]
	正是企业家洞察机会的能力驱动其创业行为的发生，而非已控制的资源	Stevenson 等（1985）[7]
	资源态度，从根本上看，辨别何时进行投入的能力被划分在创业家的眼界和直觉之列，但在当前的资源理论发展的重点中并不包括这种眼界下的创造性行为	Conner（1991）[8]
领导者个体特征与心理特质	想象力、灵敏性、首创精神、创新性、善于理性化思考和于变化中捕捉机会的能力	Bygrave（1989）[9]
创业机会获取	根据已控制的资源去获取机会	Stevenson 等（1985）[7]
	创业就是发现和利用有利可图的机会	Shane 和 Venkataraman（2000）[10]
	创造财富的新机会总会在频繁的变化中出现，创业便是个体（组织）积极利用这些新机会的方式	The US National Commission on Entrepreneurship（2003）
创建新组织与开展新业务的活动	进行新的结合	Schumpeter（1934）[11]
	发起、维持和开展业务活动，它是以获取利润为目标的	Cole（1968）[12]
	开展独立的新业务	Vesper（1983）[13]
	建立新组织	Gartner（1985）[14]
	创建并对新业务、小型企业及家族企业进行管理，涉及领导者的个人特殊问题及创业家个体特征	The Academy of Management（1987）
	创办新企业	Low 和 Macmillan（1988）[15]

注：这些源于 1998 年国外学者 Low 和 Macmillan 对原作者关于创业定义所作的解释。

（二）创业环境的内涵

学术界很多学者对创业环境的界定进行过探讨。嘉特纳认为，创业环境是指一系列的影响企业生产运营的外部因素及其他因素组成的有机整体，其贯穿企业创立发展的整个过程中。有两种理论对环境与创业的关系进行了解释，其一叫作资源依存理论。该理论认为，企业发展需要的全部资源不可能全部来自其自身，这就使得每一个企业组织要不断与周围环境因素发生交易关系。新企业取得稳定的、可预估的必需资源的能力直接关系到企业的建立、存续和发展[16]。其二是种群生态学理论。该理论认为，企业的进化和选择是通过检验企业（尤其是初创企业）的“生存”率和“消亡”率来进行的。有关研究发现，在市场上能否具备竞争能力，取得资源的合法化，以及是否可获得企业必需的资源，这些都显著影响着组织的生存和发展[17]。

关于对企业创业环境的研究是国内外各学者关注的焦点。Gnyawali 和 Fogel[18] 研究发现，在初创企业的存续及发展过程中，外部环境对其有着很强的影响力。当然，企业内部因素的影响也是不容忽视的，在由内外部因素构成的创业环境中，有 5 个维度的因素，分别为政府政策及规章、社会经济状况、创业与管理技能、创业资金支持和创业非资金支持。

（1）政府政策及规章。无论是在资本主义国家还是在社会主义国家，政府都会使用宏观调控手段来引导和规范市场活动与秩序。尤其是在经济转型国家，社会环境面临着诸多不确定性，政府改革市场经济、促进经济发展的政策和规章制度使得创业机会随之产生，促进企业创业活动的开展。

（2）社会经济状况。企业经济活动依附于社会经济发展状况，一方面表现在地区经济状况。居民可支配收入、地区商业发展程度、经济活动的丰富和多样化等都能很好地反映地区经济。地区经济状况越好，可获得的企业创业资金就越多，投资资本的可获性就越大，创业机会也随之增加。另一方面表现在地区对创业活动的态度，如当地政府为创业企业制定融资或资金支持、税收减免等政策，将影响创业者的创业意愿，从而推动创业活动的发展。

（3）创业与管理技能。创业与管理技能属于创业者自身特质中的重要方面，其直接影响着人们的创业意愿。如果个体具备较好的创业创新技术和管理技能，可帮助其克服创业过程中的各种困难，促进创业事业的发展。

（4）创业资金支持。资金、金融资本是维持企业运行、促进企业发展的重要资源，来自企业外部的资金支持可以帮助分散企业的创业风险，扩大企业融资，使资本得到积累，从而强化企业的经济基础。当企业处于初创期时，面临的不稳定性和风险性因素更多，往往难以获得金融机构的资金支持，融资成本的压力较大，这时企业发展的资金主要源于自有资金及亲朋借贷资金。当企业进入成长阶段时，发展较为稳定，社会投资才开始介入。

（5）创业非资金支持。非资金支持包括基础设施、社会关系网络及政府对研发项目的支持等方面。基础设施是企业正常运行的基础和保障，主要包括便利的交通设施、现代化的通信设施等；相关研究表明，在企业创业初期，创业者往往在建立关系网络方面进行大量投入，关系网络能够有效增强企业创业能力；针对企业积极研发的行为，政府向其提供技术培训、项目支持等，能很好地促进创业。

国内许多学者也对创业环境进行了探讨，大部分是在以上 5 个维度的基础上进行拓展，内容涵盖了社会、经济、文化、自然、服务、科教和环境等方面，具体如表 2-2 所示。

表 2-2 创业环境构成

类型	构成	作者（年份）
创业环境	政府政策及规章、社会经济状况、资金与非资金支持、创业与管理技能	张玉利和陈立新（2004）[19]
	宏观经济景气指标、鼓励创业的环境指标、支持创业的环境指标、服务创业的环境指标、保护创业的环境指标、综合体现创业环境水平的成果指标	叶依广和刘志忠（2004）[20]
城市创业环境评价指标	经济、文化、服务、科教、环境和创业企业现状	郭元源等（2006）[21]
中小企业创业环境评价指标	社会、经济及自然环境、政策法律、金融服务、社会服务、智力支撑	周丽（2006）[22]
农村创业环境	经济支撑、文化支撑、培训支撑、服务支撑及环境支撑系统	罗新阳（2009）[23]
农民创业环境	政策环境、社会环境、经济环境和农村自然环境	孙红霞等（2010）[24]

（三）可持续发展的定义

关于可持续发展的定义，目前国际上主要是从自然属性、社会属性、经济属性及科学技术属性 4 个视角进行阐述的，具体内容包括以下 4 个方面。

（1）从自然属性定义可持续发展。国际生物科学联合会及国际生态学联合会于 1991 年对可持续发展做出定义，认为可持续发展"使自然环境系统的生产更新能力得到保护和加强"，旨在说明可持续发展是在环境系统限定的再生能力范围内的发展。

（2）从社会属性定义可持续发展。1991 年，"人类生活质量的提高，应满足生存保持在生态系统所能承载能力之内的前提"是对可持续发展下的定义，来源于联合国环境规划署、世界野生生物基金会和世界自然保护同盟共同发表的《保护地球——可持续生存战略》，同时为开展、落实可持续生存行动提出了 9 条原则作为指导，还提出了可持续发展的价值观和 130 种行动方案。这种可持续发展思想强调，可持续发展战略的实现要以社会公平为目标机制。在此基础上，要使人类获得所需资源的方式和生活质量得到改善，人类健康水平得到提高，这样对平等、自由、人权等得到保障的发展环境的创建就成为必然，这是发展的内在含义。

（3）从经济属性定义可持续发展。经济发展是社会财富增长和国家实力增强的基础与动力，因此可持续发展是鼓励经济增长的，但保护生态环境不应该成为制约经济增长的阻力。巴比尔（Edward B Barbier）在《经济、自然资源、不足和发展》一书中对可持续发展进行了定义："要获得最大的由经济发展带来的净利益，前提是既要保护自然资源的质量，又要保护其所提供的服务。"经济学家科斯坦萨（Costanza）等认为，可持续发展是指被包含在整个资本存量中的各种"自然资本"存量（包括量和质）消费的数量不被降低，能够无限期地循环下去。这些定义表明，经济的可持续发展要求不以牺牲环境为代价来促进经济增长，经济可持续发展不仅体现在对经济增长数量的重视上，也体现在对经济增长质量的注重上。

（4）从科学技术属性定义可持续发展。从利用技术的角度，有学者认为"可持续发展就是为使能源和其他自然资源的消耗在最大限度上降低而采用一些创新性的技术或工艺方法，这些技术和方法具有更清洁、更高效的特点，以使达到接近‘零排放’（或‘密闭式’）的可能结果”。还有学者提出“可持续发展是建立起这样一种技术（或工艺）系统，它能使废料和污染物达到极少”。根据这些表述，清洁工艺、节能技术、生态农业、资源的重复利用和循环利用等应该符合技术层面可持续发展的要求。西方发达国家在科学技术方面较为发达，为使发展中国家的经济生产能力得以提升，技术合作应该在发展中国家与发达国家间经常性展开，从而推进全球可持续发展的进程。

（四）利益相关者的概念

利益相关者概念是 20 世纪 60 年代在美国、英国等国家逐步发展起来的。1963 年，关于利益相关者的一个新的概念出现了，即“组织（企业）维持其存在必须得到其相应支持的团体”。利益相关者理论的形成使传统的企业理论和公司治理模式受到了挑战。20 世纪 80 年代后，利益相关者理论得到了迅猛发展，美国经济学家、管理学家弗里曼（Freeman）[25]对利益相关者的概念和特征进行了描述，在他的著作《战略管理：利益相关者方法》中给利益相关者下的定义是，“它可以是这一类个人和群体，在被企业生产经营活动影响的同时又反过来影响着企业实现其发展目标”。因此，公司股东、企业管理者及雇员这些与企业利益关系较为直接的个体（组织）被纳入利益相关者的定义范畴，另外，还有企业外部的社区、政府部门、当地居民甚至是自然环境，这使利益相关者的内涵更加丰富。

长久以来，学术界对利益相关者定义的界定并未得到统一，在众多的利益相关者概念表述中，好像哪一个都不尽如人意。于是，米切尔和伍德对所有有代表性的利益相关者概念的表述进行了归纳，共有 27 种，其中，有两个学者的表述相对能够获得其他学者的认可，其中一位是弗里曼[25]，另一位是克拉克森（Clarkson）[26]，他表示：“利益相关者指的是那些在承担一定经济风险的情况下，将其物质、资金及其他有价物投入企业生产经营活动中的个人（或组织）。”学术界对利益相关者定义形成的趋势可以从这两个概念的对比中得出，在弗里曼提出的概念中，利益相关者的内涵更加丰富，同时，可从中看到利益相关者与组织（企业）之间的关系，包括股东、雇员、公众及社区等在内的利益相关者会直接或间接地对企业活动产生影响。与之不同的是，克拉克森的概念里用专用性投资将利益相关者包含的个人（或团体）集中化和具体化。

国内学者对利益相关者的研究较晚，其中，一个比较有代表性的概念是，利益相关者是指在承担一定经济风险的情况下，将其物质或资金投入企业生产经营活动中的个体和群体，其在被企业生产经营活动影响的同时又反过来影响企业实现其发展目标。这一概念可以说是对克拉克森[26]所界定的利益相关者概念更为清晰的阐述，因为它在强调利益相关者与企业联系的同时，还提出了专用性投资。

（五）企业绿色创业的概念

许多学者基于不同视角阐述了绿色创业的概念及内涵，Hart[27]认为绿色创业是整合商业创业和可持续发展两个概念，强调实现环境、社会和经济利益的共同发展，其实质也是一种社会创业，宗旨在于可持续地发展企业，可持续地利用资源。Nelson 和 Sumesh[28]认为绿色创业是创新或创造一个有绿色倾向的组织，强调的是要创造一种绿色附加值（GVA），从而实现保护自然环境以及增加企业利益相关者利益的目标，并且主张在企业内部形成绿色创业文化，帮助管理层及员工培养绿色发展的欲望和行为，综合考虑环境和社会问题以实现企业长期性、可持续性发展。Basdekidou[29]指出绿色创业是企业识别并利用绿色发展机遇，在提升自身竞争力的同时，将可持续发展的社会责任纳入企业使命，开展绿色经营活动的一种可持续商业模式。国内学者李华晶和邢晓东[30]最早将绿色创业的内涵区分为狭义和广义，狭义的绿色创业是指有企业出于追求在成本、创新或者营销方面的优势而实现绿色化，或是创立一个提供环保类产品和服务的创新性企业；广义的绿色创业则是建立在环境创新基础上的一种创新性、市场导向、个体推动的价值创造形式，或是出于绿色化目的而创建新企业。虽然学者们对绿色创业的定义存在不同意见，但对绿色创业的基本内涵已达成共识，可以概括为 3 个方面：绿色创业是商业创业与可持续发展两个概念的融合，强调生态效益在创业中的实现；绿色创业强调企业利用绿色市场机遇提供绿色产品和服务开拓新市场；绿色创业强调企业通过绿色创新创造价值[31]。

二、理论基础

（一）可持续发展理论

1. 可持续发展思想的演进

从农业文明时代到工业文明时代，科学技术的发展使人类对自然的态度从敬畏转为征服，就在人类对飞速发展的经济津津乐道时，大部分人却没有意识到人类正面临着新的生存与发展困境：环境污染、资源紧张、生态退化、人口激增。有那么一些人、一些组织，他们以其博大的情怀，关注着人类与地球的命运，理性思考着人类的现在与未来，执着于对人类可持续发展的研究与实践，不断推动着可持续发展思想的进程，为人类未来发展指明方向。

1962 年，美国蕾切尔·卡逊的《寂静的春天》一书出版，第二次世界大战后发达国家开展的非理性经济活动在书中被揭露，作者指出这些行为将危及人类和地球的未来，敲响了保护环境的警钟。

1972 年，在瑞典首都斯德哥尔摩举行了“联合国人类环境大会”，在人类历史上首次发布了《联合国人类环境会议宣言》（以下简称《人类环境宣言》），喊出了“只有一个地球”的口号，强烈呼吁人们关注全球的整体发展。

1980 年 3 月，由联合国环境规划署（UNEP）、世界自然基金会（WWF）和世界自然保护联盟（IUCN）共同组织发起的《世界自然保护大纲》问世，可持续发展的思想被初步提出并强调：“人类利用对地球资源及环境的管理，使得地球资源在满足当代人的最大需求的同时，又不损害后代人满足其需求的能力。”

在第 38 届联合国大会上，关于组建“世界环境与发展委员会”（WCED）的决议被批准通过，旨在集中探索人类对于自身未来发展的战略选择。在这之后 3 年，世称“布伦特兰报告”的《我们共同的未来》在日本东京召开的大会上正式公布，还发表了《东京宣言》，呼吁世界各国的发展目标中应包括可持续发展理念，同时为开展、落实行动，还提出了八大原则作为指导。

1992 年，在巴西的里约热内卢召开的联合国环境与发展会议（又称地球高峰会议）上，通过了《里约环境与发展宣言》，众多国家认同并签署了《21 世纪议程》，普遍接受了可持续发展的理念与行动指南。

2．可持续发展理论的核心

贯穿可持续发展理论核心的基本主线有两条，一是努力平衡人与自然间的关系，这被认为是可持续能力的“硬支撑”。气候环境、水环境、生物环境等均是人的生产与生活离不开的基础环境，促进人与自然间关系的和谐，走协同发展的道路成为必然。二是努力协调好人与人之间的关系，这是可持续“软支撑”能力的体现。通过制度的制定、法律的约束、伦理的规范、舆论的压力、道德的感化等，有效组织人类活动，促成和谐公平的人与人之间的关系。可持续发展需要一定的物质基础，人与自然关系达成和谐便是保障，可持续发展的有序性和理性，就体现在人与人之间关系的和谐中。

（二）利益相关者理论

1．利益相关者理论产生的背景

在一百多年的企业发展过程中，“股东价值最大化”一直是企业发展的信条，这种企业观认为，企业的所有权掌握在企业的所有者手中，因为股东是企业的投资人，承担着一定的投资风险压力，所以企业剩余掌控权及索取权被赋予了一定的法律效力[32,33]。因此，在这种思想主导下，传统的企业把实现最大化的股东利益贯穿于组织活动的计划和实践中。在社会层面，企业发展带来的好处，促进了社会资源的有效配置，使得社会经济充满活力，生产力水平因此得到极大提高，也使得企业追逐企业及个人利益最大化的自私变得合理。因此，米尔顿·弗里德曼（Milton Friedman）[34]认为“利用其所能获得的所有资源去从事经营活动来获得最大利润，这是企业唯一的一个社会责任”，但是随着社会经济的发展，“股东价值最大化”企业观的理论开始面临困境，并且其管理模式也被证明并不十分成功，企业过度追逐利润导致企业违背商业德行的行为频繁发生。随着企业的发展，虽然盈利目标越来越得到实现，但却面临和承担着越来越大的环境压力与社会责任，“股东至上”的企业观受到越来越多经济学家和管理学家的质疑，学术界开始认为企业应该是利益相关者的企业，包括所有利益相关者，尤其是公司股东，他们所拥有的所有权具有一定的法律效力，原因在于，他们在承担一定经济风险的情况下，将其物质或资金投入企业生产经营活动中[25,35,36]，这便是利益相关者理论（Stakeholder Theory）。它为企业所承担的社会责任提供了一种新的分析方法，也为企业管理提出了新的理念。

在 1708 年的管理学文献中，“利益相关者”（Stakeholder）概念出现了，它最初表示的含义：人们在承担一定风险的情况下将其资产投入某一项活动（或某企业活动）中，“下注”，也类似于赌博，然后要么赔本，要么从中获得收益。利益相关者应该获得企业的服务，这种观点最早在通用电气公司经理的就职演说中提出。在工业化开始的时代，利益相关者的关系也开始引起经济学者的关注。在 19 世纪的合作化运动中，利益相关者思想也开始得到体现。

2. 利益相关者视角下的企业社会责任

1924 年，美国的谢尔顿最早提出“企业社会责任”这个概念，在传统经济模式下，实施善举与提供社区服务是企业的主要社会责任。从 20 世纪 50 年代到现在的这个时期，企业社会责任概念被广为认同，其内在含义也得到扩大。此前，企业对社会及道德的关注被视为企业的社会责任，逐渐地，企业社会责任就转变为注重一些特殊的企业行为问题。例如，安全的产品、企业员工的权利、广告宣传中的诚信以及对环境的保护和伦理行为。

企业社会责任概念虽然已被国际社会广泛接受，但对其定义仍然没有统一。根据现有文献，企业社会责任的定义有近百种，侧重点各有不同。关于社会责任的定义，最有代表性的是阿奇·卡罗尔的定义：企业社会责任代表社会对企业（组织）的期望，包括经济、法律、伦理及自由决定（慈善）等方面。它的定义可用 4 个层次的金字塔图形加以形象说明，如图 2-1 所示。这一定义揭示了企业社会责任的结构，同时揭示了企业社会责任与利益相关者的关系。

由图 2-1 可以看到，企业首先是一个经济体，需要承担一定的经济责任。企业应该为社会提供一些必要的产品和服务，制定公平的价格以使企业获得合理的利润，保证企业能够存续和发展。企业的法律责任是指企业的生产经营活动应秉承讲信用的原则，不触犯法律法规，按照合同义务，努力达成对他人的承诺。作为法律责任的延伸，伦理责任是要求企业在避免损害利益相关者利益的前提下，规范自身行为，做正确、正义、公平的事，以符合社会标准。企业的慈善责任是社会对企业参与慈善活动的期许，好的企业必定是能够帮助社区改善公共环境，支持社区教育，为社会公众提供健康及人文关怀的企业。

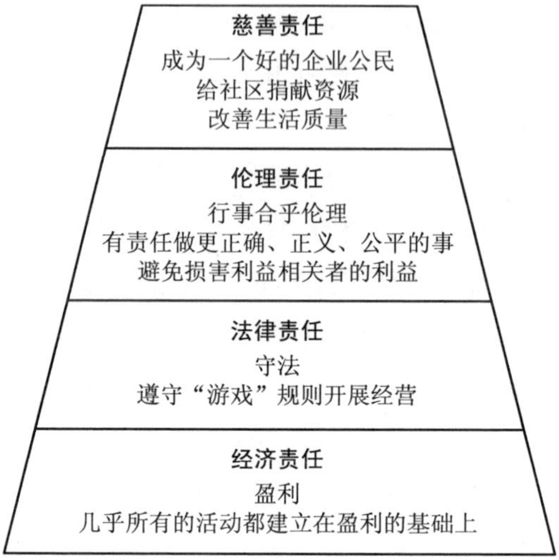

图 2-1　企业社会责任金字塔

利益相关者理论，尤其是对企业社会责任的阐述，给企业绿色创业提供了指导：企业绿色创业走可持续发展的道路所面临的环境，除了政治、经济、文化及技术环境（宏观上）、行业内部竞争环境（中观上）、组织自有属性（微观上），还应将利益相关者环境（消费者、社区等）纳入其中。在企业实施可持续发展战略时，企业应当处理好其与利益相关者间的关系，更多地关注利益相关者的利益要求和权益（利益）要求的实现，以及利益相关者给企业可持续发展带来的机会和挑战。

（三）公共物品理论

公共物品具有狭义和广义之分。当物品具备非排他性和非竞争性的特征时，我们就称为狭义的公共物品，又称纯公共物品。而广义的公共物品概念更宽泛，是指具备非排他性或非竞争性特征的物品，它不仅包括狭义的公共物品，还包括俱乐部物品或自然垄断物品、公共池塘资源或共有资源[37]。目前被广泛接受的公共物品的概念是：在一定程度上能共同享用的事物，每个人在对某一物品进行消费时，不会减少他人对该物品的消费。从这个定义上看，阳光、空气、水源、原始森林等自然资源或环境也属于公共物品，因为它们具备明显的非竞争性和非排他性特点[38]。

（四）外部性理论及其内部化

外部性理论是环境经济学的理论基础之一。20 世纪初，著名经济学家马歇尔提出了“外部不经济性理论”，随后，英国经济学家庇古在此基础上对这一理论进行了丰富和发展。在外部性理论中，对环境问题为何产生，其经济根源是什么给出了很好的分析，同时为解决环境问题提供了解决思路。

1. 外部性的概念

在《福利经济学》一书中，庇古指出：“在甲为乙提供劳务的过程中，总是会对别人造成好的或坏的影响，但是甲并没有因为给人带去好影响而获得报酬，也没有为其带去的坏影响受到处罚，这里的影响指的就是外部性。”当企业作为活动的实施主体时，其行为对其他企业和消费者产生的非市场性的影响被称为外部性，其中，好的影响和坏的影响分别称作外部经济性和外部不经济性。当外部性涉及环境问题时，生产的外部不经济性尤其受到关注。在现实生活中，经济活动引起的外部不经济性影响普遍存在。比如，造纸厂为提高产量大量排出的废水污染了河流、农田；渔民频繁捕捞，使鱼、虾、蟹几近灭绝，但他们并不为此付费，而是转嫁给了社会。空气、河流、海洋等都是公共的资源财富，私人成本的社会化将进一步导致资源浪费，使生态环境恶化。

2. 外部不经济的内部化

产生外部不经济时，行为人并没有为之付出费用或代价，而是转嫁给了社会。所以，解决这一问题的方法就是，使行为人为此付费，即将其生产或者消费行为带来的外部费用纳入其自身行为决策中，使得这部分外部成本内部化，即所谓的“污染者付费”原则。根据“科斯定理”，明确产权将成为解决外部不经济问题的有效方法。当企业的生产活动对其他利益主体产生不良影响时，在低谈判成本的情况下，可根据产权所属展开谈判，支付费用或获得补偿。例如，由于河流上游企业生产造成的河流污染，当河流下游的企业对河流具有产权时，河流下游的企业可以对上游企业提出赔偿来弥补因为上游企业排污对下游企业造成的经济损失，这时河流污染成本就属于上游企业个体成本范畴，河流产权的确定就使得成本内部化了[39]。

英国经济学家庇古于 20 世纪 20 年代提出了解决外部不经济性的另外一个方

法，即政府税收。这种方法的核心思想是，国家可对那些产生外部不经济性的企业征收适当的产量税，从而使产生外部不经济性的产品产量得到减少。这种方法目前也称作非市场的行政管理方法，由于环境资源的主权掌握在政府手中，为维护该主权，利用环境资源进行生产的个人（组织）应该向有关政府（或机构）缴纳相关费用，如当前设定的排污收费制度。当然，还有直接管制法，如制定污染物排放标准，强制经济活动当事人采取各种工艺和管理措施，以进入排放许可范围。

综上所述，环境经济学理论阐述了环境保护与经济发展的关系，分析了环境污染产生的原因，同时为抑制环境污染提出了解决思路。在这一理论的指导下，以往的企业创业环境将发生一些改变，无论是制度上还是政策上，政府为保护环境所做出的规定必然将企业活动调整到合理的方向上，使环境得到保护，让资源更为高效地使用。

（五）新制度经济学理论

随着经济社会发展的不断推进，制度的重要性日益凸显，并受到经济学家的关注与重视。历经经济学家们的不断发展与完善，新制度经济学作为经济学科的一个分支，在经济社会领域的地位更加重要；并且由于其内涵更为丰富，新制度经济学在当今社会发挥着重要作用。

1. 新制度经济学理论内涵①

经济学家奥利弗·E. 威廉姆森最早提出新制度经济学这一概念，后经道格拉斯·诺斯、菲吕博顿和瑞切特等经济学家的不断发展与完善，形成了一门独特的经济学科学。一般而言，新制度经济学仍然属于经济学研究范畴，需采用经济学的思路与方法开展相关研究，只不过研究对象集中于“制度”这一领域。首先对于制度而言，青木昌彦曾指出，制度并非仅指法律条文、非正式规范、组织与合同等，以及这些因素的部分或全部组合，制度的定义应该取决于研究中的研究目的。青木昌彦并未给出确切的制度定义，仅从理论与实际层面提出了一个宽泛的解释。而诺斯则把制度定义为一种博弈规则，并将其分为正式规则（宪法、法律以及产权制度等）和非正式规则（文化传统和习俗等）。目前，关于新制度经济学的定义

① 此部分参见杨德才. 新制度经济学[M]. 北京：中国人民大学出版社，2015：5-8.

尚未形成一致的说法，但是威廉姆森关于新制度经济学中的“新”给予了阐述：一是充分假设制度有深刻的效率因素；二是技术固然重要，但是管理方式结构也具有重要意义；三是方法比较新，一种可行的形式与另一种相比，而非进行抽象的比较；四是人的行为假设是现实经济中的重要组成部分。当然，新制度经济学内涵丰富，对于环境保护以及实现绿色发展也具有重要的指导作用。

2. 新制度经济学与绿色发展

新制度经济学理论认为传统模式下的经济发展与经济增长是无效率或者低效率的。原因在于在传统经济发展方式下，存在许多“搭便车”的情形，并且存在较高的交易成本[40]。而有效的经济发展模式可以避免或者消除这两种现象，这也是实现资源配置最优化以及打造绿色发展模式的有效路径。一方面，通过制度安排可以减少经济中的“搭便车”行为，有利于环境保护基础设施建设，这也是实现绿色发展的前提与条件；另一方面，通过降低交易成本可以实现全社会资源的优化配置，间接地促进绿色发展。在现行经济发展模式下，由于资源要素配置存在扭曲、交易费用过高的问题，一些企业生产经营成本较高，收益相对较低。在这种模式下，企业更加关注如何以最低的成本获取尽可能多的资源，以实现更大的经济效益，这也是导致当前环境遭受破坏的重要原因。企业采取绿色发展模式或者采取一定措施避免自身行为破坏自然环境的成本相对较高，导致环境问题日益严重。但是，通过有效的手段降低企业之间的交易成本，可以降低企业的生产经营成本，从精力与资本两方面助推企业走上绿色发展道路。

（六）关于创业理论的研究

创业一直是经济增长和社会发展的催化剂，近年来，关于对创业的研究越来越受各界人士的重视。学术界对于创业活动的探索，可以追溯到18世纪中期，目前学术界对于创业的研究已形成了较全面的理论体系，但不同学派对于创业的定义尚未达成统一。现今学术界对于创业内涵的划分，主流的观点有两种，即“狭义”创业与“广义”创业。学者们认为“狭义”的创业，仅指从零起点创建新企业的过程；而“广义”的创业则包括将一个有问题的企业改造成一个生机勃勃的企业，以及在运营状况良好的企业内进行重大创新或者是流程改造的过程。本书借鉴林强等[41]的八大学派划分法，对创业理论进行了整理分析，具体内容如下。

1．风险学派

早期的研究学者认为创业活动主要取决于创业者，进而对创业者本身的特质（包括个性、背景、经验、品质等）进行研究。1775 年，法国学者 Cantillon[42]率先提出企业家的概念，他认为创业获取利润的方法是买家与卖家之间的差价，在这个过程中，创业者需要承担预付资金无法如期收回的风险，因为在购买商品时，创业者需要预先支付确定的商品金额，但在后期销售中，由于受市场环境的影响，商品的售价存在多变性。所以，Cantillon 认为创业者需要具备一定的判断能力，如果其能够通过有效的资源整合对未来市场进行准确预判，规避可能出现的风险，就能在创业过程中取得利润；反之，则需要承担创业行为所带来的风险。Cantillon 的研究为后期学者研究创业者行为特征开了先河，Knight[4]根据 Cantillon 的研究结果进一步对创业家特质进行了细化，他认为创业者（企业家）在面临企业决策时相较于一般人更具有管理能力和风险承担意识，且能够坚信自己的判断，做到始终如一。1934 年，Schumpeter[11]提出创业是一种个体行为，是资源整合的过程，进行资源重组的主体是创业者（企业家），而资源重组的对象就是企业。他强调创业与发明虽然从本质上看都是创新，但创业的内涵更广泛，它既可以指一般的技术创新，即发明，又可以指企业在公司业务、运作流程、管理理念等方面的创新。此外，相较于发明，创业具有更重要的社会经济效益，它能够推动社会经济的发展，促进新的市场均衡出现。1999 年，Timmons 和 Spinelli[43]强调创业是人类所特有的创造行为，是一种思考、推理和行动的方法，他们认为创业需要进行严密地推理，谨慎地实施，创业者在享受机会的同时，需要承担可能存在的风险，因此创业者需要对可能存在的风险进行计算，从而最大化地规避风险，减少失败。Kuratko 和 Audretsch[44]认为创业者十分善于识别和抓住市场机会，并以承担市场竞争的不确定风险性为代价，将这些潜在机会转化为商业创意，创业者完成这一过程并取得成就就是创业。张玉利等[45]认为在经济社会飞速发展的时代背景下，“狭义”的创业研究已经难以准确表达创业的内涵，应该从“广义”方面对创业进行考察，创业应包含企业运作的整个过程。从本质上说，创业注重的是个体与有价值的商业机会的结合，是开创新的事业。

2．领导学派

领导学派认为创业者在企业运行中具有领导作用，其对企业的发展有至关重要的作用，是创业研究的关键，进而对其所处的领导职位及其创业行为展开研究。成功的创业者能够对所拥有的资源进行整合，优化配置，发挥资源的最大效用，带领企业创业获取成功。成功的创业者（企业家）在某些方面存在共性，如他们一般都具有较为完备的知识储备，严谨的逻辑思维能力，坚定不移的决心，从而能够对事态的发展做出准确的判断，及时把握市场机会，实现企业资源的优化配置，达到产值的最大化。英国经济学 Miller[46]认为，由于创业者在企业中往往担任重要的领导职位，对企业的运行具有决定性作用，因此，对于创业行为的考察应从创业者（企业家）着手。他认为成功的创业者（企业家）往往存在一些共性。首先，要对企业经营业务有着全面、清晰的认知；其次，对于未来市场的发展趋势要有准确的判断；最后，优秀的创业者往往具有高超的管理水平。

3．创新学派

创新是科技进步与社会经济发展的重要引擎。学术界对于创新内涵的探索最早由著名经济学家熊彼特[47]提出，他认为创新是企业家（创业者）所具备的鲜明特质，创业活动的本质就是创新，而创新则是创业必备的手段。此外，他还特别指明创业和发明的区别，创业的最终结果是创新成果的上市，而发明则不然。就创业者的职能而言，应主要是促使人们完成某些事情，而非为企业发明某种导向。熊彼特[47]基于创新的研究基础，对创业概念进行了界定，他认为创业是经济体系发展的根源，是经济过程本身的主要推动力。创业活动能够激发经济活动焕发新的活力，促进经济繁荣，但同时由于新产品和新技术的涌进，会对某些行业造成冲击，导致市场暂时性失衡，即出现暂时性的失业现象。

4．认知学派

认知学派对于创业的定义主要是基于心理学理论，认知学派认为在创业过程中创业者的主观因素能够显著影响创业的方向与规划，是创业成功的关键因素。Casson[48]认为创业者具有较强的资源整合能力，尤其当企业面临对稀缺资源的协调与利用时，优秀的创业者能够精准预测未来市场发展趋势，并对现有资源进行合理配置，以坚定的态度开展创业活动。Kirzner[5]从经济学与心理学的角度对创业者心理认知特征进行研究，并根据其特征将其定义为“敏感”。1999 年，他对“敏感”的具体特质进行了详细的阐述，他认为“敏感”是指创业者对市场变化敏锐的洞察力，它能够帮助创业者及时捕捉到市场信息，抓取市场机会。具备“敏感”

特征的创业者能够在商品市场中迅速察觉市场的供求关系，并利用市场的供需矛盾获取利润，即创业者通过搜集信息，找到质量高、供给足的货源，并以较低的价格买进商品，然后以较高的价格出售到需求旺盛的买方市场，从而获取利润。这种特质需要创业者对市场具有敏锐的观察力及准确的“第六感”，这种“敏感”是创业者所独有的特征，与创业者自身的知识储备无必然联系。Kirzner[49]关于创业者的认知理论为心理学界研究创业问题奠定了基础，激发了心理学学者对于创业问题的探索，丰富了心理学界关于创业研究理论的资料。

5. 社会学派

与认知学派和领导学派不同，社会学派学者对于创业的研究着力点不在于创业者的本人特质，而在于创业者的外部社会环境及关系网络。1999 年，Saxenian[50]发现美国硅谷地区的创业现象非常繁荣，因此其针对硅谷地区创业活动展开研究。研究发现硅谷地区集聚了丰富的社会资源，形成了紧密的社会关系网络，为其创业成功奠定了先决条件。一方面，硅谷依靠其紧密的地区网络和完善的基础设施，吸引了不同专业的制造商到硅谷进行创业活动，并逐步形成集聚效应，建立了较为完善的技术体系；另一方面，由于硅谷多元化人才的聚集，社会网络越发密集，人才相较于其他地区更优质，因此更易催生出持续进取、勇于创新的创业精神。此外，由于硅谷人才的多元化，其文化更具多元性、包容性，相较于其他地区，硅谷对于创新人才的支持力度更大，其不仅对创业成功者进行支持、激励，对于创业失败者也能够以包容的态度予以接受。综合以上因素，硅谷地区的创业活动呈现出日益繁荣的趋势。当然，除了对宏观社会环境方面的研究，还有部分学者针对微观个体层面的社会关系进行了探索。如 1988 年 Woodward[51]针对创业者的个人社会关系网络展开调查，调查发现，当企业开展新创业务时，创业者所拥有的资源相对匮乏，社会关系对创业活动的影响最为显著。此时，若创业者拥有较为丰富的社会关系网络会为企业创业活动的开展赢得诸多机会，创业成功的可能性也会越高。反之，在创业初期，创业者的社会关系网络越薄弱，创业成功的可能性越低。因此，成功的创业者往往比较重视社会关系网络的构建，以期为新企业的创建与发展积累资源，从而提高创业的成功率。

6. 管理学派

管理学派认为创业是一种可以通过学习获取的能力，每个人都具备创业的潜质。Drucker[52]研究发现成为创业者首先要有坚定果敢的意念，在面临企业决策时，能够勇敢选择适合企业发展的管理决策；其次，创业者需要在后天不断地学习积累，才能成为成功的创业者；最后，创业还需要创业者对企业的日常工作进行组织管理、统筹安排，以确保创业活动的正常运行。一个成功的创业者不会依靠不知何时涌现的灵感指导公司运行，更不会因为刹那的灵感而沾沾自喜，而是切实地开展创业工作。此外，Drucker 特别强调创新是企业创业的价值所在。在创业过程中，唯有创造出与众不同的、有实际价值的事物才是真正意义上的创新。换言之，创业者之所以与发明家不同，主要在于发明家仅仅是对事物的创新，研发了新的事物，但是并不能将其转化、投入产业中，而创业者则不同，他们能够运用自己的管理才能，将发明成果投入产业生产，并在市场上进行推广。1994 年，Stevenson 等[7]基于管理学角度赋予创业新的意义，他们认为创业从本质上讲是一种管理方法，当忽略现有资源的约束时，企业如果在市场竞争中率先挖掘出市场机会，并制定更合理的战略决策，将现有资源进行优化配置，最大限度地开发其效能，则企业就能够在企业竞争中处于优势地位。

7．战略学派

从本质上说战略学派属于企业管理范畴，因此，不同学者对管理学派和战略学派对创业的定义存在争议。从战略学角度出发的学者认为创业不仅是新企业的建立，还应该包含现有企业的发展与壮大，即再创业的过程。Bhide[53]通过对多个企业的实地调查，发现不同企业在创业过程中都会实施自己独特的管理制度，并且在战略发展上也各不相同。总体来说，创业的战略研究主要集中表现为两个方面：一是创业者的战略目标，明晰的战略目标可以避免企业在前进过程中因战略意见不一致而走弯路；二是创业者需要根据企业目标制定企业发展战略，当企业确认战略目标后，需要对企业现有资源进行整合，对企业发展潜力加以评估，然后制定适合企业发展的战略决策。Zahra 和 Dess[54]对此提出了不同的观点，其认为创业与战略管理是互为依存的，在实际研究中可以将二者结合起来分析。

8．机会学派

早期机会学派强调，对于创业问题的研究不仅要对市场的可获利性机会进行考察，还要结合创业者个人的心理特征因素。Shane 和 Venkataraman[10]认为早期机会学派对创业的研究角度是不科学的，他们认为市场上的可获利机会与个体对创业的作用是不同的概念，不能混淆。此外，由于个体的差异，不同的创业者对于市场上创业机会的把握程度是不同的，应该对创业机会加以度量。因此，对于创业理论的研究应该以机会为原点进行延伸，主要包括 3 个方面：首先，应明确市场上何时会出现创造产品及服务的机会，并且会以怎样的方式出现；其次，对于不同的创业人群进行甄别，对能够捕捉到创业机会，并加以合理利用的创业者加以研究，并探究其利用手段；最后，对于同一创业机会，为何不同的创业者会采取不同的创业行动，究竟哪种行为更为合适。2001 年，Singh[55]基于前期的机会学派研究成果，对机会学派关于创业的理论进行了完善，认为在实际的创业研究中，应注重考察创业机会的作用。

从以上八大学派对于创业理论的不同观点与研究方法可以看出，目前对于创业理论的研究仍然有诸多流派，对于创业研究的角度相异，所持观点也不尽相同，因此需要学者们对于创业相关现象进行深入挖掘，不断完善创业理论。

第二节　国内外研究综述

当前，创业研究呈现出“绿色化”趋势，即创业研究开始兼顾经济目标与社会、环境福利等可持续发展的多重诉求，提出了“社会创业”“公益创业”“生态创业”“环境创业”“可持续创业”“绿色创业”等不同概念，并从关注创业如何推动经济增长向关注创业如何实现绿色价值转变，其本质是通过个体或企业的创业活动，可持续改进和提高生态环境质量，最终实现经济与人类自然生态环境的协调可持续发展。

20 世纪 70 年代，Quinn[56]就绿色创业前沿问题发表了自己的看法，指出生态活动也是一种经济活动，会造成资源消耗，但它更能够开拓出一个新的市场，为企业带来利润，促进企业成长。这种思想为企业施行绿色、创新性的商业模式提供了导向，也为学者们进行后续研究打开了思路。从 20 世纪 80 年代晚期开始，绿色创业逐渐成为研究热点，相关研究不断增多。围绕企业生产经营以及实现经济、社会、环境可持续发展的目标，“环境创业”“生态创业”“可持续创业”等多个概念开始涌现，相关研究在各国都得到开展。与此同时，绿色创业也开始与其他学科及主题融合，对绿色创业的内涵、类型等理论研究得到了极大的丰富。进入21世纪，一些学者将绿色创业与社会实践研究相结合，提出了绿色创业运营模式，为企业实现绿色生产，增加绿色附加值提供了指导。西方国家对绿色创业的研究起步较早，在绿色创业理论研究方面产生了一定成果，国内学者主要在借鉴国外绿色创业研究理论成果的基础上，从不同角度，利用不同方法对绿色创业理论及类型进行深入分析，同时有学者针对当前企业绿色创业面临的问题进行探讨，为实现可持续发展提供解决方案。

从绿色创业理念的出现，到如今绿色创业理论的构建及其与实践研究的结合，相关方面的文献不断丰富与完善。当前，世界各国都在寻求可持续发展，在这种现实背景下，对绿色创业的研究进一步深化，并有了较大的发展。

一、绿色创业的概念及内涵

绿色创业理论是随着创业理论与社会企业理论两者的逐步融合而发展起来的。20世纪90年代前期，有关创业和社会组织的研究经历了一段时间的独立发展。90年代中后期，随着生态价值观的逐步形成以及绿色市场的出现，新兴绿色市场所带来的经济利润成为连接创业与社会组织的纽带。正如Hartman和Stafford[57]所说的那样，绿色化不仅不会成为企业的负担，而且会为企业发展提供广阔的资源。在生态导向和市场导向的双重作用下，绿色创业在20世纪末应运而生。绿色创业研究在西方一些国家也随着绿色创业实践的发展而不断深入。不过迄今为止，不同学者仍采用不同的术语来描述绿色创业，如环境创业、生态创业、可持续创业、绿色创业等，即使是关于绿色创业，很多学者也给出了自己的定义。例如，Quinn[56]最早在《哈佛商业评论》上撰文指出，生态活动除了是经济活动的一种消耗外，还可以为企业发展提供一片富有利润的新市场。该观点的提出为绿色经营成为企业可持续发展方式奠定了基础。Hart[27]认为绿色创业整合了商业创业和可持续发展两个概念，强调实现环境、社会和经济利益的共同发展，其实质也是一种社会创业，宗旨在于可持续地发展企业，可持续地利用资源。Dees[58]将绿色创业视为社会创业研究的分支。Schick和Marxen[59]将绿色创业划分为绿色奉献型创业、绿色开放型创业和绿色抵制型创业3种类型。陈晟杰[60]将绿色创业导向定义为公司在运营、组织架构和资源分配等方面体现的一种用于肩负社会责任、关注环保事业、积极进取、勇于开拓、行动领先的经营哲学，并且认为绿色创业导向由创新导向、行动导向、环境导向、社会导向 4 个维度构成。Walley 和 Taylor[61]将绿色创业划分为偶尔为之型、创新机会主义型、绿色愿景拥护型和伦理标新立异型 4 种类型。Ripsas[62]提出绿色创业是通过环保产品服务来达到市场导向的、创新的、人文驱动的价值创造模式。绿色创业本质是借助外部环境和企业自身的优势，在企业业务流程的各个环节实现绿色化运营，具体包括绿色输入物流、绿色生产、绿色输出物流、绿色营销和绿色服务。基于创业机会的识别角度，Dean 和 McMullen[63]认为绿色创业是企业在可持续发展目标原则下，识别、评价和利用商业机会的过程，这种商业机会是在市场失灵状态下出现的，并且与环境密切相关。基于创业产出结果角度，Schaltegger[64]认为，狭义上的绿色创业是创业主体发挥主观能动性，创造性地提供环境友好型产品（或服务）的企业创立过程；广义上的绿色创业可以被描述为在企业发展的各个阶段，通过环境创新，以提供环保产品为目的的，一个创新性的，并且以市场为导向，由个体推动的价值创造形式。Nelson 和 Sumesh[28]则认为，绿色创业是创新或创造一个有绿色倾向的组织，强调的是创造一种绿色附加值，达到既保护自然环境，又增加企业利益相关者利益的目的。其主张在企业内部形成绿色创业文化，帮助管理层及员工培育绿色发展的欲望和行为，整合考虑环境和社会问题，以实现企业长期性、可持续性发展。Schaper[65]认为绿色创业是以保护环境为目的的创业行为。

我国学者李华晶[66]将前人对绿色创业概念进行了梳理总结，指出绿色创业的内涵存在广义与狭义之分。狭义上的绿色创业只是一种短期的、局部的创业，是出于在成本、创新或者营销方面取得优势这一动机而实现绿色化，或是在产出成果上能实现环保类产品和服务的提供而进行创新的企业组织；广义上的绿色创业是全面的、长期性的，它是一种价值创造形式，建立在创新环保方式基础上，是以市场为导向、由个体来推动的，且以“可持续”为目标。高嘉勇和何勇[1]提出的绿色创业是在生态导向和市场导向的双重作用下采取的创业行为。李凯[67]根据新能源企业绿色创业活动取得的研究结论，提出新能源企业绿色创业导向为四维结构：环境导向、社会导向、机会导向和盈利导向。李先江[68]提出绿色创业导向是指企业参与绿色产品市场创新，承担一定程度的风险，进行有超前性的创新，打击竞争者及开拓新的市场的战略行为。祝杨军[69]研究认为绿色创业具有三重内涵，一是绿色创业力求在利润获取、社会和谐与环境保护三者之间实现有机统一；

二是创业者要把他人（团队成员和消费者）、环境等同样视作目的；三是创业的结果是创造生态价值，生态价值是指在人与生态之间形成的经济、伦理和功能等多重价值的总和。总之，绿色创业就是要实现生态价值的最大化。李贵成[70]认为绿色创业是兼顾生态效益、社会效益与经济效益的一种经济活动，具有风险性、可持续性、产业生态性及创新性等特征。李华晶[66]认为绿色创业是可持续发展的衍生，它将创业行为与经济、社会、环境有机地结合起来，并不拘泥于“绿色”想法本身，被视为具有潜力成为“朝着更可持续的商业模式整体转型的主要力量”。周劲波等[71]将绿色创业定义为一种过程机制，即以绿色创新为导向，创业者识别、开发并利用创业机会，实现经济发展和环境保护相互协调的行为与过程，从而可以满足更环保的商业活动的需要。表 2-3 列举了具有代表性的绿色创业定义。

表 2-3 具有代表性的绿色创业定义

作者（年份）	定义
Shane 和 Venkataraman（2000）[10]	整合商业创业和可持续发展两个概念，分析企业创业活动，强调对机会的识别与利用，旨在实现环境、社会和经济的共同发展
Schaltergger（2002）[64]	狭义的绿色创业是指既有企业为了追求成本、创新或者营销方面的优势而实施的绿色化；广义的绿色创业则是指一种基于环境创新、以可持续发展为目标、具有创新性，由个体推动的市场导向型价值创造模式
Dean 和 McMullen（2007）[63]	企业为了保持可持续发展而识别、评价和利用市场失灵状态下出现的与环境密切相关的商业机会的过程
Cohen 和 Winn（2007）[72]	绿色创业关注那些能把“未来”产品和服务变为现实的机会，并且利用识别这种机会的能力及创新能力来开拓新的市场
Nelson 和 Sumesh（2009）[28]	创新和创造绿色组织的倾向，把绿色资源作为绿色企业开拓市场的核心竞争力
Ripsas（1997）[62]	绿色创业本质是借助外部环境和企业自身的优势，在企业业务流程的各个环节实现绿色化运营，包括绿色输入物流、绿色生产、绿色输出物流、绿色营销和绿色服务

二、企业绿色创业指标体系构建及测度

在绿色创业的测度方面，国内外学者也对其进行了大量探讨。一部分学者借

鉴李凯[67]开发的绿色创业成熟量表，从绿色采购、绿色生产、绿色管理、绿色营销 4 个维度测量农业龙头企业绿色创业，并对每个维度进行细分，在此基础上又构建了 20 个题项并进行了实证检验，还根据因子分析法算出了企业绿色创业行为指数[31,73-75]。张明林和刘荣春[76]基于利益相关者理论，从企业竞争绩效、企业潜力绩效、带动农户绩效和社会绩效 4 个维度构建了绿色食品农业龙头企业绩效评价体系，在此基础上运用主成分分析法对绿色食品农业龙头企业绩效结构进行分析及评价。姚莉萍[77]借鉴国外学者 Nelson 和 Sumesh[28]的研究，结合农业企业特征，从绿色采购、绿色生产、绿色管理、绿色营销和绿色服务 5 个维度构建农业龙头企业绿色创业行为评价指标体系，对每个维度的系列项目采用李克特 5 级量表法进行测量。还有学者参照李先江[78]的研究，从绿色创新性、绿色先动性和绿色冒险性 3 个方面测量企业绿色创业行为[79]。也有一些学者认为绿色食品工程实施是绿色农业发展的基础，因此以当年认证绿色食品企业数作为绿色农业创业的间接衡量指标[80]。

另外，还有一些学者基于绿色创业导向视角，测度了企业的绿色创业导向。例如，夏晗[81]在绿色创新导向维度和绿色先动导向维度方面，借鉴 Covin 和 Slevin[82]的测量方式；在社会导向维度和环境导向维度方面，借鉴王秀峰等[83]的测量方式，从绿色创新导向、绿色先动导向、社会导向、环境导向 4 个维度选择 15 个题项的量表，并采用李克特 7 点测量企业的绿色创业导向。而冯泰文等[84]借鉴 Criado-Gomis 等[85]的研究，从绿色创新意愿、绿色机遇前瞻、竞争应对和市场领先意愿 4 个方面测量绿色创业导向，基于绿色产品创新和绿色工艺创新 2 个维度测度企业绿色创新。

三、绿色创业特征及动因

（一）关于绿色创业特征

作为一种全新的创业方式，绿色创业不同于传统创业，绿色企业也不同于传统企业。具体而言，首先是生态化参与。虽然在实施过程中，各类绿色企业的绿色化程度有所不同，但在本质上都具备了“创新和创建绿色组织的倾向”[28]。其次是对绿色市场和绿色消费者的依赖。在战略选择方面，绿色创业最明显的特征便是以开拓绿色市场为创业突破口，利用绿色优势来实现自身的生存和发展。在产品的市场定位方面，绿色市场是绿色创业的目标市场，没有初具规模的绿色市场，绿色创业就没有生存的基础，更没有发展的空间和可能。此外，绿色企业还必须让消费者认识到现存技术和产品的不可持续性，并且促使他们产生对绿色产品的需求。最后是长周期性及政策依赖性。由于绿色创业回报周期较长，同时承担了一定的社会责任，因此绿色创业通常是在政策鼓励或扶持的背景下产生的，其往往扮演着生态建设和创业的双重角色。Cohen 和 Winn[72]研究指出，绿色创业的核心在于发现未来的市场机会，以创新性来开发绿色市场，同时要承担企业的社会生态责任。在组织途径、形式和方式上，绿色创业是创业型的。所有的绿色创业者都承担了创业的风险，他们的创业结果是无法预计的，与任何新创事业的产出一样，都具有不确定性，因此失败的可能性也随时存在。环境、机会和外部市场等创业因素对绿色创业同样重要。绿色创业作为一种结构体系，内部的各个要素和环节都会对环境产生中立或积极的影响；再者，绿色创业者具有“意向性”，其往往有着自己的一整套价值观，能够认识到自然环境的保护问题，并有一种推动环境朝向可持续发展道路的意愿。但不同绿色创业者的这种“意向性”程度往往也是有差异的。

（二）关于绿色创业的动因

早期自由市场经济学派认为，企业的主要目标是创造财富、追求利润；现代福利经济学“利益相关者理论”认为，企业必须兼顾与企业经营活动相关的利益相关者的合理需求，追求综合效益[25,35,86]；伦理学“商业道德观”认为，企业既是一个以追求利润为目标的经济组织，又是一个社会组织，必须履行保护社会资源以及增加社会财富的责任[87-89]；绿色创业理念认为，企业从事生态活动非但不会造成经济损耗，还能为企业成长开辟利润丰厚的新市场[56]。近年来，随着可持续发展理念的不断普及和人们环境保护意识的日益增强，学术界一致认为企业需要履行绿色创业的责任和义务。企业进行绿色创业主要基于以下 3 个方面的经济学理论或事实：一是企业进行绿色创业，将利益相关者的权益纳入其经营战略，能够完善公司治理并提高核心竞争力[90-92]；二是在绿色经济高速发展的时代，具有绿色创新倾向、积极进行绿色探索以及风险承担特质的绿色创业企业，更有利于获得良好的声誉，得到社会支持，以维护企业的组织合法性[93,94]；三是创业者具有较高的社会责任感和道德水平，致力于实现可持续发展[95]。Freemen 和 Miller[25,46]提出了创业导向这个概念，并认为这个概念包括创新、风险承担、超前行动 3 个维度。Miller、Friemen 和 Chow 的观点都适用于绿色创业。绿色创业的兴起是与其所处的社会和经济环境紧密相关的，绿色创业者的创业因素可以概括为法律、经济、价值观和个人 4 个方面。首先是法律因素，指迫使创业者采取绿色行为的相关法律法规以及政策规定。采取绿色行为也许不是创业者的初衷，但在实施过程中，相关的法律法规和政策规定促进了创业的绿色化。其次是经济因素。以经济因素为导向的绿色创业者往往把注意力集中在环保市场所带来的商机上，凭借自身的洞察力和创造力，在经济利益的驱动下参与环保市场的开发，但他们实施绿色创业的根本动因还是经济因素。再次是价值观因素。一方面，绿色创业者都有自己的生态价值观，为实现生态目标而选择了创业，并且主动地实施绿色创业；另一方面，消费者受自身生态环境价值观的影响，要求产品和生产工艺绿色化，从而促使绿色创业者开展绿色创业活动。最后是个人因素。促使创业者参与绿色创业的个人因素可以分为拉动因素和推动因素[64]。前者主要是指创业者自身的创业偏好，这种偏好往往源于创业者的创业激情、市场敏感性和成就感等自身的因素；而后者主要指创业者的家庭、工作等外部条件。

综合以上 4 个方面的因素不难发现，绿色创业是一个涉及法律、经济和价值观因素的综合性选择，而个人因素也会对绿色创业产生较大影响。由于绿色创业动因具有系统性和多样性的特点，导致绿色创业不仅受到宏观层面的法律法规以及经济环境的影响，还受到微观层面价值观和个人因素的影响。

四、绿色创业运营模式

绿色创业是一种新兴的创业方式，绿色创业企业内部运营模式与传统创业有所区别。Nelson 和 Sumesh[28]认为绿色创业就是一种创造绿色附加值的过程，要达到既保护自然环境，又增加企业利益相关者利益的目的。绿色附加值的实现需要借助企业自身的优势和外部的有利环境，在企业生产经营的各个环节实现绿色化运营。通常，绿色创业运营模式包括 5 个方面，具体内容如下。

（1）绿色输入物流。绿色企业应在采购过程中避免水、空气和土壤的污染，使用健康环保材料、清洁能源，同时利用节能型技术或工艺，提高其在仓储和物流环节的绿色化程度，从而实现生态效益。

（2）绿色生产。绿色生产就是在绿色产品生产或提供绿色服务的过程中，严格利用绿色化技术和生产工艺来进行。

（3）绿色输出物流。绿色输出主要在生产的最后环节，严格控制和回收副产品，使用绿色环保材料包装，对废物进行无害处理来实现产品和服务的绿色化。

（4）绿色营销。绿色营销是指在营销渠道设计、环保技术利用等多个方面，要考虑并符合消费者与社会的环保诉求，实现营销网络的绿色化和资源的循环利用，在创造利润的同时实现永续经营的营销模式。

（5）绿色服务。服务本身和服务导向的绿色构成了绿色服务环节，前一种的目的是避免产品在使用过程中或提供服务过程中产生对环境的负面影响，而后一种的目的在于对消费者的非绿色消费行为进行改变，设计一些绿色化的服务，从而引导消费者养成绿色消费的习惯。绿色创业运营模式的基本框架和目标如图 2-2 所示。

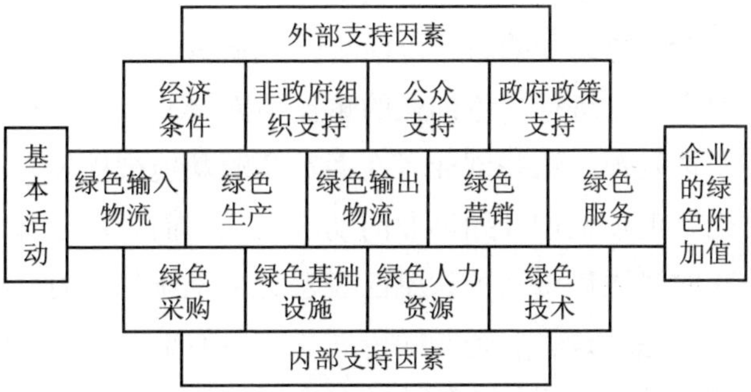

图 2-2 绿色创业运营模式的基本框架和目标

五、绿色创业驱动因素

人的行为动力是由行为主体的主观需要及其所处环境内的客观事物共同制约决定的。同样地，企业所施行的绿色创业行为往往是由创业者或者管理层自身内部因素及外部环境因素共同作用所推动。所以，企业绿色创业的驱动因素是多样化的。其中，内部因素主要是创业者个体特征，包括个体绿色价值观及道德理性等；外部因素主要是社会大环境以及国家意志，包括制度规章、政策鼓励、消费者需求等。

（一）内部因素

创业是唯一可以直接把个人价值观整合进来的商业模式，创业者是创业的主体，是社会经济实现变革和发展的催化剂。因而，绿色创业者保护环境的价值观直接推动企业进行绿色创业，促进社会绿色变革发展。在 Kirkwood 和 Walton[96]对一些创业者进行的访谈中，创业者指出，在看到大量人类活动及社会生产对环境造成的危害时，他们觉得有更好的方式可以改变这种状况，这使得他们开始了创业。对于一些绿色企业家来说，他们希望世界变得更加美好的信念，已经超越了他们对盈利的追求。Isaak[97]研究发现，一些绿色创业者意识到，地球是人类赖以生存的，称为“家”的地方，所以社会生产必须足够节能、环保，以维护我们共有的家园，并使之可持续发展。在明白了企业也肩负着社会意识和政治任务转换以使得地球变得更加可持续性的使命时，他们更受鼓舞，并感觉内心平静安稳，这使得他们决定并坚持走绿色创业的道路。Dees[58]的研究表明，创业者的道德理性与社会使命感是促使企业家进行绿色创业的重要因素。Kirkwood 和 Walton[96]通过对一些创业者进行访谈发现，这些创业者在面对资源环境被破坏时，认为这种现象需要被改变，这也是促使他们开始创业的动因之一，而且对于部分绿色企业家而言，对改善被破坏的资源环境这种意愿已经超越了企业营利的目标。Wei 等[95]认为管理者可持续发展态度是影响企业绿色创业意愿的重要因素。Koe 等[98]认为，道德理性也是促使企业家进行绿色创业的一个重要因素，他们想改变世界，使地球更适合人们居住。作为绿色企业，他们表现出来的保护地球家园的崇高道德理性，是其区别于其他普通企业的最鲜明的特征。此外，企业家绿色创业意识的强弱也决定了企业的绿色创业行为，一些企业家绿色创业的意识并不强烈，同时绿色创业的收益需要长期才能够显现出来，带来的收益并不如单纯注重经济的收益快[99]。

从国内研究来看，李先江[68]指出企业家具有绿色创业意识，因此在进行商业活动的时候，除了考虑经济利益之外，也会考虑生态利益。崔祥民等[89]研究发现，拥有生态价值观的创业者，他们的绿色创业意愿往往更为强烈，原因在于他们在获得绿色创业所需的资金、技术以及人力等资源方面更具优势，从而更加容易获得绿色创业机会。崔祥民等[100]认为，如果企业家没有绿色创业意识，只为了谋取自己的私利，不顾全集体和他人的发展，那么就会把眼光局限于经济利益，一切以钱、物上的盈利为导向。因此，企业家有无绿色创业意识将直接决定企业的绿色创业行为。王季和李倩[101]研究发现，当创业者的创新性、成就需要、风险倾向、内控制源、模糊容忍度、社会责任感、环境导向价值观这 7 种特质的水平较高时，其绿色创业的意愿较高。董杰[102]发现，受过高等教育的企业家更具有一种“先天下之忧而忧，后天下之乐而乐”的情怀，而环境问题正是社会各界所担忧的，这批具有深远情怀和较高文化水平的企业家，在一定意义上更倾向于进行绿色创业行为。李贵成[103]认为企业家如果缺乏强烈的绿色创业意识，也会影响企业的绿色创业行为。同时，李贵成[70]发现返乡农民工绿色创业责任伦理培育有助于维护生态公平、塑造生态人格、促进个体绿色创业成功及建设健康绿色创业生态系统。赵贞等[104]则运用 QCA（定性比较分析）方法探究创业者生态伦理对创业意图的影响模型，指出多种生态伦理均会影响创业意图的绿色参与倾向，而道德规范是影响绿色参与倾向高的创业意图形成的关键因素。

（二）外部因素

制度环境可以有针对性地促进或管制某类商业活动发展。对于环境损害风险较大的创业活动，如果制度环境层面的约束力或压力不足，基于理性经济人假设，创业者可能会为了经济利益而牺牲生态利益与社会福利。相反，如果制度环境能够大力推动符合绿色发展理念的创业活动，创业则可能发挥更大的乘数效应，为国家经济与生态建设的协同发展做出卓越贡献[105]。创业者出于其个人的绿色价值观和道德伦理而做出保护环境的承诺，属于一种自我约束，而国家规制规范等制度约束和政策支持也是影响企业对环境态度的重要因素。出于环境保护、资源节约，实现生态文明社会建设的目的，针对导致环境恶化的企业生产行为，政府往往会出台相关制度进行严厉惩治和治理，迫使企业减少排污，推动企业绿色生产。李华晶研究发现，规制性的制度环境会直接驱动企业进行绿色创业，并且在企业创业初期，它的推动作用尤为明显[205]。另外，政府对企业绿色生产进行支持的行为，会使越来越多的绿色新企业建立起来。

绿色创业是商业创业与可持续发展两个理念的融合，对于绿色企业家来说，个人价值观及道德因素并不是他们建立企业的唯一原因，填补市场缺口、满足消费者需求以获得经济效益依然是企业的生产经营目标。一些商业机会往往是由于市场失灵产生的，Isaak[97]指出，创业者识别出这些与环境相关的经济机会后，评估发现利用这些机会可以产生经济收益，他们就会进行绿色创业；一些绿色产品及服务存在市场缺口，满足这种市场需求也成为促使创业者进行绿色创业的一个因素[72]。由于生态价值观念的形成，消费者的环保意识越来越强[107]，他们希望公司能够展现出他们的社会以及环保责任感[108]。自消费者开始要求和购买环境友好型的产品和服务以来，绿色创业开始兴盛起来[109,110]。另外，一些社会文化支持、金融性及非金融性支持也推动了绿色创业活动的进行，如一些绿色创业的研究单位以高校为根据地，并且设立了绿色创业的教授席位，进行绿色教育服务；还有一些商业基金计划，提供资本来推动绿色企业的建立和成长。

六、企业环境行为的驱动因素

为了更好地理解企业绿色创业行为的影响因素，本部分还专门梳理了企业环境行为的影响因素，以期作为企业绿色创业行为影响因素文献梳理的有效补充。

（一）基于环境经济学理论视角的企业环境行为影响因素研究

该理论视角的相关研究成果，一方面把企业假设为理性的“经济人”，认为企业环境行为是企业在比较了财务成本和收益以后进行理性选择的结果；另一方面则关注环境规制政策等因素对企业环境行为的影响[111-113]。例如，Frondel[114]通过构建多项 Logit 模型，研究了环境规制对企业环境技术创新行为的影响，结果发现，能源和资源的投入限制和税收政策对企业的清洁生产技术创新具有显著的促进作用，而技术标准、绩效标准和污染税会显著促进企业的末端治理技术创新。Gray 和 Deily[115]、Magat 和 Viscusi[116]等在制浆、造纸和钢铁行业研究了包括排放标准在内的政府干预对企业环境表现的效果；Stafford[117]调查了企业对美国国家环境保护局（USEPA）关于危险废物管理制度的遵从情况。

（二）基于新制度主义理论视角的企业环境行为影响因素研究

许多学者多层面研究不同的制度压力对企业绿色创业行为的影响[118,119]。例如，从跨国公司自我规制的角度比较了产业市场压力和规制压力对企业环境行为的影响，结果发现市场压力能够更好地解释企业采取积极环境行为的动机。而社区压力是影响企业“积极环境行为”的关键因素[120]。同样，Maxwell 等[121]解释了企业为什么希望事先了解市民寻求更加严格环境规制的政治运动水平，即市民对企业减少污染排放的期望。

（三）基于组织与管理理论视角的企业环境行为影响因素研究

此视角主要从企业规模、企业所属的行业、财务状况、管理者的感知和理解、组织文化等方面来考察企业绿色创业行为的影响因素[122]。例如，Denning 和 Shastri[123]对美国国家环境保护局提供的 3 027 个司法判例进行回归分析发现，企业的现金流、收入、规模和技术对企业违犯环境法律行为具有显著影响，非上市公司比上市公司更容易违反环境法律。Gunningham[124]通过实证研究发现，管理者的环境管理风格确实比企业规模和收益以及政府规制更能有效地解释企业环境行为。同时通过对 466 家匈牙利制造企业的数据研究发现，环境知识只是企业采取环境行为的必要条件，企业的环境态度和意愿对其环境行为有着更加显著的影响。

（四）基于动态、多种理论综合视角的企业环境行为影响因素研究

近年来，诸学者对企业环境行为影响因素的研究呈现动态、多种理论综合的趋势。他们综合制度因素、经济因素、组织因素等来研究企业环境行为的演化机理[125,126]。例如，Gin 和 Suho[127]运用新制度主义理论，研究了美国企业在参与美国国家环境保护局的建筑能源之星项目，结果表明，与企业的组织特征相比，州政府层面的制度压力对企业参与 ESBS 项目的影响要小一些。周曙东[128]通过对企业环境行为的问卷调查，用因子分析法得出 10 个主因子，在此基础上，建立了 10 个因子间相互作用的结构方程模型，并运用 AMOS 7.0 对模型进行了检验，定量分析了不同的影响因素对企业环境行为的作用路径和效果。胡军[129]认为绿色创业（生态创业）的驱动因素主要有政府政策、社会经济条件、金融支持和非金融

支持等因素。Isaak[97]认为绿色创业过程中涉及企业的伦理方面，绿色创业者开创绿色创业活动驱动因素并非只有挣钱的欲望，还有一种改善世界状况，解决环境问题、社会问题的承诺。

七、关于创业导向的研究

（一）关于创业导向的定义

随着创业活动的蓬勃发展，创业活动的表现形式日趋多样化，学术界对于创业理论的研究也更加复杂深入，不同学派的学者从不同角度对创业导向的内涵进行了研究。1972 年，Child[130]基于战略决策理论对创业的定义进行了初步探索，随后 Mintzberg[131]在其的研究基础上，进一步对战略管理的模式进行了细分，他认为可以从适应模式、计划模式、创业模式 3 个层面对战略模式进行考察。20 世纪 70 年代，Miles 和 Snow[132]在 Mintzberg 的研究基础上，对于战略模式的划分进行了完善，他认为战略模式不应仅限于以上 3 种模式，应将战略模式继续细化为积极对市场环境进行探索的模式、深入分析竞争对手的模式、积极防御市场变化的模式和消极应对市场变化的模式，且不同的战略管理模式在创业过程中对市场观察的侧重点不同。Miller[46]将创业研究提升到公司层面，首次引入“公司创业”的概念，实现了创业研究层次的转变，引导后期学术界将研究的关注点从创业者个人特征方面转移到组织层面。Miller 对公司的创业模式进行了细化，从 3 个维度对公司创业行为进行分析。此种方法对公司创业研究具有里程碑式的意义。他强调创新型企业在面对市场竞争的时候，应富有创新意识，以先行者的姿态把握市场机会，承担市场风险。1989 年，Covin 和 Slevin[82]基于 Miller[46]对于公司创业的研究，进一步对公司创业模式进行解释。他们认为当企业面临不确定的环境时，若能勇敢承担创业风险，以积极主动的姿态迎接挑战，则更容易在市场竞争中率先开拓出新市场，取得竞争优势。Lumpkin 和 Dess[133]首次对创业导向的概念进行了明确的界定，他们认为创业导向是企业创业过程面对新产品开发、先进战略制定、新市场挖掘等方面的一种姿态与引导力，它能够为创新企业创建和创新实践活动时进行方向指引。当企业面对复杂的市场环境时，企业会利用企业资源预测未来市场发展趋势，并采取相应的战略管理方式，以规避市场环境的不利因素，降低企业风险，促进企业的发展。

基于以上研究理论可知，目前学术界对于创业导向的探索已延伸到各个领域，但不同学派对于创业导向的概念尚未达成统一，有待进一步考察。

（二）创业导向维度划分

目前学术界对于创业导向的研究主要有两个方面：一是关于创业导向概念的界定，二是关于创业导向维度的构建。在创业导向的维度划分方面，不同学派的划分依据不同，划分方法较为多元，因此，目前对于创业导向的维度构建还存在颇多争议。但“三维度划分法”和“五维度划分法”是目前学术界较为认可的主流观点，也是许多学者对创业导向维度探索的研究基础。Miller[46]将创业导向分为创新性、超前性与风险承担性 3 个维度。Lumpkin 和 Dess[133]对 Miller 的“三维度划分法”进行了扩展，在三维度的基础上引入了竞争侵略性与自治性 2 个维度，形成了“五维度划分法”，即自治性、创新性、风险承担性、抢先行动性、积极竞争性，并对每个维度进行了解释。自治性即企业在创业过程中对于新想法、新创意的挖掘与独立实施行为；创新性指企业在创业过程中积极采纳新观点、鼓励引进新的管理技术、勇于开发新产品的创造性过程；风险承担性指在企业面对风险性项目时，管理者相较于传统管理者会采取大胆的行动，接受市场上的机遇与挑战；抢先行动性指当企业面对新的市场机会时，往往以积极主动的姿态迎接市场挑战，率先抓住市场机会，抢先同行进入新市场，开发新产品，并战略性地对旧产品、旧生产技术、管理理念进行淘汰；积极竞争性指当企业在遭遇竞争者挑战时，会采取与传统企业的保守措施不同的应对方式，以一种更加激烈、直接的方式直接面对竞争对手，以提高市场地位。总体来说，5 个维度都有利于企业的成功创业，但并不意味着成功的创业企业会同时体现 5 个维度，它们可能只体现其中的某几个维度。除国外学者对创业导向的探索外，国内学者也对创业导向的维度进行了积极探索。2006 年，国内学者张玉利和李乾文在环渤海湾抽取了 185 家企业作为调查样本，并对样本数据进行了分析，研究发现 Covin 和 Slevin[82]对创业导向的三维度划分的指标可以进行简化，可将创业导向分为创新与先动性、风险承担性 2 个维度，且 2 个维度之间是相互独立的。2006 年，王重鸣通过研究发现，创业导向的创新性维度和先动性维度在我国的创业理论研究中具有良好的适用性。之后，焦豪等[134]也先后对创业导向理论进行了探讨，丰富了创业导向的研究资料。2009 年，刘景江针对高新技术行业进行创业导向研究，他认为三维度的划分方法难以对创业导向进行细化，其开创性地将创业导向划分为创新性、风险承担性、先动性、竞争积极性和自主性 5 个维度，且这 5 个维度彼此独立变化，具有非共变性。

通过对创业导向相关文献的梳理，发现不同时期的国内外学者对创业导向维度的划分有着一定的共性和区别，现将主要观点归纳如表 2-4 所示。

表 2-4 创业导向学维度划分

学者	年份	维度
Khandwalla[135]	1977	创新性、可塑性、集权性
Miller 和 Friesen[136]	1978	适应性、整合性、分析性、风险倾向、创新性
Miller[46]	1983	创新性、风险承担性、先动性
Covin 和 Slevin[137]	1989	创新性、风险性、先动性
Sapienza[138]	1996	创新性、风险性、先动性
Lumpkin 和 Dess[133]	1996	创新性、风险承担性、先动性、积极竞争性、自治性
Wiklund[139]	1999	创新性、风险性、先动性
Kreiser 等[140]	2002	创新性、风险性、先动性
Jambulingam[141]	2005	创新性、风险承担性、先动性积极竞争性、自治性、激励性
张映红[142]	2005	创新性、冒险性、竞争积极性、先动性
张玉利、李乾文[45]	2006	创新性、先动性、风险承担性
王重鸣[143]	2006	创新性、先动性
焦豪等[134]	2007	创新与超前先动性、风险承担性
李璟琰、焦豪[144]	2008	创新与超前先动性、风险承担性
刘景江[145]	2009	创新性、风险承担性、先动性、竞争积极性、自主性
蒋峦等[146]	2010	创新与超前先动性、风险承担性

通过对创业导向维度构建相关研究文献的分析，可知创业导向本质上是一种战略偏好和战略选择。此外，笔者认为相较于传统的三维划分，五维划分可以对创业导向不同指标进行更为细致、精确的划分，与现阶段我国创业型企业的创业特质更为契合。

八、关于绿色创业导向的研究

绿色创业理论是在创业导向理论与绿色创业理论融合的基础上萃取的新的理论，目前国内外关于绿色创业导向的研究主要有两个方面：一是关于绿色创业导向概念的界定；二是对于绿色创业导向指标体系维度的构建。

（一）绿色创业导向的概念

Isaak R[147]认为创业导向是企业经营的一种哲学，而绿色创业导向相较于一般创业导向更具有社会责任意识，更注重环保事业，更勇于承担创业风险。陈晟杰[60]认为绿色创业导向从本质上说是企业在运营过程中对企业战略决策选择的过程，具备绿色创业导向的企业在战略选择时会积极承担企业的社会责任、兼顾企业利益、创造竞争优势。李先江[148]基于战略管理的视角对绿色创业导向进行研究，研究发现绿色创业导向在战略选择上更倾向于绿色产品的研发、绿色技术的创新、绿色市场的开拓，同时企业在实施绿色创业导向时需要承担一定程度的风险。之后，其又针对新服务业的绿色创业行为进行了研究，并重新对绿色创业导向的定义进行了界定，他认为绿色创业导向的本质是企业进行市场开拓的行为选择，具有 4 个显著特征，具体表现为在创业过程中强调企业盈利水平，在企业经营方面注重环保理念，在市场开拓方面勇于承担风险和率先探索，在市场竞争中具有竞争意识。王秀峰[149]认为绿色创业导向能够判别企业在创业过程中更倾向于哪种创业风格，区分企业面临创业机会时的不同态度与战略决策，识别企业对于环境保护的态度。丁双[150]从战略管理的角度对绿色创业导向的概念进行了界定，他认为绿色创业导向是企业创业过程中对不同战略方案的选择，对企业运营具有指导意义。

（二）绿色创业导向的测量

关于绿色创业导向的维度测量，主流的划分方法有三维度与五维度两种，但也有许多学者对此提出不同意见。陈晟杰[60]以环保型企业作为研究样本，运用实证分析的方法对环保企业的创业数据做了研究分析，研究发现环保内企业的绿色创业导向可以分为 4 个维度，包括创新导向、行动导向、社会导向、环境导向，还通过实证分析的方法探讨了绿色创业导向对企业绩效的影响。李凯[67]通过问卷调查的方式搜集了新能源企业绿色创业的相关信息，同样地，将绿色创业导向划分为 4 个维度，但其在具体维度构建方面与陈晟杰的四维度存在差异。李凯根据案例调研以及结构方程分析等方法，发现绿色创业导向分为创业导向、环境导向、社会导向、盈利导向 4 个维度，不同绿色创业导向对企业愿景的实现具有不同作用。李先江[148]基于中东部 6 省市 208 家低碳企业的调研数据，研究低碳企业的绿色创业导向对突破性创新的影响。研究发现，低碳企业的绿色创业导向可以从绿色创新性、绿色超前行动性、绿色冒险性 3 个维度考察。首先，他对研究变量进行了细化，基于绿色创业导向理论基础，结合低碳企业的创业特征，构建了绿色创业导向的维度，即低碳突破性创新的维度；其次，他在研究模型中，突破性地引入探索性学习作为二者的中介变量，考察二者之间的关系；最后，他通过实证分析的方法探索二者的影响关系。李华晶[151]选取高新技术企业作为研究样本，将绿色创业导向分为 5 个维度，分别是胜任性行动、不确定性承担、合法性自治、支配性竞争、突破性创新。王秀峰[149]基于中关村高新技术企业的调研数据，结合创业导向的理论基础，通过因子分析的方法从绿色创业导向的所有变量中提取出 4 个因子，根据不同因子下所含的具体指标，将其归纳定义为创新导向、先动导向、环境导向、社会导向。

以上研究为绿色创业导向领域积累了宝贵的参考资料，为后期学者关于绿色创业导向的研究提供了方向指引和理论依据。但因不同学者从属的流派不同，对于绿色创业导向的研究遗留了许多争议性问题，鉴于此，学者们需要在后期研究中针对不同类型企业的绿色创业导向进行全方位考察，找到绿色创业导向的本质。此外，现阶段我国学者对于绿色创业导向的维度划分，一般是选取特定行业作为研究样本，企业类型较为特殊，缺乏代表性，其研究结果在推广至农业企业时，会出现一定程度的偏差，因此有必要对绿色创业导向理论进一步挖掘，提炼出适合农业龙头企业的绿色创业导向维度，以便更准确地测量绿色创业导向的作用。

九、关于创业绩效的研究

（一）创业绩效的定义

绩效评价是对于企业某阶段的经营成果最直接有效的评价。对创业绩效的研究源于 19 世纪初学者们针对绩效的研究，虽然不同学派的学者对绩效的定义存在争议，但学术界对于绩效的探索从未停止过。Zahra 和 Covin[152]提出绩效是衡量金融资源和市场资源的重要指标。Venkatraman 等[153]指出绩效能够对一段时期内企业的运营情况进行检查，可以从财务绩效、事业绩效和组织绩效 3 个方面进行测量。

随着创业机会的不断新增和创业活动的蓬勃发展，创业现象呈现出不同的表现形式，早期的绩效研究难以准确地对新创企业的绩效进行考察。于是学者们根据已有的绩效研究成果，结合创业学研究的进展和学科特点，对创业绩效进行新的探索。2003 年，Batjargal[154]认为关系和资源的嵌入能够直接地对创业绩效产生积极影响，而结构嵌入却并不能直接影响创业绩效。Hayton[155]认为创业绩效主要指企业的风险承担能力、创新能力，以及识别和探索创业机会的能力。蒋跃进[156]认为企业绩效的表现是多样的，可以从结果、行为、能力 3 个方面进行考察。张君立[157]研究发现，创业绩效是创业者为实现创业目标，在创建企业和发展企业过程中取得的一系列成果的体现。马鸿佳[158]研究发现，创业绩效就是在创业过程中为促进企业发展进行一系列实践活动的集中表现。

综上所述，学术界对于创业绩效的内涵尚未达成共识，对创业绩效的研究仍需要学者们继续努力。但是，大部分学者认同对创业绩效的衡量应包含企业初创时期与发展时期的经营成果。

（二）创业绩效维度划分

企业绩效是衡量企业经营管理效果的有效尺度，提高企业绩效水平能够有效促进企业效益提升。现代企业经营管理的核心目标之一就是提高企业绩效水平。因此如何准确测量新创企业的创业绩效是学者们的重要研究任务。目前，学者们针对创业绩效的测量指标与测量维度进行了诸多研究，但由于角度不一样，其观点尚未达到统一。对于创业绩效测量指标选取主要有以下几类：主观指标、客观指标；短期指标、长期指标；成长性指标、营利性指标；财务指标、非财务指标等。

Venkatraman[153]提出绩效考察应同时包含财务绩效和非财务绩效。Covin 和 Slevin[137]率先对创业绩效进行二维划分，认为创业绩效可以从营利性和成长性两个方面进行测量。Delaney 和 Huselid[159]认为客观数据在获取时存在困难，可以采用主观指标作为辅助，他们认为绩效管理可以从企业外部市场绩效与内部管理绩效两个方面综合考察。对于企业外部绩效的考察，以市场经济收益为主，具体指标涉及企业的市场份额、企业销售利润和企业活力能力等指标；对于内部绩效的测量则要突出企业的主观能动性，具体测量指标包含企业开发新产品与新服务的力度、企业的顾客忠诚度及满意度等。Venkataraman[153]认为经济绩效和运作绩效作为创业绩效的衡量方式更有效。因为经济绩效可以衡量企业在市场经济中的收益情况，了解企业的财务状况；运作绩效可以考察企业的市场地位，知悉企业的市场占有率、市场竞争力等。Chrisman 和 Bauerschmidt[161]同样认为创业绩效包含 2 个维度，即生存绩效和成长绩效，他们认为企业绩效的衡量要以生存绩效为基础，因为企业获得成功的前提条件是要提高企业生存绩效，但要想谋求企业的长远发展，需要兼顾企业的成长绩效。Lumpkin 和 Dess[162]基于对企业销售市场的考察，提出企业绩效可从销售利润率和销售增长率两个方向进行测量。冯丽霞等[163]从行为导向和结果导向两个方向对创业绩效进行了分析。马璐[164]将创业绩效分为经营绩效和管理绩效两个维度。Yusuf[165]提出企业绩效的考察应突出其获利性与成长性。Zahra 和 George[166]对企业绩效的具体指标进行了研究，细化了企业绩效的衡量指标，具体包括市场份额增长、销售增长、员工数增长、投资回报和边际净利润等指标。Pavlou[167]认为企业绩效包括产品效果和流程效率。

十、绿色创业对企业绩效的影响

当前，关于企业绿色创业行为对企业绩效的研究成果不多，国外学者主要集中在企业环境行为绩效评价的研究领域[168-171]。例如，Radonjic 和 Tominc[172]基于 36 家斯洛文尼亚金属和化学制造企业的问卷调查数据，通过 t 检验和卡方检验研究发现，《环境管理体系规范及使用指南》（ISO 14001）认证能够增强企业采用新的清洁能源技术的动机，进而提高企业环境绩效。Brammer 和 Pavelin[173]研究发现，对环境敏感的产业中（化工、环境、矿业和日常消费品），环境绩效对公司声誉有正面的影响。Hart[174]通过构建企业自然资源基础观理论框架，分析了企业所持的自然资源基础观与企业可持续竞争优势之间的关系，认为企业可以通过预防污染来降低成本，或是通过加强产品研发与生产中的环境管理来取得行业领先地位，在未来环保趋势中占得先机。Harangzo 等[175]对东欧企业的调查研究表明，很多企业采取的环境管理行为能提升企业形象，增加企业盈利。

中国学者对绿色创业（导向）与企业绩效的关系进行了一些探索，但成果不多。符健春[176]基于领导学派理论研究基础，根据创业者领导行为风格不同，提出创业者领导可以从交易型领导和转换型领导两个角度考察。同时，对于创业绩效的研究，可以从财务绩效、成长绩效和创新绩效 3 个方面展开，通过问卷调查的方式对 117 家企业的创业信息进行采集，并针对不同创业者领导风格与企业绩效的关系做了分析。研究发现，在企业的不同发展阶段，创业者领导行为对企业绩效的影响有明显差异；环境动态性使不同风格的创业者领导行为对企业绩效的影响不同，但均显示出显著的调节作用。陈晟杰[60]基于战略管理的理论基础，对环保企业的绿色创业导向进行探索，认为绿色创业导向是企业的战略决策的过程，不同维度的绿色创业导向对企业绩效的影响存在显著差异，但就整体而言，绿色创业导向对企业绩效具有显著的积极的正向影响。李先江[148]基于 Shepherd 和 Patzelt[177]学者对绿色创业的界定，从战略管理的角度对企业绿色创业导向的具体内涵进行了探索。他认为绿色创业导向的本质是战略方式的选择，对企业发展具有显著影响。李华晶和陈凯[178]基于创业导向理论基础，结合现代新创企业绿色创业的特色，从可持续性和发展性 2 个角度对绿色创业导向的概念进行考察，并以新能源企业作为创业研究的样本，分析了绿色创业导向对企业绩效的影响。结果显示，企业的绿色创业导向对企业绩效呈现出积极的正向影响。王秀峰[83]基于创业导向及绿色创业理论的研究成果，提出绿色创业导向具有多维度构成，并利用中关村地区 132 家高新技术企业样本数据，探索绿色创业导向各维度对企业绩效的影响，研究发现，绿色创业导向整体上对企业绩效显示出积极的正影响，但在影响的显著性方面却存在差异。李凯[67]认为环境导向和盈利导向之间具有互补效应，社会导向和机会导向之间具有平衡效应。张明林和刘克春[179]分析了农业龙头企业“绿色化”战略实施机理及其对绿色食品产业增长的贡献。李先江[68]研究了以低碳创新为中介变量，绿色创业导向影响低碳创新，低碳创新进而影响组织绩效之间的关系模型。李华晶和陈凯[178]研究发现绿色创业导向对企业绩效具有正向作用，而且高管团队社会使命感对绿色创业导向与企业绩效具有调节作用。王秀峰等[83]研究指出绿色创业导向对企业财务绩效以及企业成长绩效均有积极影响，但在各个维度的影响方面略有不同，先动导向正向促进企业财务绩效；创新导向、环境导向、社会导向则可正向促进企业成长绩效。李先江[180]对于绿色创业导向转化为组织绩效的路径研究中，指出绿色动态能力在新服务企业绿色创业导向和企业成长之间发挥着部分中介作用，而环境不确定性发挥着负向调节作用。李华晶[181]指出环境激励水平与环境管制强度对绿色创业导向与企业绩效之间的关系具有调节效应。其中，环境激励水平对社会导向与企业财务绩效之间、社会导向与企业成长绩效之间的关系均有显著的正向调节效应。环境管制强度对环境导向与企业财务绩效之间的关系具有显著的负向调节效应，而对社会导向与企业财务绩效之间的关系具有显著的正向调节效应。夏晗[81]则探讨积极型市场导向在绿色创业导向与创新绩效间的中介作用及其作用路径，指出积极型市场导向在绿色创新导向、绿色先动导向和环境导向 3 个维度与创新绩效关系间起中介作用，但是在社会导向对创新绩效作用间的中介作用不明显。冯泰文等[84]研究发现，绿色创业导向能够显著提升企业环境绩效与财务绩效，并且绿色产品创新和绿色工艺创新在绿色创业导向与企业财务绩效和环境绩效的关系中起到了部分中介作用。张秀娥等[182]指出绿色创业导向对构建可持续竞争优势有积极影响，而绿色组织认同与绿色创新是企业实施绿色创业导向、建立可持续竞争优势的关键路径，并起到中介作用，即链式中介作用；张秀娥等[79]进一步研究发现，绿色创业导向对农业创新企业的财务绩效以及环境绩效均有正向影响，而创业机会识别在绿色创业导向与农业创新企业财务绩效和环境绩效的关系中起部分中介作用。Namagembe 等[183]认为绿色创业导向能够同时整合经济与环境目标，激励企业创新性地制定和实施有利于环境保护的经营策略，从而在竞争中获得有利的市场地位，并提升企业绩效。薛梦[184]研究发现，具有绿色创业导向能为组织打造竞争优势。随着社会对环境问题愈加重视，绿色产品也愈加受到消费者的喜爱，绿色创业导向各个维度对企业绩效均有积极影响，而张佳成[185]的研究结论也进一步证实了这种观点。张秀娥和滕欣宇[186]基于动态能力理论，通过对 349 份有效样本进行实证分析发现，绿色创业导向不仅对农业创业企业绩效有积极影响，还有助于绿色动态能力的提升和商业模式的创新。进一步地，张秀娥和李清[187,188]基于资源基础观和权变理论，通过对 203 家企业进行跨期数据实证分析发现，绿色创业导向对绿色竞争优势有积极影响，绿色竞争优势是绿色创业企业实现财务绩效目标的关键。李梦莹[189]利用模糊集定性比较分析法，引入绿色吸收能力和绿色创新作为绿色创业导向与企业绩效二者之间的中介变量，发现绿色创业导向对企业绩效具有显著积极影响，其中绿色创业导向对财务绩效和环境绩效的影响均显著。当然，也有一些学者对此持有不同观点，例如，Dixon-Fowler 等[190]认为企业如果主动实施绿色创业导向战略，并不能证明其就能够获得更好的经营绩效。

十一、绿色创新或管理对企业的影响研究

部分学者基于绿色创新或者绿色管理等视角研究企业的绿色行为对企业绩效以及企业发展的影响。国外学者较早地研究了企业的绿色形象和绿色创新对于企业核心竞争力的重要价值。张启尧和孙习祥[191]通过构建战略导向、绿色资源拼凑与绿色新创企业绩效关系的概念模型，经实证研究发现，市场导向和创业导向均对绿色资源拼凑和绿色新创企业绩效有显著的正向影响，绿色资源拼凑分别在市场导向、创业导向和绿色新创企业绩效间存在中介作用。夏文蕾等[192]研究发现，企业绿色技术创新具有滞后性，绿色技术创新对企业近两期绩效无显著影响，但与滞后三期绩效呈显著正相关，说明企业绿色技术创新能长期促进企业绩效提升。任立改[193]研究发现绿色管理能显著提高企业财务绩效水平，即绿色管理与企业财务绩效之间显著正相关。汪明月等[194]构建不确定性环境下企业绿色技术创新与绩效的概念模型，通过开展实证分析，发现企业绿色工艺创新会通过技术升级（绿色产品创新）的中介效应来改善其经济绩效。解学梅和朱琪玮[195]研究发现绿色工艺创新、绿色产品创新均能促进企业可持续发展绩效，但绿色工艺创新相较于绿色产品创新更能改善企业环境社会责任绩效，而绿色产品创新相较于绿色工艺创新更能提升企业财务绩效。

十二、研究评述

国内外现有研究成果为本书提供了理论指导，也为我们更好地研究农业龙头企业绿色创业提供了非常重要的借鉴作用。但综观现有文献，这些研究成果还给我们预留了以下研究空间。

（1）在研究对象上，必须加强农业龙头企业绿色创业的研究。农业龙头企业不仅对农业发展、农村繁荣和农民增收有着举足轻重的作用，而且在保障农产品质量安全和保护农村资源环境方面也具有至关重要的影响。因此，加强农业龙头

企业绿色创业行为及对其绩效的研究，既能够促进农村经济的发展，又能够体现可持续发展的理念，在社会范围内树立环境责任意识和绿色发展理念。

（2）在研究内容上，①现有研究成果关于农业龙头企业绿色创业行为缺乏具有针对性的量化分析指标，因此，未来的相关研究应该把量化模型引入绿色创业行为定量测度分析中；②现有研究主要近似于把企业绿色创业行为作为一个“黑箱”来处理，对驱动企业绿色创业行为的因素及其互动作用机理缺少深入研究，从而很难为政府制定具体绿色创业政策提供有意义的参考，因此，未来有必要从多视角、全方位打开农业龙头企业绿色创业行为产生机理的“黑箱”；③农业龙头企业绿色创业行为绩效尚不明确，绿色创业行为影响效应的产生机理也有待深入研究，因此，有必要进一步考察农业龙头企业绿色创业行为对企业绩效的影响，从而为政府有针对性地制定激励企业绿色创业行为的政策提供借鉴，引导农业龙头企业采取既能提升企业绩效，又能促进生态环境改善的绿色创业行为。

（3）在研究方法上，当前国内外关于农业龙头企业绿色创业的研究基本是定性描述，缺乏定量评价。因此，运用科学的评价方法，对农业龙头企业绿色创业行为进行定量测度，实证考察农业龙头企业绿色创业行为的驱动机理及其对企业绩效的影响是目前该领域研究方法上需要重点突破的方面。

综上所述，本书以绿色创业为主题，以发展经济学、新制度经济学、企业管理等学科理论为依据，以农业龙头企业为例，在探讨农业龙头企业绿色创业行为动因的基础上，首先定量测度农业龙头企业绿色创业行为表现；其次构建理论与实证模型，全方位多视角考察农业龙头企业绿色创业行为驱动机理及影响因素，并在此基础上，定量评价农业龙头企业绿色创业行为（导向）对企业绩效的影响；最后提出农业龙头企业绿色创业行为的路径选择与政府完善企业绿色创业政策的对策建议。

第三章

农业龙头企业绿色创业行为测度

如何科学构建农业龙头企业绿色创业行为指标体系，定量测度其绿色创业行为表现，对于考察农业龙头绿色创业行为具有重要的理论与现实意义。因此，本章首先构建农业龙头企业绿色创业行为指标体系，然后进行有效性检验，在此基础上，构建定量测度模型，实证考察农业龙头企业绿色创业行为表现及其差异性特征。

第一节　农业龙头企业绿色创业行为指标体系构建

一、指标构建原则

农业龙头企业绿色创业行为评价体系是企业绿色创业行为实施的规范和标准，显示了农业龙头企业绿色创业的内部活动过程，对于后续企业绿色创业行为量化研究有一定的指导意义。农业龙头企业绿色创业行为评价体系构建应该以如下原则作为指导。

（1）全面原则。农业龙头企业绿色创业行为涵盖了企业活动的方方面面，所以，评价体系应将企业整个内部运营环节纳入其中。按照国外学者 Nelson 和 Sumesh[28]对企业绿色运营模式的研究，企业运营包括绿色采购、绿色生产、绿色管理、绿色营销和绿色服务 5 部分，每个部分都包含着具体的活动项目。

（2）导向原则。农业龙头企业绿色创业行为评价体系应突出反映企业在生产运营方面的绿色化特点，并且将社会需求和政府需求结合起来。农业龙头企业绿色创业是为了达到保护环境、节约资源、食品健康安全、实现环境效益的目的。

（3）可操作原则。评价体系应具备可测性和简明性。可测性表现在评价方法明确，评价项目和标准可以测量的，可被量化。简明性表现在思量评价项目的完整性，同时要注意测量项目尽量简单、明确。对于一些可有可无的项目，可以将其省略，将指标项目控制在一定数量上，使量表在实际操作中简单易行，以收到实效。

二、农业龙头企业绿色创业行为指标体系构建

当前，少有学者对企业的绿色创业行为进行定量评价，对企业绿色创业行为进行评价的系统性指标体系也尚未建立。本书通过借鉴国外学者 Nelson 和 Sumesh[28]对企业绿色运营模式的研究，结合农业企业特征，拟从绿色采购、绿色生产、绿色管理、绿色营销和绿色服务 5 个维度构建农业龙头企业绿色创业行为评价指标体系（表 3-1）。一级指标为农业龙头企业绿色创业行为，二级指标为上述 5 个维度的企业绿色创业行为变量，三级指标为 5 个维度所包含的具体变量。本书对每个维度的一系列项目采用李克特（Likert）5 级量表法进行测量。答案选项设置为“非常同意”“同意”“不确定”“不同意”“非常不同意”，赋值分别为 5 分、4 分、3 分、2 分和 1 分，要求被调查企业从主观视角对所有问题进行评价。

表 3-1 农业龙头企业绿色创业行为评价指标

一级指标	二级指标（因子）	三级指标（项目）
农业龙头企业绿色创业行为（Y）	绿色采购（Y_1）	采购过程中避免水、空气和土壤的污染（A_1）
		在可能的环节使用健康环保材料（A_2）
		使用清洁能源（A_3）
		企业采购时根据环境指标选择供应商（A_4）
		物流和仓储环节使用绿色化（A_5）
	绿色生产（Y_2）	企业首先考虑引入环境友好的新技术和新产品（B_1）
		企业注意生产过程副产品的控制和回收（B_2）
		企业经常进行清洁和健康生产审计（B_3）
		企业投入大量资源进行 ISO 14001 环境管理认证（B_4）
		产品包装注重环保材料（B_5）
		企业大量投资于环境友好产品的创新和研发（B_6）
		企业与环保研发机构结成合作伙伴（B_7）

一级指标	二级指标（因子）	三级指标（项目）
农业龙头企业绿色创业行为（Y）	绿色管理（Y_3）	企业环境部门领导参与采购事务（C_1）
		企业制定了环境管理制度（C_2）
		企业在考核和奖励时注重环境指标（C_3）
		企业管理层对环保比较关注（C_4）
	绿色营销（Y_4）	企业在产品健康环保上处于行业领先地位（D_1）
		企业在环保绩效方面的设定标准很高（D_2）
		企业在制订战略规划时包括环境绩效指标（D_3）
		企业产品和服务的营销战略受环境保护的影响（D_4）
	绿色服务（Y_5）	企业对员工加强绿色理念和技能培训（E_1）
		注重树立绿色文化（E_2）
		在广告中强调产品和服务的健康环保特性（E_3）
		在广告中突出对环保健康的承诺（E_4）

第二节　农业龙头企业绿色创业行为指标描述性分析

一、绿色采购行为分析

从表 3-2 中可以看出，受访企业对其在绿色采购行为方面的表现评价较高，均值介于 4.22～4.42，评价的标准差也相差不大。这说明大部分农业企业在原材料采购、仓储和物流等方面注意环保，尽可能减少对环境产生的污染。

表 3-2　绿色采购行为描述性统计

指标	项目	编号	均值	标准差
绿色采购（Y_1）	采购过程中避免水、空气和土壤的污染	A_1	4.42	0.570
	在可能的环节使用健康环保材料	A_2	4.39	0.542
	使用清洁能源	A_3	4.28	0.659
	企业采购时根据环境指标选择供应商	A_4	4.22	0.679
	物流和仓储环节使用绿色化	A_5	4.23	0.628

二、绿色生产行为分析

从表 3-3 中可以看出，受访企业对企业绿色生产行为的 7 个项目认可度评价中，均值最高的为 4.33，而项目“企业投入大量资源进行 ISO 14001 环境管理认证”均值较低，为 3.91。这说明虽然企业在生产过程中注重环保和绿色，但是在获得 ISO 14001 环境管理认证中动力不足。

表 3-3　绿色生产行为描述性统计

指标	项目	编号	均值	标准差
绿色生产（Y_2）	企业首先考虑引入环境友好的新技术和新产品	B_1	4.33	0.627
	企业注意生产过程副产品的控制和回收	B_2	4.30	0.619
	企业经常进行清洁和健康生产审计	B_3	4.17	0.703
	企业投入大量资源进行 ISO 14001 环境管理认证	B_4	3.91	0.826
	产品包装注重环保材料	B_5	4.29	0.575
	企业大量投资于环境友好产品的创新和研发	B_6	4.04	0.714
	企业与环保研发机构结成合作伙伴	B_7	4.03	0.766

三、绿色管理行为分析

从表 3-4 中可以看出，受访企业对企业绿色管理行为的 4 个项目认可度评价中，均值最高的为 4.35，但项目“企业环境部门领导参与采购事务”均值为 3.96。这说明企业尽管制定了环境管理制度，但对环境部门领导参与采购事务方面的表现并不十分满意。

表 3-4　绿色管理行为描述性统计

指标	项目	编号	均值	标准差
绿色管理（Y_3）	企业环境部门领导参与采购事务	C_1	3.96	0.880
	企业制定了环境管理制度	C_2	4.27	0.576
	企业在考核和奖励时注重环境指标	C_3	4.20	0.635
	企业管理层对环保比较关注	C_4	4.35	0.557

四、绿色营销行为分析

从表 3-5 中可以看出，受访企业对其在绿色营销行为方面的表现评价较高，均值较为集中，在 4.04～4.13，标准差也相差不大。这说明企业对其绿色营销方面的评价较高，较为满意，在产品营销方面注意保护环境，取得了一定的环境绩效。

表 3-5　绿色营销行为描述性统计

指标	项目	编号	均值	标准差
绿色营销（Y_4）	企业在产品健康环保上处于行业领先地位	D_1	4.10	0.739
	企业在环保绩效方面的设定标准很高	D_2	4.04	0.780
	企业在制订战略规划时包括环境绩效指标	D_3	4.13	0.689
	企业产品和服务的营销战略受环境保护的影响	D_4	4.11	0.750

五、绿色服务行为分析

从表 3-6 中可以看出，受访企业对其在绿色服务行为方面的表现评价较高，均值较高且较为集中，在 4.21～4.32，标准差也相差不大。这说明企业对其绿色服务方面的评价较高，较为满意，在职工绿色理念技能树立和加强、企业绿色文化树立方面有很高的认可度。

表 3-6　绿色服务行为描述性统计

指标	项目	编号	均值	标准差
绿色服务（Y_5）	企业对员工加强绿色理念和技能培训	E_1	4.31	0.598
	注重树立绿色文化	E_2	4.32	0.595
	在广告中强调产品和服务的健康环保特性	E_3	4.22	0.607
	在广告中突出对环保健康的承诺	E_4	4.21	0.698

第三节 农业龙头企业绿色创业行为量表的品质检验

一、信度检验

在因子分析之前，为检验问卷各项目的内在一致性，可对数据的可靠性进行考察，首先应该进行信度检验。运用 SPSS 18.0 软件进行计算，得到本研究数据的 Cronbach's α 值为 0.964，按照 Cronbach's α 系数（克朗马哈系数）和 CITC（项目总体相关系数）的判断标准，表明数据的可靠性较高。并且，评价农业龙头企业绿色创业行为的 5 个因子（指标）的 Cronbach's α 值均在 0.8 之上，显示问卷整体的可信度较高，测量项目的内部一致性符合要求。具体如表 3-7 所示。

表 3-7 农业龙头企业绿色创业行为的信度系数

因子	变量个数	因子 Cronbach's α系数	整体 Cronbach's α系数
绿色采购（Y_1）	5	0.914	0.964
绿色生产（Y_2）	7	0.901	
绿色管理（Y_3）	4	0.823	
绿色营销（Y_4）	4	0.864	
绿色服务（Y_5）	4	0.834	

二、效度检验

效度检验主要是检验同一因子下各测量变量间的相关性，以因子分析达到的载荷值为判断标准，如果载荷值越大，则表示因子相关性越高。当各项目下所属的因子载荷值大于 0.5 时，才能进行抽取，并且每个测量变量在正常情况下，应该只有一个因子载荷值大于 0.5，如果出现一个以上的值，就出现了“交叉荷载”，在进行因子分析时需要将其剔除。

本书将研究数据测量变量的公共因子确定为绿色采购、绿色生产、绿色管理、绿色营销和绿色服务 5 个因子，运用 KMO 和 Bartlett's 球形度检验来确定是否适合做因子分析，结果显示，KMO 的检验值为 0.946，Bartlett's 球形度检验值为

4 549.747，概率 P 值为 0.000，满足了因子分析的适用条件。在进行主成分分析时，限定抽取公共因子数量为 5，旋转方法使用最大方差法进行，发现“采购时根据环境指标选择供应商”（A_4）、“首先考虑引入环境友好的新技术和新产品”（B_1）、“企业在产品健康环保上处于行业领先地位”（D_1）出现交叉因子载荷值，因此将这 3 个测量变量剔除。在此基础上，按照上述方法对余下的 21 个测量变量进行检验，结果显示，KMO 值为 0.939，Bartlett’s 球形度检验值为 3 856.517，概率 P 值为 0.000，满足了因子分析的适用条件。此时，各测量项目通过正交旋转后的因子载荷值都在 0.5 以上，76.759%是这 5 个因子的累计方差贡献率，表明这 5 个因子对 21 个测量变量中所对应的变量的解释能力达到了 76.758%的水平。旋转后的各因子载荷和方差贡献率如表 3-8 所示。

表 3-8　旋转后的各因子载荷和方差贡献率

因子	项目	载荷值	方差贡献率/%	累计方差贡献率/%
绿色采购（Y_1）	采购过程中避免水、空气和土壤的污染（A_1）	0.795	17.958	17.958
	在可能的环节使用健康环保材料（A_2）	0.753		
	使用清洁能源（A_3）	0.688		
	物流和仓储环节使用绿色化（A_5）	0.625		
绿色生产（Y_2）	企业注意生产过程副产品的控制和回收（B_2）	0.518	16.609	34.567
	企业经常进行清洁和健康生产审计（B_3）	0.641		
	企业投入大量资源进行 ISO 14001 环境管理认证（B_4）	0.771		
	产品包装注重环保材料（B_5）	0.659		
	企业大量投资于环境友好产品的创新和研发（B_6）	0.671		
	企业与环保研发机构结成合作伙伴（B_7）	0.605		
绿色管理（Y_3）	企业环境部门领导参与采购事务（C_1）	0.729	16.446	51.013
	企业制定了环境管理制度（C_2）	0.630		
	企业在考核和奖励时注重环境指标（C_3）	0.684		
	企业管理层对环保比较关注（C_4）	0.810		
绿色营销（Y_4）	企业在环保绩效方面的设定标准很高（D_2）	0.541	15.187	66.200
	企业在制订战略规划时包括环境绩效指标（D_3）	0.573		
	企业产品和服务的营销战略受环境保护的影响（D_4）	0.828		
绿色服务（Y_5）	企业对员工加强绿色理念和技能培训（E_1）	0.786	10.559	76.759
	注重树立绿色文化（E_2）	0.673		
	在广告中强调产品和服务的健康环保特性（E_3）	0.753		
	在广告中突出对环保健康的承诺（E_4）	0.785		

第四节 农业龙头企业绿色创业行为异质性分析

为了解不同特征企业绿色创业行为，本研究利用 SPSS 软件对其进行单因素方差分析（表 3-9）。通过分析发现，不同规模、性质、总资产、行业、生命周期的企业在绿色服务行为上存在显著差异，在绿色采购、绿色生产、绿色管理、绿色营销各行为上存在一定差异。

表 3-9 不同特征企业绿色行为的单因素方差分析结果

项目	变量	绿色采购	绿色生产	绿色管理	绿色营销	绿色服务
规模	大型企业	4.530	4.380	4.330	4.080	4.300
	中小型企业	4.310	4.100	4.190	4.090	4.260
	F 值	5.679	3.554	7.511	0.009	9.242
	P 值	0.018	0.061	0.007	0.925	0.000
性质	国有/集体	4.470	4.330	4.470	4.210	4.440
	民营	4.330	4.120	4.190	4.090	4.260
	外资/合资	4.200	4.040	4.130	4.020	4.160
	F 值	0.905	1.519	3.157	15.752	4.197
	P 值	0.440	0.210	0.026	0.000	0.007
总资产	低于 1 000 万元	4.280	4.020	4.070	3.980	4.210
	1 000 万～5 000 万元	4.360	4.140	4.240	4.160	4.310
	5 000 万～1 亿元	4.270	4.100	4.130	4.030	4.170
	1 亿～4 亿元	4.310	4.080	4.210	4.090	4.300
	4 亿元以上	4.570	4.410	4.340	3.970	4.300
	F 值	0.829	0.990	3.331	2.336	5.738
	P 值	0.508	0.414	0.011	0.056	0.000
行业	种植业	4.340	4.110	4.200	4.120	4.280
	养殖业	4.270	4.080	4.220	4.070	4.210
	农产品加工及其他	4.350	4.150	4.180	4.080	4.280
	F 值	0.187	0.855	6.444	7.071	12.650
	P 值	0.829	0.427	0.002	0.001	0.000
生命周期	初创期	4.750	4.380	4.390	4.480	4.570
	发展期	4.310	4.090	4.200	4.090	4.250
	成熟期	4.350	4.240	4.180	4.130	4.300
	转型期	4.300	4.080	4.130	3.900	4.160
	F 值	2.659	0.740	0.230	0.014	13.539
	P 值	0.049	0.529	0.876	0.998	0.000

（1）在企业规模方面，中小企业在绿色采购、绿色管理和绿色服务行为方面的表现比大型企业要差。可能的原因是，相较于中小企业，大型企业在资金、技术等资源方面更有优势，更容易吸引优秀人才，从而更有利于提高其在采购、管理及服务方面的绿色化程度。

（2）在企业性质方面，国有/集体企业在绿色管理、绿色营销及绿色服务行为方面的表现要优于其他两种性质的企业。可能的原因是，国有/集体性质的企业迫于制度压力，需要起到榜样作用。同时，相关技术及资金资源较易获得，企业会聚了较其他性质企业所缺乏的优秀管理人才，从而在企业管理、营销及服务方面的绿色化程度更高。

（3）在企业总资产方面，资产达到 4 亿元以上的企业在绿色管理行为方面的表现比其他资产规模的企业要好，但是，资产规模为 1 000 万～5 000 万元的企业在绿色服务行为方面的表现比其他资产规模的企业要好。其中的原因可能是，资产规模比较小的企业在人才、资产等方面的局限性使其无法兼顾提高企业其他方面的绿色化程度，所以把绿色服务作为主要改进方面，并取得了一定的成果。

（4）在企业所处行业方面，种植业和农产品加工及其他类型企业在绿色营销及绿色服务行为方面的表现比养殖业要好，但养殖业在绿色管理行为方面的表现要优于其他两种行业。可能的原因是，养殖业相较于种植业和农产品加工及其他类型企业，其在环境及生态的维持和治理方面的难度更高，这也使得养殖业对生产环境管理方面的要求更加严格，从而其在绿色管理方面表现就更好。

（5）在企业所处生命周期方面，处于初创期的企业在绿色采购和绿色服务方面的行为表现比其他的企业要好，但是转型期企业在这两方面的变现比其他企业要差。原因可能是在企业处于初创期时，管理者对企业的原料采购、员工素质技能培养等方面要求比较严格，同时迫切需要得到消费者的肯定，所以在产品服务方面表现出的绿色化程度更高，而转型期的企业面临各种不确定性，来自企业生产管理各环节的挑战更多，需要一定的时间加以适应和改进。

第五节　农业龙头企业绿色创业行为定量测度

一、模型构建

为对农业龙头企业绿色创业行为进行量化，在已构建的绿色创业行为评价指标体系基础上，本研究构建农业龙头企业绿色创业行为指数测度模型，采用加权算术平均法进行计算，具体的计量公式为

$$\mathrm{GEBI}=\sum W_i X_i \tag{3-1}$$

式中，GEBI 表示农业龙头企业绿色创业行为指数；W_i 表示第 i 项绿色创业行为指标权重；X_i 表示企业对第 i 项绿色创业行为的评分均值。

二、指标权重确定

本节涉及了指标权重的测算，在 SPSS 18.0 软件中，运用主成分分析法自动赋权，从而获得农业龙头企业绿色创业行为评价体系中的二级指标和三级指标的权重。以三级指标依次向上逐级确定权重计算。另外，三级指标得分的计算方法是：用变量指标值除以最高标度 5 后取均值，均值再乘以 100 得到具体数值。

（一）绿色采购行为指数

首先，确定绿色采购（Y_1）行为所包含的 4 个三级指标 A_1、A_2、A_3、A_5 的权重，经过检验，得到 KMO 值为 0.817，Bartlett's 球形度检验值为 604.675，概率 P 值为 0.000。选择特征值大于 1 的最大方差法操作方式将这 4 个变量进行主成分分析，得到未旋转的主成分个数、相应的方差贡献率及初始因子载荷矩阵（表 3-10、表 3-11）。提取 1 个主成分，设为 H_1，特征值为 3.150，方差贡献率为 78.759%。

表 3-10　绿色采购行为因子特征值与方差贡献率

成分	初始特征值			提取平方和载入		
	合计	方差的/%	累计/%	合计	方差的/%	累计/%
1	3.150	78.759	78.759	3.150	78.759	78.759
2	0.368	9.209	87.969			
3	0.287	7.177	95.146			
4	0.194	4.854	100.000			

表 3-11　绿色采购行为初始因子载荷矩阵

指标	成分
采购过程中避免水、空气和土壤的污染（A_1）	0.896
在可能的环节使用健康环保材料（A_2）	0.889
使用清洁能源（A_3）	0.899
物流和仓储环节使用绿色化（A_5）	0.866

把归一化的方差贡献率作为权重，用主成分加权平均方法计算得出 Y_1 和 H_1 的关系，用初始因子载荷矩阵中的数据除以开平方根的主成分相对照的特征值，从而得到主成分 H_1 的值，即

$$H_1=\frac{0.896A_1+0.889A_2+0.899A_3+0.866A_5}{\sqrt{3.150}} \tag{3-2}$$

得到 Y_1 和 A_1、A_2、A_3、A_5 的关系，即

$$Y_1=0.505A_1+0.501A_2+0.507A_3+0.488A_5$$

对 A_1、A_2、A_3、A_5 的系数进行归一化处理，得到

$$Y_1=0.252A_1+0.250A_2+0.253A_3+0.244A_5$$

以归一化的系数作为权重，在三级指标权重被确定后，加权计算得到二级指标的变量值，按照上述计算过程进行计算，得到二级指标权重。

（二）绿色生产行为指数

绿色生产（Y_2）所包含的 6 个三级指标的权重经过检验，得到 KMO 的值为 0.884，Bartlett's 球形度检验值为 684.766，*P* 值为 0.000。选择特征值大于 1 的最

大方差法操作方式将这 6 个变量进行主成分分析，得到未旋转的主成分个数、相应的方差贡献率及初始因子载荷矩阵（表 3-12、表 3-13）。提取 1 个主成分，设为 I_1，特征值为 3.880，方差贡献率为 64.668%。

表 3-12　绿色生产行为因子特征值与方差贡献率

成分	初始特征值			提取平方和载入		
	合计	方差的/%	累计/%	合计	方差的/%	累计/%
1	3.880	64.668	64.668	3.880	64.668	64.668
2	0.612	10.197	74.865			
3	0.451	7.523	82.387			
4	0.427	7.110	89.498			
5	0.334	5.575	95.072			
6	0.296	4.928	100.000			

表 3-13　绿色生产行为初始因子载荷矩阵

指标	成分
企业注意生产过程副产品的控制和回收（B_2）	0.779
企业经常进行清洁和健康生产审计（B_3）	0.818
企业投入大量资源进行 ISO 14001 环境管理认证（B_4）	0.777
产品包装注重环保材料（B_5）	0.803
企业大量投资于环境友好产品的创新和研发（B_6）	0.817
企业与环保研发机构结成合作伙伴（B_7）	0.829

把归一化的方差贡献率作为权重，用主成分加权平均方法计算得出 Y_2 和 I_1 的关系，用初始因子载荷矩阵中的数据除以开平方根的主成分相对照的特征值，从而得到主成分 I_1 的值，即

$$I_1=\frac{0.779B_2+0.818B_3+0.777B_4+0.803B_5+0.817B_6+0.829B_7}{\sqrt{3.880}} \quad (3\text{-}3)$$

得到 Y_2 和 B_2、B_3、B_4、B_5、B_6、B_7 的关系，即

$$Y_2=0.395B_2+0.415B_3+0.394B_4+0.408B_5+0.415B_6+0.421B_7$$

对 B_2、B_3、B_4、B_5、B_6、B_7 的系数进行归一化处理，得到

$$Y_2=0.161B_2+0.170B_3+0.161B_4+0.167B_5+0.170B_6+0.172B_7$$

以归一化的系数作为权重，在三级指标权重被确定后，加权计算得到二级指标的变量值，按照上述计算过程进行计算，得到二级指标权重。

（三）绿色管理行为指数

绿色管理（Y_3）所包含的4个三级指标的权重经过检验，得到KMO值为0.796，Bartlett's 球形度检验值为462.678，P 值为0.000。选择特征值大于1的最大方差法操作方式将这4个变量进行主成分分析，得到未旋转的主成分个数、相应的方差贡献率及初始因子载荷矩阵（表3-14、表3-15）。提取1个主成分，设为 J_1，特征值为2.808，方差贡献率为70.190%。

表3-14 绿色管理行为因子特征值与方差贡献率

成分	初始特征值			提取平方和载入		
	合计	方差的/%	累计/%	合计	方差的/%	累计/%
1	2.808	70.190	70.190	2.808	70.190	70.190
2	0.674	16.860	87.049			
3	0.305	7.621	94.670			
4	0.213	5.330	100.000			

表3-15 绿色管理行为初始因子载荷矩阵

指标	成分
企业环境部门领导参与采购事务（C_1）	0.664
企业制定了环境管理制度（C_2）	0.903
企业在考核和奖励时注重环境指标（C_3）	0.907
企业管理层对环保比较关注（C_4）	0.854

把归一化的方差贡献率作为权重，用主成分加权平均方法计算得出 Y_3 和 J_1 的关系，用初始因子载荷矩阵中的数据除以开平方根的主成分相对照的特征值，从而得到主成分 J_1 的值，即

$$J_1=\frac{0.664C_1+0.903C_2+0.907C_3+0.854C_4}{\sqrt{2.808}} \qquad (3\text{-}4)$$

得到 Y_3 和 C_1、C_2、C_3、C_4 的关系，即

$$Y_3=0.396C_1+0.539C_2+0.541C_3+0.510C_4$$

对 C_1、C_2、C_3、C_4 的系数进行归一化处理，得到

$$Y_3=0.199C_1+0.271C_2+0.272C_3+0.257C_4$$

以归一化的系数作为权重，在三级指标权重被确定后，加权计算得到二级指标的变量值，按照上述计算过程进行计算，得到二级指标权重。

（四）绿色营销行为指数

绿色营销（Y_4）所包含的 3 个三级指标的权重经过检验，得到 KMO 值为 0.694，Bartlett's 球形度检验值为 285.586，P 值为 0.000。选择特征值大于 1 的最大方差法操作方式将这 3 个变量进行主成分分析，得到未旋转的主成分个数、相应的方差贡献率及初始因子载荷矩阵（表 3-16、表 3-17）。提取 1 个主成分，设为 K_1，特征值为 2.264，方差贡献率为 75.463%。

表 3-16 绿色营销行为因子特征值与方差贡献率

成分	初始特征值			提取平方和载入		
	合计	方差的/%	累计/%	合计	方差的/%	累计/%
1	2.264	75.463	75.463	2.264	75.463	75.463
2	0.487	16.217	91.680			
3	0.250	8.320	100.000			

表 3-17 绿色营销行为初始因子载荷矩阵

指标	成分
企业在环保绩效方面的设定标准很高（D_2）	0.893
企业在制订战略规划时包括环境绩效指标（D_3）	0.901
企业产品和服务的营销战略受环境保护的影响（D_4）	0.809

把归一化的方差贡献率作为权重，用主成分加权平均方法计算得出 Y_4 和 K_1 的关系，用初始因子载荷矩阵中的数据除以开平方根的主成分相对照的特征值，从而得到主成分 K_1 的值，即

$$K_1=\frac{0.893D_2+0.901D_3+0.809D_4}{\sqrt{2.264}} \tag{3-5}$$

得到 Y_4 和 D_2、D_3、D_4 的关系，即

$$Y_4=0.593D_2+0.599D_3+0.538D_4$$

对 D_2、D_3、D_4 的系数进行归一化处理，得到

$$Y_4=0.343D_2+0.346D_3+0.311D_4$$

以归一化的系数作为权重，在三级指标权重被确定后，加权计算得到二级指标的变量值，按照上述计算过程进行计算，得到二级指标权重。

（五）绿色服务行为指数

绿色服务（Y_5）所包含的 4 个三级指标的权重经过检验，得到 KMO 值为 0.694，Bartlett's 球形度检验值为 404.224，P 值为 0.000。选择特征值大于 1 的最大方差法操作方式将这 4 个变量进行主成分分析，得到未旋转的主成分个数、相应的方差贡献率及初始因子载荷矩阵（表 3-18、表 3-19）。提取 1 个主成分，设为 L_1，特征值为 2.687，方差贡献率为 67.182%。

表 3-18　绿色服务行为因子特征值与方差贡献率

成分	初始特征值			提取平方和载入		
	合计	方差的/%	累计/%	合计	方差的/%	累计/%
1	2.687	67.182	67.182	2.687	67.182	67.182
2	0.732	18.308	85.490			
3	0.343	8.564	94.054			
4	0.238	5.946	100.000			

表 3-19　绿色服务行为初始因子载荷矩阵

指标	成分
企业对员工加强绿色理念和技能培训（E_1）	0.820
注重树立绿色文化（E_2）	0.818
在广告中强调产品和服务的健康环保特性（E_3）	0.845
在广告中突出对环保健康的承诺（E_4）	0.795

把归一化的方差贡献率作为权重，用主成分加权平均方法计算得出 Y_5 和 L_1 的关系，用初始因子载荷矩阵中的数据除以开平方根的主成分相对照的特征值，从而得到主成分 L_1 的值，即

$$L_1=\frac{0.820E_1+0.818E_2+0.845E_3+0.795E_4}{\sqrt{2.687}} \tag{3-6}$$

得到 Y_5 和 E_1、E_2、E_3、E_4 的关系，即

$$Y_5=0.500E_1+0.499E_2+0.515E_3+0.485E_4$$

对 E_1、E_2、E_3、E_4 的系数进行归一化处理，得到

$$Y_5=0.250E_1+0.250E_2+0.258E_3+0.243E_4$$

以归一化的系数作为权重，在三级指标权重被确定后，加权计算得到二级指标的变量值，按照上述计算过程进行计算，得到二级指标权重。

（六）总体绿色创业行为指标

在三级指标权重确定后，加权得出二级指标的变量值。确定总体绿色创业（Y）包含 5 个二级指标，即绿色采购（Y_1）、绿色生产（Y_2）、绿色管理（Y_3）、绿色营销（Y_4）、绿色服务（Y_5），得到 Bartlett's 球形度检验的卡方统计值为 918.441，KMO 检验值为 0.890，显著性水平（Sig 值）为 0.000，满足了因子分析的适用条件。选择限定抽取公共因子数量为 1 的最大方差法操作方式将这 5 个变量进行主成分分析，提取得到了 1 个主成分，设为 M_1，特征值为 3.963，方差贡献率为 79.252%。初始因子载荷矩阵如表 3-20 所示。

表 3-20　总体绿色创业行为的初始因子载荷矩阵

指标	成分
绿色采购（Y_1）	0.868
绿色生产（Y_2）	0.882
绿色管理（Y_3）	0.906
绿色营销（Y_4）	0.885
绿色服务（Y_5）	0.909

把归一化的方差贡献率作为权重，用主成分加权平均方法计算得出 R 和 M_1 的关系，主成分 M_1 的值为

$$M_1=\frac{0.868Y_1+0.882Y_2+0.906Y_3+0.885Y_4+0.909Y_5}{\sqrt{3.963}} \quad (3\text{-}7)$$

得到 R 和 Y_1、Y_2、Y_3、Y_4、Y_5 的关系，即

$$R=0.436Y_1+0.443Y_2+0.455Y_3+0.445Y_4+0.457Y_5$$

对 Y_1、Y_2、Y_3、Y_4、Y_5 的系数进行归一化处理，得到

$$R=0.195Y_1+0.198Y_2+0.204Y_3+0.199Y_4+0.204Y_5$$

归一化后的系数为总体绿色创业行为的二级指标的权重，即分别为绿色采购、绿色生产、绿色管理、绿色营销及绿色服务的权重，加权计算出的 R 即为一级指标总体绿色创业行为指数。

（七）农业龙头企业绿色创业行为综合指数分析

得到三级指标权重、二级指标权重和一级指标权重后，利用农业龙头企业绿色创业行为指数测度模型，测度出农业龙头企业绿色采购、绿色生产、绿色管理、绿色营销、绿色服务及总体绿色创业行为各指标得分，如表 3-21 所示。

表 3-21 农业龙头企业绿色创业行为综合指数

一级指标（权重）	得分	二级指标（权重）	得分	排序	三级指标（权重）	得分	排序
农业龙头企业绿色创业行为	84.07	绿色采购（Y_1）（0.195）	86.51	1	A_1（0.252）	88.30	1
					A_2（0.250）	87.86	2
					A_3（0.253）	85.54	8
					A_5（0.244）	84.64	10
		绿色生产（Y_2）（0.198）	82.54	4	B_2（0.161）	86.07	6
					B_3（0.170）	83.48	14
					B_4（0.161）	78.21	21
					B_5（0.167）	85.71	7
					B_6（0.170）	80.71	18
					B_7（0.172）	80.63	19

一级指标（权重）	得分	二级指标（权重）	得分	排序	三级指标（权重）	得分	排序
农业龙头企业绿色创业行为	84.07	绿色管理（Y_3）（0.204）	84.12	3	C_1（0.199）	79.20	20
					C_2（0.271）	85.36	9
					C_3（0.272）	84.02	13
					C_4（0.257）	87.05	3
		绿色营销（Y_4）（0.199）	81.84	5	D_2（0.343）	80.71	17
					D_3（0.346）	82.68	15
					D_4（0.311）	82.14	16
		绿色服务（Y_5）（0.204）	85.37	2	E_1（0.250）	86.16	5
					E_2（0.250）	86.43	4
					E_3（0.258）	84.38	11
					E_4（0.243）	84.11	12

由表 3-21 可知，农业龙头企业绿色创业行为综合指数为 84.07，总体上处于较高水平。在影响总体绿色创业行为指数的二级创业行为指标中，农业龙头企业绿色采购得分最高，得分为 86.51，其次分别为绿色服务（85.37）和绿色管理（84.12），得分均在总体绿色创业行为指数（84.07）之上；而绿色生产（82.54）和绿色营销（81.84）的指数偏低，得分都低于总体绿色创业行为指数。所以，相比之下，农业龙头企业在生产及营销方面的绿色化程度略低。从农业龙头企业绿色创业的三级指标来看，绿色行为指数的得分排在前三位的分别是绿色采购中的采购过程中避免水、空气和土壤的污染，使用健康环保材料，以及绿色管理中的企业管理层对环保的关注。而绿色生产中的企业与环保研发机构结成合作伙伴，企业投入大量资源进行 ISO 14001 环境管理认证，以及绿色管理中企业环境部门领导参与采购事务这 3 项绿色行为指数的得分则排在后三位。这在一定程度上说明了农业龙头企业管理者不仅在个人价值观上主张保护环境，重视环保，同时在其行为上也有所体现，如能对产品生产的产前环节（原料采购）严格把关。但是，在生产管理环节，企业的绿色投入以及与相关环保机构的交流合作还不够。

具体来看，农业龙头企业绿色采购行为指数最高。其中，采购过程中避免水、空气和土壤的污染，使用健康环保材料指数最高，得分为 88.00 分左右，说明市场上存在能满足企业需求的绿色、健康、环保原料产品，同时企业自身也注重环保并将其付诸实践；绿色服务指数高于总体得分，说明企业比较重视员工及消费者消费观念的转变，但也从侧面反映出当前我国国民的绿色消费意识还比较淡薄；绿色管理指数相对于绿色创业总体得分略高，但内部具体变量得分相差较大，如企业管理层对环保比较关注的得分最高，为 87.05 分，而企业环境部门领导参与采购事务得分最低，为 79.20 分，说明尽管领导者在个人价值观上主张保护环境，重视环保，但是在其内部管理上的行动并未落实好，导致得分较低；绿色生产指数处于一般水平，在产品研发及投入资源进行环境管理认证等方面有所欠缺，可能的原因是，企业缺乏绿色生产所需的技术，同时相关人才及资金缺乏，国家在资金、政策等方面的支持力度不够，所以企业绿色生产难以达到很好的效果；绿色营销指数最小，企业在环境绩效方面设置的标准及指标较低，企业仍然将获得最高的经济效益作为第一目标，可能的原因是，国家没有将环境绩效纳入考核企业的标准之中，对于企业绿色价值的创造也缺乏相关激励措施。

第六节　本章小结

本章主要是通过利用农业龙头企业绿色创业行为研究样本数据，对农业龙头企业绿色创业行为进行测度，了解当前农业龙头企业绿色创业现状。

首先，从绿色采购、绿色生产、绿色管理、绿色营销和绿色服务 5 个维度构建了农业龙头企业绿色创业行为评价指标体系；其次，建立农业龙头企业绿色创业行为指数测度模型，对农业龙头企业绿色创业行为进行测度，发现企业生产经营的绿色化程度总体上处于较高水平；最后，在 5 个维度的农业龙头企业绿色创业行为指数中，农业龙头企业绿色采购得分最高，绿色服务和绿色管理次之，而绿色生产和绿色营销的指数偏低。这表明，国家、企业应该强化绿色创业意识，从加强企业绿色生产、绿色营销等方面着手，制定相关规章制度，提高企业的绿色创业行为水平。

另外，运用单因素方差分析方法对不同特征企业绿色创业行为进行研究发现，不同规模、性质、总资产、行业、生命周期的企业在绿色服务行为上存在显著差异，在绿色采购、绿色生产、绿色管理、绿色营销各行为上存在一定差异。这表明，政府在制定推动企业绿色化生产经营政策时，应该考虑企业的异质性，应对不同规模、性质，不同发展周期的企业，制定与实施有针对性的绿色行为促进政策，提高政策的有效性。

第四章

农业龙头企业绿色创业行为影响因素研究

探讨影响企业绿色创业行为的因素，对于优化企业绿色创业的内外部环境，推动绿色创业活动的进行具有重要的借鉴价值。因此，本章的任务是探究农业龙头企业绿色创业行为的影响因素，对各维度绿色创业环境及企业基本特征给绿色创业行为带来的影响进行实证分析。

第一节 理论分析与研究假设

企业绿色创业行为及其生产经营绿色化程度的高低受到多方面因素的影响。政府环境管理政策、经济激励、利益相关者压力、企业自身环境意识和企业内部属性等内外部因素共同推动着企业绿色行为的实施，这一言论受到当前学术界的广泛认同。

规制性的制度环境直接驱动企业进行绿色创业。环保机构制定实施的环境管理制度，如对环境标准、技术及数量进行规定，会迫使企业在经营活动过程中，将污染排放物控制在官方规定标准之内，最大限度减少环境污染行为，同时将牺牲环境换取经济效益的企业拒之门外。相较制度管制方式，来自经济上的激励能使企业在“绿色化”道路上走得更远。这种经济激励包括两方面：一是政府为保护环境、节约资源，鼓励企业绿色行为，给实施绿色创业行为的企业提供资金支持、税收减免等政策支持，可减轻企业融资压力，促进企业开展绿色生产经营活动；二是当企业因为表现出的良好环境效益获得政府宣传表彰时，传导到股票市场上，市情看涨，企业的股票价格将提高，市场价值将提升，这就能激励企业实施绿色行为，改善企业环境效益。另外，消费者或者供应商关注环保的行为往往会使其在购买产品（或服务）时更加注重产品健康或环境因素，这就意味着市场上出现了较强的绿色产品需求，为企业创造绿色效益，实现绿色化生产带来了经济激励。Joyce 和 Thomson[196]研究表明，“声誉资本”可为企业带来信誉度，降低企业经营风险，同时可节约和获得与社会可接受度相关的初始成本。当整个社会呈现良好的环保氛围时，如环境保护协会、社区等利益相关者对环保比较关注，就能使得公众对环保效益好的企业更信赖，如果企业对环境不负责任，媒体就会对企业环境污染行为进行披露，企业就将面临较大的社会舆论压力，并遭遇损失，从而迫使企业关注环保，实施绿色生产经营行为。在企业自身环境意识方面，贺爱忠等[197]的研究表明，企业绿色认知对绿色行为有显著影响。企业管理者如果自身具有节能环保的意识，有实现生态价值观的意愿，将会推动企业的节能环保行为。企业具体属性对企业环境管理行为起调控作用，企业规模、发展阶段及所有制性质等企业内部因素都将对企业绿色创业行为产生影响。大型企业在资源、基础设施等方面具有优势，它们更有能力加强环境管理和降低污染水平，比中小企业更容易采取绿色行为。国有/集体企业社会责任意识越强，就越容易实施绿色行为，因为它们不仅代表了企业自身的形象，更代表了政府的形象、集体的形象[149]。综上所述，本书提出以下 10 种假设。

（1）假设 1：政策支持环境越好，越能促进企业绿色创业行为的实施。

（2）假设 2：环境规制越严格，越能促进企业绿色创业行为的实施。

（3）假设 3：利益相关者压力越大，越能促进企业绿色创业行为的实施。

（4）假设 4：企业环境意识越强烈，越能促进企业绿色创业行为的实施。

（5）假设 5：企业规模对企业绿色创业行为有显著影响。

（6）假设 6：企业性质对企业绿色创业行为有显著影响。

（7）假设 7：企业总资产对企业绿色创业行为有显著影响。

（8）假设 8：企业是否上市对企业绿色创业行为有显著影响。

（9）假设 9：企业所处行业对企业绿色创业行为有显著影响。

（10）假设 10：企业所处生命周期对企业绿色创业行为有显著影响。

第二节 研究方法与模型设计

利用对农业龙头企业绿色创业研究调查问卷的样本数据，本节运用分位数回归方法对农业龙头企业绿色创业行为的影响因素进行分析。

一、研究方法

Koenker 和 Bassett[198]于 1978 年提出了分位数回归方法，它是一种估计方法，用于表示自变量 x 和因变量 y 之间在各分位数上的线性关系。相较最小二乘回归法，分位数回归有其不可比拟的优势，表现在分位数回归能更精准地描述解释变量（X）对于被解释变量（Y）的变化范围，同时形成条件分布特征的影响。当解释变量（X）对不同部分的被解释变量（Y）的分布产生不同的影响时，分布的尾部特征能够被捕捉和刻画，从而得到全面的分析。

分位数回归的估计方法：假设条件分布 y/x 的总体τ分位数，$y_\tau(x)$ 是 x 的线性函数，即 $y_\tau(x_i)=x_i'\beta_\tau$，其中，$\beta_\tau$ 表示“q 分位数的回归系数”，以下最小化问题可以求解出估计量 $\hat{\beta}_\tau$，列式为

$$\min_{\beta_\tau}\sum_{i:y_i\geqslant x_i'\beta_\tau}^{n}\tau\left|y_i-x_i'\beta_\tau\right|+\sum_{i:y_i<x_i'\beta_\tau}^{n}(1-\tau)\left|y_i-x_i'\beta_\tau\right| \tag{4-1}$$

如果$\tau=\dfrac{1}{2}$，就是中位数回归，此时，目标函数可被简化为

$$\min_{\beta_\tau}\sum_{i=1}^{n}\left|y_i-x_i'\beta_\tau\right| \tag{4-2}$$

最终，该目标函数的解就是随机变量的τ样本分位数。

二、模型设计

分位数回归模型建立如下：

$$\begin{aligned}Q[y|x]=&\beta_0+\beta_1x_{1\tau}+\beta_2x_{2\tau}+\beta_3x_{3\tau}+\beta_4x_{4\tau}+\beta_5x_{5\tau}+\beta_6x_{6\tau}+\\&sca_\tau\beta_7+pro_\tau\beta_8+ind_\tau\beta_9+pha_\tau\beta_{10}\end{aligned} \tag{4-3}$$

式中，y 表示农业龙头企业绿色创业行为；x_i 表示影响企业绿色创业行为的各

项因素。

企业基本特征包括：x_1=企业是否上市，x_2=企业总资产；

绿色创业环境具体包括：x_3=政策支持，x_4=环境规制，x_5=利益相关者压力，x_6=企业环境意识；

sca 表示企业规模，包括大型企业及中小型企业 2 个虚拟变量；

pro 表示企业性质，包括国有、民营、外资及其他 3 个虚拟变量；

ind 表示企业所处行业，包括种植业、养殖业、农产品加工业及其他 3 个虚拟变量；

pha 表示企业所处发展阶段，包括初创期、发展期、成熟期、转型期 4 个虚拟变量；

α_τ 表示常数，β 表示对各个变量进行参数估计的第 τ 个分位数的回归系数。

本书对经过处理得到的绿色创业行为，在其 0.1、0.25、0.5、0.75 及 0.9 分位点上进行回归，从而可以对企业生产运营的绿色化程度条件分布的不同位置进行分析，通过对不同分布点的差异做更详细的刻画，更深入地了解各因素对企业绿色创业的影响情况。

第三节　模型变量处理及结果分析

一、模型变量处理

将企业特征（企业性质、规模、是否上市、总资产、所处行业及所处生命周期等）及绿色创业环境（包括政策支持、环境规制、利益相关者压力、企业环境意识等）作为自变量，变量定义见表 4-1。

表 4-1　模型变量定义

变量名称	变量定义
企业特征	—
企业性质	以外资/合资企业及其他为对照，国有/集体=1；其他=0
	以外资/合资企业及其他为对照，民营=1；其他=0
是否上市	是=1，否=0

变量名称	变量定义
企业规模	中小型企业=1；其他=0
	以农产品加工业及其他为对照，种植业=1；其他=0
企业所处行业	养殖业=1；其他=0
企业资产	低于 1 000 万元=1；1 000 万～5 000 万元=2；5 000 万～1 亿元=3；1 亿～4 亿元=4；4 亿元以上=5
企业所处生命周期	以初创期为对照，发展期=1；其他=0
	以初创期为对照，成熟期=1；其他=0
	以初创期为对照，转型期=1；其他=0
政策支持	—
环境规制	—
利益相关者压力	—
企业环境意识	—

注：在对企业性质变量赋值时，由于外资/合资企业样本所占比例较小，所以，将外资/合资与其他性质企业合并为同一项进行分析。政策支持因子得分的计算方法：在对原始数据进行标准化处理的基础上，将正交旋转后的因子载荷值分别乘以各题项对应的标准化数据，然后，将所得的乘积相加获得该因子得分数据。环境规制、利益相关者压力及企业环境意识的因子得分计算方法相同。

其中，绿色创业环境是一个多维度多指标变量，包括政府环境管理政策、利益相关者压力、企业自身环境意识等内容，因此，笔者设计了“企业实施环境保护行为可获得政府资金支持或税收减免”“政府制定了比较完善的环境法规标准”“消费者对企业生产的环境友好产品的需求非常大”“竞争者都实施节能减排”“企业高度重视公众对本企业生产的环境友好产品的监督”等 22 个测量创业行为影响因素的题项。对指标的测量方法采用的是李克特（Likert）5 级量表法，基本形式是：给出一组陈述，这些陈述都与个体对某个事物的态度有关，积极性陈述表明作答者对所研究的对象持肯定或积极的态度。答案选项设置为“非常同意”赋值为 5，“同意”赋值为 4，“不确定”赋值为 3，“不同意”赋值为 2，“非常不同意”赋值为 1，要求受访企业从主观视角对所有问题进行评价，赋值越大表明企业对创业环境的认可度越高。

在对量表进行因子分析前，为保证数据分析的可靠性和有效性，采用信度分析和效度分析对企业绿色创业环境量表进行品质检验。首先，进行信度检验，运用 SPSS 18.0 软件进行计算，得到本研究数据的 Cronbach’s α 值为 0.942，按照

Cronbach's α 系数和 CITC 的判断标准，表明数据的可靠性较高，问卷整体的可信度较高，测量项目的内部一致性符合要求；其次，进行效度检验，效度检验主要是检验同一因子下各测量变量间的相关性，以因子分析达到的载荷值为判断标准，载荷值越大，表示因子相关性越高。当各项目下所属的因子载荷值大于 0.5 时，才能进行抽取，并且，每个测量变量在正常情况下，应该只有一个因子载荷值会大于 0.5，如果出现一个以上的值，就出现了“交叉荷载”，在进行因子分析时需要将其剔除。在此基础上，运用 KMO 和 Bartlett's 球形度检验来确定绿色创业环境量表是否适合做因子分析，结果显示，KMO 值为 0.905，Bartlett's 球形度检验值为 3 602.9，概率 P 值为 0.000，满足了因子分析的适用条件。在进行主成分分析时，本研究对绿色创业环境量表以特征值大于 1 的方式抽取到个 4 个公共因子，将这 4 个公共因子分别命名为政策支持、环境规制、利益相关者压力、企业环境意识。使用最大方差法进行旋转，发现“消费者对企业生产的环境友好产品的需求非常大”题项出现交叉因子载荷值，因此将这个测量变量剔除。在此基础上，按照上述方法对余下的 21 个测量变量进行检验，结果显示，KMO 值为 0.906，Bartlett's 球形度检验值为 3 432.483，概率 P 值为 0.000，满足了因子分析的适用条件。此时，各测量项目通过正交旋转后的因子载荷值都在 0.5 以上，4 个因子的累计方差贡献率达到 69.083%，表明这 4 个因子对 21 个测量变量中所对应的变量的解释能力达到 69.083%水平。各因子旋转后的因子载荷和方差贡献率如表 4-2 所示。

表 4-2　农业龙头企业绿色创业环境的因子分析结果

因子	项目	载荷	方差贡献率/%	Cronbach's α 值
政策支持	企业实施环境保护行为可获得政府资金支持或税收减免（A_1）	0.779	21.342	0.755
	政府对实施清洁生产或有利于环境改善的企业给予融资支持（A_2）	0.876		
	政府高度重视对环境生产企业的表彰和宣传（A_3）	0.810		
	企业所在行业或主管部门经常会开展环境培训（达标）活动（A_4）	0.517		

因子	项目	载荷	方差贡献率/%	Cronbach's α 值
环境规制	政府制定了比较完善的环境法规标准（B_1）	0.651	19.590	0.856
	环保部门对环境管制非常严格（B_2）	0.768		
	企业违反环境制度时被察觉的可能性非常大（B_3）	0.684		
	政府部门对不服从环境管理的企业会实施严厉制裁（B_4）	0.623		
利益相关者压力	消费者非常关注企业生产的环境友好产品（C_1）	0.678	16.078	0.860
	竞争对手取得了比较好的环境绩效（C_2）	0.734		
	社区居民对环保要求很高（C_3）	0.600		
	消费者对环保要求很高（C_4）	0.592		
	竞争者都实施节能减排（C_5）	0.623		
	公司股东对环境保护要求很高（C_6）	0.543		
企业环境意识	企业高度重视公众对本企业生产的环境友好产品的监督（D_1）	0.808	12.073	0.920
	企业高度重视媒体对本企业生产的环境友好产品的监督（D_2）	0.829		
	企业高度重视消费者协会对环境友好产品的监督（D_3）	0.636		
	企业领导层很在意周边环境质量（D_4）	0.780		
	企业领导层很关注各种环境问题（D_5）	0.815		
	企业领导层在生活中很注重节能减排（D_6）	0.830		
	企业领导层在工作中大力推行节能减排（D_7）	0.751		

二、模型结果及分析

通过运用 Stata 12 软件进行估计，将政策支持、环境规制、利益相关者压力及企业环境意识 4 个环境变量和企业基本特征变量放入模型中进行分位数回归检验，得到模型结果，如表 4-3 所示。

表 4-3　模型结果

变量	分位点				
	10%	25%	50%	75%	90%
企业规模	$-0.252\ 3^{**}$	$-0.215\ 0^{**}$	$-0.203\ 8^{**}$	−0.132 3	$-0.408\ 5^{*}$
企业是否上市	−0.195 2	−0.057 7	−0.132 0	−0.145 3	−0.212 3
企业资产	−0.048 2	−0.042 7	−0.015 3	0.012 1	−0.043 6

变量	分位点				
	10%	25%	50%	75%	90%
企业性质（国有/集体）	–0.227 3	0.200 8	0.146 9	0.176 2	0.087 4
企业性质（民营）	–0.039 6	0.080 5	0.131 7**	0.145 4	0.086 2
所处行业（种植业）	–0.094 7	–0.057 7	–0.085 7	–0.003 8	0.027 0
所处行业（养殖业）	–0.038 5	–0.000 7	–0.070 4	–0.005 1	–0.077 1
生命周期（成长期）	–0.202 4	–0.094 3	–0.094 4	0.002 3	0.130 7
生命周期（成熟期）	–0.231 8	–0.104 8	–0.164 9*	0.000 2	0.079 2
生命周期（转型期）	–0.141 9	–0.087 8	–0.124 7	0.037 1	0.109 7
政策支持	0.186 9***	0.218 5***	0.209 2***	0.208 7***	0.139 4***
环境规制	0.166 5***	0.177 0***	0.220 5***	0.274 4***	0.234 6***
利益相关者压力	0.177 8***	0.189 1***	0.215 4***	0.185 8***	0.174 2***
企业环境意识	–0.007 8	0.043 9*	0.072 5***	0.062 4*	0.106 0***
常量	0.316 2	0.186 8	0.266 4	0.114 1	0.688 7
R^2	0.307 0	0.333 6	0.427 5	0.465 2	0.306 7

注：***、**和*分别表示在1%、5%和10%的水平上显著。

表4-3中标列了各变量在10%、25%、50%、75%和90%分位点上的回归结果，通过各变量在不同分布点的差异表现，可以更全面、深入地了解创业环境及企业特征对企业绿色创业影响的特征。

（1）企业规模变量对企业生产运营的绿色化程度有负向影响，且影响较为显著，因此，假设5得到了验证。该变量的分位数回归系数呈现出先上升，在75%分位点处达到最大值后又快速下降的趋势，在10%、25%、50%和90%的分位点处通过了显著性检验。这表明随着企业规模的扩大，企业的生产运营的绿色化程度将有所降低，在90%分位点处，企业规模每增加一个单位，企业绿色化程度将降低40.85个单位。所谓“船小好掉头”，中小型企业能迅速应对环境变化，调整运作方式，在运营管理方面更为高效，而大型企业在制定、落实各项绿色生产运营制度上耗费了大量精力和财力，同时在环境改善上有较大程度的复杂性，效率不高，从而导致其生产运营的绿色化程度低。

（2）企业性质变量对企业生产运营的绿色化程度有影响，整体来看，民营企业性质变量对企业生产运营的绿色化程度有正向影响，其分位数回归系数呈现先上升，在75%分位点处达到最大值后下降的趋势。这说明相较于外资企业，民营性质的农业龙头企业生产运营的绿色化程度更高，因此，假设6得到了验证。其中的原因可能是，受到国家建设生态文明社会的目标引导，同时为增强自身与国有、外资企业的竞争力，企业开始大力进行绿色化生产经营。

（3）在企业所处的不同生命周期中成熟期企业变量对企业生产运营的绿色化程度有显著负向影响，其分位数回归系数呈现先上升，而后下降又快速上升的趋势。该变量在50%分位点处通过了显著性检验，系数为负，说明初创期企业的生产经营的绿色化程度更高，因此，假设10得到了验证。可能的原因是，企业处于初创期时，面临不稳定性且迫切需要得到股东支持以及消费者肯定的问题，使得管理者对企业在原料采购、生产管理、员工素质技能培养等方面要求比较严格，所以在产品质量、服务方面表现出更高的绿色化程度。

（4）政策支持变量的回归系数为正，在各分位点上都通过了显著性检验，表明良好的政策支持环境将能推动企业进行绿色创业，提高其生产运营的绿色化程度。其分位数回归系数呈现先上升，在25%分位点处达到最大值后又缓慢下降的趋势，在25%分位点处，政策支持环境每改善一个单位，企业生产运营的绿色化程度将提高21.85个单位，在其他分位点上，企业生产运营绿色化程度的提高单位大部分达到19及以上，表明政府为实施环境保护行为的企业提供的资金支持、融资支持及税收减免能很好地影响企业绿色创业行为，提升企业生产运营的绿色化程度，因此，假设1得到了验证。

（5）环境规制变量的回归系数为正，在各分位点上都通过了显著性检验，表明严格的环境管理制度规章能迫使企业实行绿色创业，并促进其生产运营的绿色化程度的提高。其分位数回归系数呈现先上升，在75%分位点处达到最大值后又缓慢下降的趋势，在75%分位点处，环境规制每加强一个单位，企业生产运营的绿色化程度将提高27.44个单位，在其他分位点上，企业生产运营绿色化程度的提高单位都达到16及以上，表明完善的环境法规标准和严格的环境管制能迫使企业转向绿色化生产，同时影响企业生产运营的绿色化程度，因此，假设2得到了验证。

（6）利益相关者压力变量的回归系数为正，在各分位点上都通过了显著性检验，表明由利益相关者对环保的要求带来的压力能推动企业进行绿色创业，提高其生产运营的绿色化程度。其分位数回归系数呈现先上升，在50%分位点处达到最大值后又缓慢下降的趋势，在50%分位点处，利益相关者压力每加强一个单位，企业生产运营的绿色化程度将提高21.54个单位，在其他分位点上，企业生产运营绿色化程度的提高单位都达到17及以上，表明股东、社区、消费者等对环保的要求，以及竞争对手的行为都会对企业绿色创业行为产生影响，同时影响企业生产运营的绿色化程度，因此，假设3得到了验证。

（7）企业环境意识变量的大部分回归系数为正，其分位数回归系数呈现先上升后下降而后再上升的趋势，在90%分位点处达到最大值。除了10%分位点，在其他各分位点上都通过了显著性检验，表明企业环境意识能显著影响企业生产运营的绿色化程度。企业领导者或者管理层所具有的保护环境、节约资源的意识及价值观能使企业主动进行绿色创业，并尽力提高其生产运营的绿色化程度。在90%分位点处，企业环境意识每加强一个单位，企业生产运营的绿色化程度将提高10.6个单位，因此，假设4得到了验证。

第四节 本章小结

本章通过构建分位数回归模型，并借助因子分析法，研究了各维度绿色创业环境及企业基本特征对农业龙头企业绿色创业行为的影响因素。研究发现：①企业规模变量对企业生产运营的绿色化程度存在显著的负向影响，随着企业规模的扩大，企业的生产运营的绿色化程度有所降低。②民营企业性质变量对企业生产运营的绿色化程度有正向影响，相较外资企业，民营性质的农业龙头企业生产运营的绿色化程度更高。③初创期企业的生产经营的绿色化程度相较于成熟期企业更高。④良好的政策支持环境能推动企业进行绿色创业，提高其生产运营的绿色化程度。政府为实施环境保护行为的企业提供资金支持、融资支持及税收减免能很好地影响企业绿色创业行为，提升企业生产运营的绿色化程度。⑤严格的环境管理制度规章能迫使企业实行绿色创业，并促使其生产运营的绿色化程度提高。⑥由利益相关者对环保的要求带来的压力能推动企业进行绿色创业，提高其生产运营的绿色化程度。⑦企业领导者或者管理层所具有的保护环境、节约资源的意识及价值观能使企业主动进行绿色创业，并尽力提高其生产运营的绿色化程度。

第五章

政策支持、监督响应对农业龙头企业绿色创业的影响

绿色创业作为企业承担社会责任的一种形式，要推动企业积极开展就离不开政府的政策支持和社会公众的监督。目前关于政策支持、监督响应对企业绿色创业影响的研究大多仍停留于验证单项政策或单项监督的影响层面，缺乏对政策支持和监督响应影响的综合考察。基于此，本章实证检验了政策支持和监督响应对企业绿色创业的影响，并进一步考虑了两者的交互作用效果。

第一节　引言及文献回顾

2015 年我国政府工作报告就提出“大众创业、万众创新”、要让“中小企业铺天盖地，大企业顶天立地”。然而，在利益为先的驱动下，企业创业过程中对劳动力、资源的过度利用，不可避免地带来了环境污染、生态破坏等负面影响。作为推动农村经济社会发展和保障城乡居民食品供给的重要主体，农业龙头企业绿色创业不仅关系到农村资源的可持续利用，还关系到城乡居民健康状况和食品安全，因此，农业龙头企业绿色创业成为当前我国政府部门、学术界与企业界共同关注的话题，而探索哪些因素影响农业龙头企业绿色创业，对于提高企业绿色创业水平具有重要意义。

关于对企业绿色创业的研究，现有成果主要聚焦于绿色创业的概念及内涵、绿色创业的影响因素等方面。对于绿色创业的概念及内涵，目前在学术界还没有达成广泛共识，很多学者给出了各自的定义。例如，Hart S L[27]认为绿色创业是对商业创业和可持续发展的整合，强调环境、社会和经济共同发展。Ripsas S[62]提出

绿色创业本质是在企业绿色输入、绿色生产、绿色输出、绿色营销各个环节实现绿色化运营。李先江[199]提出绿色创业是指企业参与绿色产品市场创新，承担一定程度的风险，进行有超前性的创新，打击竞争者及开拓新市场的战略行为。对于企业绿色创业的影响因素，研究发现企业规模和财务状况、管理者个体感知、政策感知和制度环境都会影响企业绿色创业的行为意愿。例如，Koe W 等[98]认为企业管理者可持续发展态度对企业绿色创业意愿有显著影响。崔祥民和杨东涛[200]研究表明，政策感知对绿色创业意识有较大影响。李华晶和李永慧[181]研究发现，环境激励水平与环境管制强度对绿色创业导向与企业绩效之间的关系具有调节效应。

绿色创业作为企业承担社会责任的一种形式，要推动企业积极开展就离不开政府的政策支持和社会公众的监督。政策支持主要通过弥补市场缺陷和消除行政僵化，对企业形成政策导向，从而使绿色创业实现有效运作。公众监督作为弥补法律制度不足的一个重要工具，其对企业信息的传递作用日趋显著，成为驱动企业开展绿色创业的一个重要因素。但是，公众监督毕竟作为一种外部力量，其对企业绿色创业的影响效果取决于企业本身对公众监督的响应程度，积极的监督响应会使得公众监督对企业绿色创业的作用效果更好。

目前关于政策支持、监督响应对企业绿色创业影响的成果虽然有一些，但研究还不够深入，大多数仍停留于验证单项政策或单项监督的影响层面，缺乏对政策支持和监督响应影响的综合考察，而关于两者对企业绿色创业交互影响的研究则更为鲜见。基于此，本书提出并探索以下研究问题：在什么情况下农业龙头企业绿色创业水平更高？具体而言，主要聚焦于探究政策支持、监督响应对农业龙头企业的影响及其交互作用。本研究的主要贡献有 3 个方面。一是通过构建多维度的综合指标体系定量测度农业龙头企业绿色创业水平；二是从政策支持和监督响应两个角度研究其对企业绿色创业的影响机理，并进行实证检验；三是实证检验在农业龙头企业绿色创业的作用过程中，政策支持与监督响应之间是替代效应还是互补效应，从而进一步丰富农业龙头企业绿色创业影响因素的研究。

第二节 理论分析与研究假说

一、政策支持与农业龙头企业绿色企业

政策支持作为一种外部力量，是政府为激发或促进企业开展绿色创业活动而制定的补贴、税收、融资、信贷及表彰的政策措施，较强的政策支持不仅会催生更多绿色创业机会和创业氛围，还会使企业有实现秩序的稳定预期和公平合理的利益诉求，从而促进企业积极开展绿色创业。例如，崔祥民和杨东涛[200]分析了生态价值观、政策感知对绿色创业意向的影响，结果表明，政策感知比生态价值观对绿色创业意识的积极作用更大。倪嘉成等[86]等通过对太阳能光伏企业的成长过程分析发现，政策导向为绿色创业企业成长提供了保障和支撑。李华晶和张玉利[201]以深圳市电动汽车发展为案例的研究表明，政策环境可直接促进企业绿色创业的可持续性。

相较于非农业企业或高新技术企业，农业企业的创业资源有限，加上其创业收益的弱小性使得他们的“自我造血”功能偏弱，因此，政策支持是促使农业龙头企业实施绿色创业的重要条件，它对于降低企业绿色创业风险和交易成本，增强公众对绿色创业的敏感性和共鸣都发挥了积极作用，进而促进农业龙头企业积极开展绿色创业。由此，本书提出假说：政策支持越强，农业龙头企业绿色创业水平越高（假说 1）。

二、监督响应与农业龙头企业绿色创业

公众监督对于督促企业主动开展绿色创业或履行社会责任有不可忽视的作用。社会公众可通过报纸、电视、广播、网络等媒体获取有关信息，通过舆论方式间接地向企业施加压力。吴德军[202]研究发现，新闻媒体作为第三方独立的监督者，是推动企业主动履行社会责任的重要驱动力之一。Porter 和 Kramer[92]的研究也指出，各种媒体和政府机构是公司对其一切行为所带来的后果承担责任的源泉。另外，企业管理层为了维持良好的声誉，也会积极开展绿色创业来承担社会责任，并针对媒体的相关报道予以积极回应。但是，公众监督毕竟是一种外部力量，其

对企业绿色创业的影响效果如何，取决于企业自身对公众监督的响应程度高低，积极的监督响应会促使企业投入更多的资源在绿色创业活动上，从而提高企业绿色创业水平。因此，本书提出假说：监督响应越强，农业龙头企业绿色创业水平越高（假说 2）。

三、政策支持与监督响应的交互作用

政策支持与监督响应对企业绿色创业行为具有直接作用，同时二者也可能通过共同交互作用实现对企业绿色创业行为的驱动。因为企业绿色创业有出于合规管理和提升社会声誉的动机，其主要目的是促使企业活动更加合规化和提升企业的社会形象，而较高的“合规性”和社会声誉则会辅助企业获取政府更多的政策支持以及公众更多的认可，从而促进企业进一步发展。因此，声誉动力和合规压力使得政策支持在影响企业绿色创业的机制中具有增强作用，两者对企业绿色创业的影响可能存在互相促进的互补效应，当政策支持对企业绿色创业的影响较强时，监督响应对企业绿色创业的促进作用可能也会更强。因此，本研究提出假说：政策支持与监督响应对企业绿色创业的影响存在互补效应（假说 3）。

第三节 政策支持与监督响应对企业绿色创业影响的实证分析

一、样本基本特征

由表 5-1 可知，农业龙头企业行业以种植业和农产品加工业为主，分别占样本总数的 28.1%和 39.3%；企业创建年限在 6～15 年的居多，占样本总数的 67.4%，年限在 5 年及以下的占样本总数的 17.0%，年限在 16 年及以上的占样本总数的 15.6%。企业总资产在 1 000 万～5 000 万元的占样本总数的 43.3%，企业总资产在 5 000 万～1 亿元的占样本总数的 27.2%，企业总资产在 4 亿元以上的占样本总数的 4.9%，而企业总资产低于 1 000 万元的占样本总数的 8.0%。农业龙头企业属于民营性质的居多，占样本总数的 90.2%；大部分农业龙头企业处于发展期和成熟期，分别占样本总数的 71.4%和 16.5%，而处于初创期和转型期的企业较少，分别占样本总数的 3.1%和 8.9%。

表 5-1 农业龙头企业特征的描述性统计

	范围	频数/家	百分比/%
所属行业	种植业	63	28.1
	畜产业	31	13.8
	家禽业	18	8.0
	水产养殖业	12	5.4
	农产品加工业	88	39.3
	其他	12	5.4
创立年限	5 年及以下	37	17.0
	6～10 年	74	33.9
	11～15 年	73	33.5
	16～20 年	23	10.6
	20 年以上	11	5.0
企业总资产	低于 1 000 万元	18	8.0
	1 000 万～5 000 万元	97	43.3
	5 000 万～1 亿元	61	27.2
	1 亿～4 亿元	37	16.5
	4 亿元以上	11	4.9
企业性质	民营企业	202	90.2
	其他	22	9.8
企业发展阶段	初创期	7	3.1
	发展期	160	71.4
	成熟期	37	16.5
	转型期	20	8.9

二、变量测量与因子分析

（一）测量变量的描述性统计

（1）绿色创业。Ripsas S[62]认为，绿色创业的本质是在企业业务流程的各个环节实现绿色化运营，包括绿色输入、绿色生产、绿色输出、绿色营销和绿色服务。因此，本研究按企业绿色创业营运流程进行定义，分为绿色采购、绿色生产、绿色管理、绿色营销 4 个方面。绿色采购主要包括“企业在采购过程中避免水、空气和土壤的污染”“在可能的环节使用健康环保材料”“使用清洁能源”“企业环境部门领导参与采购事务”“企业采购时根据环境指标选择供应商”“物流和仓储环节使用绿色化”6 个测量项目；绿色生产主要包括“企业首先考虑引入环境友好的新技术和新产品”“企业注意生产过程副产品的控制和回收”“企业经常进行清洁和健康生产审计”“企业投入大量资源进行 ISO 14001 环境管理认证”“产品包装注重环保材料”“企业大量投资于环境友好产品的创新和研发”“企业与环保研发机构结成合作伙伴”7 个测量项目；绿色管理主要包括“企业制定了环境管理制度”“企业在考核和奖励时注重环境指标”“企业管理层对环保比较关注”“企业对员工加强绿色理念和技能培训”“企业注重树立绿色文化”5 个测量项目；绿色营销主要包括“企业在产品健康环保上处于行业领先地位”“企业在环保绩效方面的设定标准很高”“企业在制订战略规划时包括环境绩效指标”“企业在广告中强调产品和服务的健康环保特性”“企业产品和服务的营销战略受环境保护的影响”“企业广告中突出对环保健康的承诺”6 个测量项目。

（2）政策支持。政策支持是指政府为激发企业绿色创业热情或促进企业开展绿色创业活动而制定的相关政策或措施，这些政策或措施包括资金补贴、税收减免、融资支持、典型树立和公开表彰等。通过弥补市场缺陷和消除行政僵化而使绿色创业实现有效运作，良好的绿色创业政策支持会催生更多创业机会和创业氛围，降低企业从事绿色创业的成本，丰富企业的社会资本，从而增强企业的绿色创业动力。参考全球创业观察（Globe Entrepreneurship Monitor，GEM）[①]的相关成果，本研究构建了政策支持测量量表，主要包括“企业实施环境保护行为可获得政府资金支持或税收减免”“政府对实施清洁生产或有利于环境改善的企业给予融资支持”“政府高度重视对环境生产企业的表彰和宣传”3 个测量项目。

（3）监督响应。公众监督是指社会组织和公民为表达和传导有一定倾向的意见与看法，通过对话检举、舆论宣传、传播媒介等方式，对企业生产经营活动的合法性进行不具有直接法律效力的监督，以实现对企业偏差行为的矫正和制约。本研究所指的监督响应主要是企业就社会组织和公民对本企业生产经营活动监督的重视程度。虽然公众监督对企业绿色创业行为有一定的影响，但其影响效果更

① 全球创业观察（GEM）是一个旨在研究全球创业活动态势和变化、发掘国家或地区创业活动的驱动力、研究创业与经济增长之间的作用机制和评估各国创业政策的研究项目。

取决于企业对公众监督的重视程度。因此，本书构建监督响应的测量量表，主要包括“企业高度重视公众对本企业生产的环境友好产品的监督”“企业高度重视媒体对本企业生产的环境友好产品的监督”“企业高度重视消费者协会对环境友好产品的监督”3个测量项目。

本章采用李克特5级量表法对绿色创业、政策支持和监督响应进行测量，回答选项设有“完全同意”“同意”“不一定”“不同意”“完全不同意”，分别对上述回答赋值为5分、4分、3分、2分、1分。

（二）因子分析

（1）绿色创业的测量。对测量绿色创业的24个题项进行KMO检验和Bartlett's球形检验。结果显示，KMO值达到了0.946，Bartlett's球形检验值为4 550.00，表明反映绿色创业的样本数据适合做因子分析。对绿色创业的因子分析结果显示（表5-2），其Cronbach's α信度系数达到了0.964，表明绿色创业量表的信度很高；其累计方差解释率为56.302%，各测量项目通过正交旋转后的因子载荷值都高于0.5，Hotelling's T-Squared值达到了210.259，通过了1%统计水平的显著性检验，表明绿色创业这一量表的收敛效度和可靠度较高。

表5-2 绿色创业的因子分析结果

因子	测量变量	均值	标准差	因子载荷值
绿色采购	企业采购过程中避免水、空气和土壤的污染	4.415	0.570	0.732
	企业在可能的环节使用健康环保材料	4.393	0.542	0.765
	企业使用清洁能源	4.277	0.659	0.794
	企业环境部门领导参与采购事务	3.960	0.880	0.660
	企业采购时根据环境指标选择供应商	4.223	0.679	0.795
	物流和仓储环节使用绿色化	4.232	0.628	0.831
绿色生产	企业首先考虑引入环境友好的新技术和新产品	4.330	0.627	0.795
	企业注意生产过程副产品的控制和回收	4.304	0.619	0.748
	企业经常进行清洁和健康生产审计	4.174	0.703	0.709
	企业投入大量资源进行ISO 14001环境管理认证	3.911	0.826	0.651
	产品包装注重环保材料	4.286	0.575	0.734
	企业大量投资于环境友好产品的创新和研发	4.036	0.714	0.728
	企业与环保研发机构结成合作伙伴	4.031	0.766	0.772

因子	测量变量	均值	标准差	因子载荷值
绿色管理	企业制定了环境管理制度	4.268	0.576	0.793
	企业在考核和奖励时注重环境指标	4.201	0.635	0.780
	企业管理层对环保比较关注	4.353	0.557	0.768
	企业对员工加强绿色理念和技能培训	4.308	0.598	0.737
	企业注重树立绿色文化	4.321	0.595	0.736
绿色营销	企业在产品健康环保上处于行业领先地位	4.098	0.739	0.753
	企业在环保绩效方面的设定标准很高	4.036	0.780	0.803
	企业在制订战略规划时包括环境绩效指标	4.134	0.689	0.766
	企业在广告中强调产品和服务的健康环保特性	4.219	0.607	0.747
	企业产品和服务的营销战略受环境保护的影响	4.107	0.750	0.667
	企业广告中突出对环保健康的承诺	4.205	0.698	0.711

（2）政策支持的测量。对测量政策支持的题项进行 KMO 检验和 Bartlett's 球形检验。结果显示，KMO 值达到了 0.664，Bartlett's 球形检验值为 267.679，表明反映政策支持的样本数据适合做因子分析。对政策支持的因子分析结果显示（表 5-3），其 Cronbach's α 信度系数达到了 0.824，表明政策支持量表的信度很高；其累计方差解释率为 74.132%，各测量项目通过正交旋转后的因子载荷值都高于 0.5，Hotelling's T-Squared 值达到了 5.587，通过了 5%统计水平的显著性检验，表明政策支持这一量表的收敛效度和可靠度较高。

表 5-3　政策支持的因子分析结果

测量变量	均值	标准差	因子载荷值
企业实施环境保护行为可获得政府资金支持或税收减免	4.362	0.714	0.823
政府对实施清洁生产或有利于环境改善的企业给予融资支持	4.357	0.701	0.915
政府高度重视对环境生产企业的表彰和宣传	4.438	0.603	0.842

（3）监督响应的测量。对测量监督响应的题项进行 KMO 检验和 Bartlett's 球形检验。结果显示，KMO 值达到了 0.725，Bartlett's 球形检验值为 442.528，表明反映监督响应的样本数据适合做因子分析。对监督响应的因子分析结果显示（表 5-4），其 Cronbach's α 信度系数达到了 0.899，表明监督响应量表的信度很高；其累计方差解释率为 83.313%，各测量项目通过正交旋转后的因子载荷值都高于 0.5，

Hotelling's T-Squared 值达到了 1.346，通过了 10%统计水平的显著性检验，表明监督响应这一量表的收敛效度和可靠度较高。

表 5-4 监督响应的因子分析结果

测量项目	均值	标准差	因子载荷值
企业高度重视公众对本企业生产的环境友好产品的监督	4.357	0.612	0.928
企业高度重视媒体对本企业生产的环境友好产品的监督	4.335	0.621	0.936
企业高度重视消费者协会对环境友好产品的监督	4.326	0.603	0.873

（三）模型变量的选取及描述

本研究主要分析政策支持和监督响应对农业龙头企业绿色创业行为的影响，因此，模型中的关键自变量是政策支持和监督响应。此外，根据现有大多数相关研究成果，结合农业龙头企业绿色创业的实际情况，本研究还选取了企业成立年限、企业性质、企业规模、跨区经营、业务成长以及投资收益作为控制变量。各变量的含义、赋值及描述性统计分析结果如表 5-5 所示。

表 5-5 模型变量的描述性统计

变量	变量定义	均值	标准差
成立年限	企业成立的年限（年）	11.121	5.520
企业性质	是否属于民营企业，是=1；否=0	0.902	0.298
企业规模	企业总资产：低于 1 000 万元=1；1 000 万～5 000 万元=2；5 000 万～1 亿元=3；1 亿～4 亿元=4；4 亿元以上=5	2.670	1.006
跨区经营	业务跨省份数量（个）	7.371	7.468
业务成长	与过去 1～3 年相比，您公司的营业收入增长速度如何：很低=1；较低=2；一般=3；较高=4；很高=5	3.393	0.719
投资收益	与过去 1～3 年相比，您公司的投资收益率如何：很低=1；较低=2；一般=3；较高=4；很高=5	3.237	0.735
政策支持	—	0.000	1.000
监督响应	—	0.000	1.000
绿色创业	—	0.000	1.000

注：政策支持、监督响应、绿色创业等变量值通过因子分析计算得到。

三、模型估计结果及分析

利用多元回归方法来分析政策支持、监督响应对农业龙头企业绿色创业的影响。建立回归模型如下

$$GE = \beta_0 + \beta_1 Year + \beta_2 Property + \beta_3 Size + \beta_4 Man + \beta_5 Growth + \beta_6 Profit + \varepsilon \tag{5-1}$$

$$GE = \beta_0 + \beta_1 Gov + \beta_2 Ins + \beta_3 Year + \beta_4 Property + \beta_5 Size + \beta_6 Man + \beta_7 Growth + \beta_8 Profit + \varepsilon \tag{5-2}$$

$$GE = \beta_0 + \beta_1 Gov + \beta_2 Ins + \beta_3 Gov \times Ins + \beta_4 Year + \beta_5 Property + \beta_6 Size + \beta_7 Man + \beta_8 Growth + \beta_9 Profit + \varepsilon \tag{5-3}$$

式中，GE 为模型的因变量，代表农业龙头企业绿色创业；Gov、Ins 分别为政策支持和监督响应，$Year$、$Property$、$Size$、Man、$Growth$、$Profit$ 都为控制变量，分别代表企业创建年限、企业性质、企业规模、跨区经营、业务成长和投资收益。式（5-1）为只包括控制变量的回归模型；式（5-2）为包括政策支持、监督响应及控制变量的回归模型；式（5-3）为包括政策支持、监督响应及其交互项和控制变量的回归模型。本研究对各个模型可能存在的多重共线性和序列相关问题进行检验。检验结果显示，各变量的 VIF 值均大于 1 且小于 2，说明 3 个模型都不存在多重共线性问题；DW 值分别为 1.736、1.772 和 1.769，说明 3 个模型都不存在序列相关问题。

回归结果显示（表 5-6），模型 1 调整的 R^2 值（Adjusted R^2 值）为 0.094，说明控制变量解释模型信息的能力为 9.4%；模型 2 调整的 R^2 值（Adjusted R^2 值）为 0.160，说明自变量解释模型信息的能力达到了 16.0%，比模型 1 提高了 6.6 个百分点，即加入政策支持变量后，模型的解释能力增强了；模型 3 调整的 R^2 值（Adjusted R^2 值）为 0.403，说明自变量解释模型信息的能力达到了 40.3%，比模型 1 提高了 30.9 个百分点之多，即加入监督响应变量后，模型的解释能力大大增强了；模型 4 调整的 R^2 值（Adjusted R^2 值）为 0.412，说明加入政策支持和监督响应变量后，解释模型信息的能力达到了 41.2%，比模型 1 提高了 31.8 个百分点；所有模型的 F 统计值都通过了 1%统计水平的显著性检验，表明模型整体显著。具体分析如下。

表 5-6 政策支持、监督响应对农业龙头企业绿色创业影响的多元回归结果

变量	模型 1	模型 2	模型 3	模型 4	模型 5
常数项	-1.472^{***}	-1.206^{***}	-0.988^{***}	-0.903^{***}	-0.910^{***}
成立年限	0.002	0.005	0.004	0.005	0.005
企业性质	–0.529	–0.445	–0.351	–0.326	–0.331
企业规模	0.069^{*}	0.099^{*}	0.093^{*}	0.105^{*}	0.106^{*}
跨区经营	0.021^{**}	0.022^{**}	0.018^{**}	0.019^{**}	0.019^{**}
业务成长	0.353^{*}	0.272^{**}	0.239^{**}	0.212^{**}	0.216^{**}
投资收益	0.098	0.109	0.083	0.089	0.084
政策支持	—	0.269^{***}	—	0.114^{**}	0.117^{**}
监督响应	—	—	0.560^{***}	0.528^{***}	0.524^{***}
政策支持与监督响应交互项	—	—	—	—	0.040^{*}
R^2	0.118	0.186	0.422	0.433	0.435
Adjusted R^2	0.094	0.160	0.403	0.412	0.411
F 值	4.844^{***}	7.071^{***}	22.501^{***}	20.524^{***}	18.300^{***}

注：*、**和***分别表示在 10%、5%和 1%的统计水平上显著。

政策支持（*Gov*）变量在模型 2、模型 4 和模型 5 中都通过了至少 5%的统计水平的显著性检验且其系数为正，表明政策支持对农业龙头企业绿色创业活动有显著的正向作用，即政策支持力度越大，农业龙头企业绿色创业水平越高。其原因可能是，政策支持越强，农业龙头企业绿色创业面临的风险和不确定性就越小，并且绿色创业的交易成本也越低，从而促进了农业龙头企业绿色创业的积极性。因此，假说 1 得到了验证。另外，调查数据统计结果表明，“同意”和“完全同意”可获得政府资金支持或税收减免的企业，其绿色创业行为的平均因子得分分别为 0.014 6；而“不同意”和“完全不同意”可获得政府资金支持或税收减免的企业，其绿色创业行为的平均因子得分分别为–0.672 5。也就是说，随着企业获得政府资金支持或税收减免力度的不断增大，其绿色创业水平也不断提高。

监督响应（*Ins*）变量在模型 3、模型 4 和模型 5 中都通过了 1%统计水平的显著性检验且其系数为正，表明监督响应对农业龙头企业绿色创业活动有显著的正向作用，即农业龙头企业对社会监督的响应程度越大，其绿色创业水平也越高。其原因可能是，企业对社会公众的监督重视程度越大，其生产经营活动越有可能

符合社会公众的期望和利益诉求，其绿色创业水平越高。因此，假说 2 得到了验证。调查结果也表明，“同意”和“完全同意”高度重视公众监督的企业，其绿色创业行为的平均因子得分分别为 0.040 0；而“不同意”和“完全不同意”高度重视公众监督的企业，其绿色创业行为的平均因子得分分别为–0.769 0。由此可见，随着企业对社会公众监督的重视程度提高，其绿色创业行为的因子得分就会降低，他们表现出的绿色创业水平则降低。

Gov × *Ins* 的系数是本研究检验政策支持、监督响应对农业龙头企业绿色创业水平交互影响的主要证据。根据表 5-6 的模型 5 可以发现，在综合考虑政策支持、监督响应和其他控制变量影响的基础上，不仅政策支持和监督响应对企业绿色创业的影响显著正相关，而且两者的交互项 *Gov* × *Ins* 的系数为 0.040，且在 10%的水平上显著。这说明政策支持和监督响应的交互项与农业龙头企业绿色创业水平之间存在显著的正相关关系，在对企业绿色创业水平的影响中，政策支持和监督响应两者之间存在显著的互相促进关系。也就是说，当政策支持对企业绿色创业水平的影响较强时，监督响应对企业绿色创业的促进作用可能会更强。因此，假说 3 得到了验证，即政策支持和监督响应对农业龙头企业绿色创业水平的影响存在互补效应。

表 5-6 还显示，一些控制变量对农业龙头企业绿色创业有显著影响。

（1）企业规模（*Size*）在所有模型中通过了 10%水平的显著性检验且其系数符号为正，表明企业规模对农业龙头企业绿色创业有显著正向影响，农业龙头企业规模越大，其绿色创业水平就越高，主要原因在于：一是规模大的企业受到的社会关注较高，并且有更多的资源用于绿色创业方面；二是规模大的企业其组织结构、内部制度更加健全，为绿色创业行为的履行提供了组织保障和制度保障；三是为了取悦政府或者寻租，为公司的发展及高管层的晋升取得更好的外部环境，规模大的企业更愿意积极响应政府的号召，承担较多的绿色创业责任。

（2）跨区经营（*Man*）在所有模型中都通过了 5%水平的显著性检验且其系数符号为正，表明跨区经营对农业龙头企业绿色创业有正向影响，其可能原因在于：一方面，跨区经营具有规模经济和范围经济、获得协同财务效应及增强市场控制力，从而导致其绿色创业能力更高；另一方面，跨区经营会产生共同保障效应，降低企业绿色创业风险。

（3）业务成长（*Growth*）在所有模型中都通过了显著性检验且其系数符号为正，

表明业务成长对农业龙头企业绿色有显著正向影响，业务成长越强的农业龙头企业，其绿色创业总体表现越好，主要原因在于：成长性强的企业有一个更好的未来发展前景，并且会受到社会公众和舆论更多的关注，促使其绿色创业表现越好。

（4）投资收益（*Profit*）没有通过显著性检验，表明投资收益对农业龙头企业绿色创业没有显著影响，与预期不一致，其可能原因在于：投资收益强的企业在为其绿色创业提供财力支持的同时，其更可能满足于现状而缺乏绿色创业的动力。

第四节 结论与政策启示

本章以 224 家农业龙头企业为研究样本，实证检验了政策支持和监督响应对企业绿色创业的影响，并进一步考虑了两者的交互作用效果，研究发现：①政策支持力度越大，企业绿色创业水平越高；②监督响应越强，说明企业对社会公众的监督重视程度越高，其绿色创业水平则越高；③政策支持和监督响应对农业龙头企业绿色创业的影响存在互补效应；④企业规模、跨区经营及业务成长对农业龙头企业绿色创业有显著正向影响，即规模越大、距区经营越多、业务成长越强的企业，其绿色创业水平越高。

本章丰富了企业绿色创业影响因素的文献，对企业绿色创业水平的提高具有一定的启示作用。第一，要进一步加大政策支持力度，在税收减免、资金补贴、信贷支持、典型树立、榜样宣传等方面对农业龙头企业绿色创业给予大力支持，从而降低农业龙头企业绿色创业风险和成本，提升绿色创业企业的社会影响力，提高企业绿色创业水平。第二，在社会公众发挥对农业龙头企业绿色创业监督作用的同时，政府要注意引导和提升企业对公众监督的重视和响应程度，真正把公众监督转化为企业绿色创业行为进行落实。第三，对于企业绿色创业的监督与提升还需充分考虑政策支持与监督响应的交互影响作用，在不同的政策支持力度、不同的监督响应程度下，充分考虑两者中另一维度的改进，以尽可能提高企业的绿色创业水平。第四，要进一步推进企业跨区经营，提升企业规模经济，建立绿色创业的共同保障效应，从而促进企业绿色创业水平的提高。

第六章

政府规制对农业龙头企业绿色创业的影响

政府规制作为制度环境的一个重要方面，能够塑造行动情境，进而影响被行动者的选择逻辑，因而构建能够包容所有行为主体利益的政府规制便显得非常重要。为此，本章通过构建企业绿色创业行为的理论与实证模型，揭示政府规制对企业绿色创业的影响机理，从理论与实证上把握政府规制与企业绿色创业的内在关系，从而加深政府规制在促进企业绿色创业过程中的角色认识。

第一节　引言及文献回顾

随着经济的快速发展，经济发展与环境保护之间的矛盾不断激化，从而促使企业对原有的发展模式进行反思[1]。在此背景下，迫切需要寻找一种兼顾环境、社会、经济等多重诉求的可持续发展模式。而绿色创业则正好符合这种模式发展的需要，它兼顾环境、社会、经济“三重底线”[201]，注重自然保护、社会发展和经济增长，因此，绿色创业日益成为社会关注的焦点问题。农业龙头企业绿色创业履行好坏不仅关系到资源的可持续利用，还关系到人们的健康和生命安全，因而迫切需要政府通过规制来促进和引导农业龙头企业履行绿色创业行为。

关于绿色创业概念及内涵，很多学者给出了各自的定义。例如，Quinn[56]认为生态活动不仅是一种经济活动的消耗，还能为企业提供一个富有利润的市场。Hart S L[27]强调环境、社会和经济共同发展，认为绿色创业是对商业创业和可持续发展的整合。Walley 和 Taylor[61]把绿色创业归纳为 4 种类型，分别为创新机会主义型、绿色愿景拥护型、偶尔为之型和伦理标新立异型。Dees[58]将绿色创业视为社会创业研究的分支。Ripsas S[62]提出绿色创业的本质是企业在绿色输入、绿色生产、绿色输出、绿色营销和绿色服务等环节实现绿色化运营。高嘉勇和何勇[1]提出绿色创业是在生态导向和市场导向的双重作用下采取的创业行为。李凯[67]将绿色创业分为环境导向、社会导向、机会导向和盈利导向 4 个维度。

关于企业绿色创业的影响因素，许多研究表明企业规模、财务状况、经营绩效等企业内部特征、个体感知特征以及外部环境特征对企业绿色创业有重要影响[95,203]，例如，Woe K 等[98]认为企业管理者可持续发展态度对企业绿色创业意愿有显著重要影响；崔祥民和杨东涛[200]的研究结果表明，政策感知比生态价值观对绿色创业意识的积极作用更大。Izaidin 等[204]强调经济动因、社会动因、生态动因及文化动因是企业绿色创业的主要动因。Meek[94]以美国太阳能行业为例，研究发现影响新企业创业的因素主要有政府投资、大众消费习惯和家庭规范。倪嘉成等[86]认为市场导向是贯穿太阳能光伏企业绿色创业成长路径的核心动力，制度导向则更多地提供支撑保障。李华晶[205]的研究表明，制度环境可直接促进深圳市电动汽车行业绿色创业的可持续性。李华晶[178]发现，环境激励水平和环境管制强度对绿色创业导向和企业绩效之间的关系具有调节效应。

虽然现有成果研究发现制度环境在促进企业进行绿色创业过程中发挥着重要作用，但是，制度环境的作用也并非“包治百病”[63]，研究需要把视角深入到制度环境与绿色创业内部[206]，挖掘不同制度环境对企业绿色创业不同维度的具体影响，尤其需要进一步厘清制度环境对绿色创业的作用机理[151]。而政府规制作为制度环境的一个重要方面，能够塑造行动情境，进而影响被行动者的选择逻辑，因而构建能够包容所有行为主体利益的政府规制便显得极为重要[207]。为此，本书以农业龙头企业为研究对象，通过构建企业绿色创业行为的理论与实证模型，揭示政府规制对企业绿色创业的影响机理，提炼促进企业绿色创业的优化路径。

本章创新点主要有三点。第一，关于企业绿色创业的影响因素，现有文献中很少有分析政府规制在企业绿色创业中的作用的，本书则立足于规制环境，考察了政府规制对农业龙头企业绿色创业行为的影响，有助于更好地把握影响企业绿色创业行为的因素。第二，从数据来源上，以往研究受制于上市公司绿色创业和政府规制数据的不完整性，研究结论的可靠性与稳健性受到一定影响。本书通过实地调查对样本企业数据进行了全面收集，研究结论更具说服力。第三，从研究方法上，以往研究缺乏从理论模型上揭示企业绿色创业行为的驱动因素。本章拟构建理论模型揭示政府规制对企业绿色创业的影响，从理论上把握政府规制与企业绿色创业的内在关系，从而加深政府规制在促进企业绿色创业过程中的角色认识。

第二节　农业龙头企业绿色创业理论分析

农业龙头企业是否进行绿色创业是一个动态过程，而这个过程存在两种基本状态，一种为企业选择与不选择，另一种为政府监督与不监督，于是需要通过构建博弈模型来分析政府规制对农业龙头企业绿色创业的影响机理。对此，我们可作如下 3 种研究假说。假说 1：企业 A 进行绿色创业的成本为 C_1，企业 A 从绿色创业中得到声誉激励的收益为 R_1。假说 2：如果企业 A 不实施绿色创业，政府发现并对其惩罚的量为 C_2。假说 3：企业 A 进行绿色创业的概率为 p，不进行绿色创业的概率为 $1-p$；政府对企业 A 不进行绿色创业的处罚概率为 q，不处罚的概率为 $1-q$。考察企业 A 的行为与支付变化的情况为以下 4 种。

第一种情况：企业 A 选择绿色创业，其增加的成本为 C_1，当政府选择监督时，会给企业带来良好声誉，为企业增加的收益为 R_1（$R_1>C_1$），企业 A 实施绿色创业得到正向激励，用 μ（$\mu>0$）表示。假设企业受到的激励具有累积性，每次绿色创业都会在原来基础上受到一次正激励 μ，企业的支付矩阵为

$$G_{1A}=\sum_{i=1}^{N} pq(R_1-C_1)(1+\mu)^{i-1}\ (i=1,2,\cdots,n) \qquad (6\text{-}1)$$

第二种情况：企业 A 选择绿色创业增加的成本为 C_1，而当政府不监督时，由于信息不对称，社会公众对企业绿色创业情况并不知情，导致不能给绿色创业的企业 A 带来额外收益，而其他企业由于没有进行绿色创业而增加了收益 C_1，对于企业 A 来说则相当于成本损失。企业 A 的支付矩阵为

$$G_{2A}=p(1-q)(-2C_1) \qquad (6\text{-}2)$$

第三种情况：当政府监管时，企业 A 由于不进行绿色创业而受到处罚 C_2 以及声誉损失 R_1，其支付矩阵为

$$G_{3A} = -(1-p)q(R_1 + C_2) \tag{6-3}$$

第四种情况：当企业 A 不进行绿色创业，而政府又不监管，则企业没有获得任何激励和损失，但企业 A 因为没有绿色创业而节省了一部分成本 C_1，可以计入其收益当中，因此，企业 A 的支付矩阵为

$$G_{4A} = (1-p)(1-q)C_1 \tag{6-4}$$

基于上述情况，可以构建企业绿色创业的博弈模型。企业 A 是否选择绿色创业，关键在于它选择绿色创业时的期望支付（p=1）与不选择绿色创业的期望支付（p=0）之差 ΔG_A 的大小，公式为

$$\Delta G_A = \sum_{i=1}^{4} G_{iA}(p=1) - \sum_{i=1}^{4} G_{iA}(p=0) \tag{6-5}$$

将式（6-1）、式（6-2）、式（6-3）、式（6-4）代入式（6-5）得

$$\Delta G_A = \sum_{i=1}^{4} q(R_1 - C_1)(1+\mu)^{i-1} + (1-q)(-2C_1) + q(R_1 + C_2) - (1-q)C_1 \tag{6-6}$$

企业 A 选择绿色创业的条件是 $\Delta G_A \geqslant 0$。

因为（1+μ）>1，所以

$$\sum_{i=1}^{4} q(R_1 - C_1)(1+\mu)^{n-1} > q(R_1 - C_1)(1+\mu)^{n-1}$$

若

$$q(R_1 - C_1)(1+\mu)^{n-1} + (1-q)(-2C_1) + q(R_1 + C_2) - (1-q)C_1 > 0 \tag{6-7}$$

则式（6-6）必然成立。通过对式（6-7）化简可以得到

$$q > \frac{3}{(\frac{R_1}{C_1} - 1)(1+\mu)^{n-1} + 3 + \frac{R_1}{C_1} + \frac{C_2}{C_1}} \tag{6-8}$$

模型结论：

（1）当 C_1、C_2 一定时，R_1 越大，μ 越大，合作的次数 n 越大，即使 q 比较小，

企业实施绿色创业的概率同样比较大。由此可引出第一个合作条件，即企业从绿色创业中获得的激励越大，其绿色创业的积极性越高。

（2）当 μ、C_1、R_1、n 一定时，如果 C_2 较大，即使 q 比较小，企业选择绿色创业的概率也较大。对于 q 来说，在 μ、C_1、R_1、C_2、n 一定时，q 越大，企业选择绿色创业的可能性越大。由此，可引出第二个合作条件，即企业不选择绿色创业被发现的概率越大，遭到惩罚的程度越严重，就更可能促使企业选择绿色创业。

从农业龙头企业选择绿色创业的成本收益来看，企业主动选择绿色创业的条件是企业从绿色创业中得到的总收益要高于未进行绿色创业的收益。如图 6-1 所示，当政府未对企业绿色创业进行监督时，企业未绿色创业时经营成本相对较小，为 MC_1，其收益为 MR_1，均衡生产点为 B，产量为 Q_1。在这种情形下，其他一些企业虽然进行了绿色创业，但由于政府未对企业绿色创业进行监督，绿色创业企业也没有得到任何声誉激励，因此其收益为 MR_1，而企业因为绿色创业导致其成本增加，为 MC_2，均衡点为 D，产量为 Q_2。可见，当政府缺乏监督时，没有选择绿色创业的企业会有更大产量，获得更多收益。而当政府对企业绿色创业进行监督时，将对没有绿色创业的企业进行处罚，导致没有绿色创业的企业边际成本上升到 MC_3，由于没有绿色创业降低了企业的声誉，其边际收益下降到 MR_3，企业利润最大化为 C，产量为 Q_3。在这种情况下，对绿色创业的企业来说，虽然其成本增加到 MC_2，但由于企业实施绿色创业获得了良好声誉，其产品更能得到社会认可，均衡点为 A，产量相应增加到 Q_4。企业绿色创业动力更大。

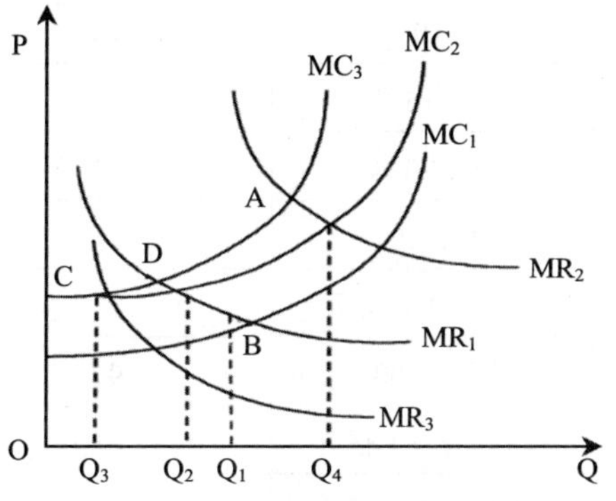

图 6-1　企业绿色创业的成本收益分析

第三节 政府规制对农业龙头企业绿色创业影响的实证分析

一、样本基本特征

调查数据显示，农业龙头企业行业以种植业和农产品加工业为主，企业创建年限在 6～15 年的居多，企业总资产在 1 000 万～5 000 万元的占比最高。农业龙头企业属于民营性质的居多，大部分农业龙头企业处于发展期和成熟期，农业龙头企业员工人数集中在 51～400 人（表 6-1）。

表 6-1 农业龙头企业特征的描述性统计

	范围	频数/家	百分比/%
企业所属行业	种植业	63	28.1
	畜产业	31	13.8
	家禽业	18	8.0
	水产养殖业	12	5.4
	农产品加工业	88	39.3
	其他	12	5.4
创立年限	5 年及以下	37	17.0
	6～10 年	74	33.9
	11～15 年	73	33.5
	16～20 年	23	10.61
	20 年以上	11	5.04
企业总资产	低于 1 000 万元	18	8.0
	1 000 万～5 000 万元	97	43.3
	5 000 万～1 亿元	61	27.2
	1 亿～4 亿元	37	16.5
	4 亿元以上	11	4.9

	范围	频数/家	百分比/%
企业性质	民营企业	202	90.2
	其他	22	9.8
企业发展阶段	初创期	7	3.1
	发展期	160	71.4
	成熟期	37	16.5
	转型期	20	8.9
企业是否上市	已上市	211	94.2
	未上市	13	5.8
企业员工人数	50 人及以下	54	24.1
	51～100 人	56	25.0
	101～200 人	49	21.9
	201～400 人	40	17.9
	401 人及以上	25	11.2

二、变量测量与因子分析

（一）测量变量的描述性统计

（1）绿色创业。借鉴 Ripsas S[62]对绿色创业的理解，按企业绿色创业营运流程进行定义，本部分把农业龙头企业绿色创业划分为绿色采购、绿色生产、绿色管理、绿色营销等维度。

（2）政府规制。在 Porter 和 Kramer[92]提出的概念框架基础上将政府规制分为两大类：一类是激励规制，主要包括资金补贴、税收减免、融资支持和声誉宣传；另一类是约束规制，主要包括法规标准、监管力度和处罚力度等。

对绿色创业、激励规制、约束规制等变量设计量表进行测量，测量方法采用李克特 5 级量表法。政府规制和绿色创业测量变量的统计性描述如表 6-2 所示。

表 6-2 政府规制和绿色创业测量变量的统计性描述

因子	编号	测量变量	均值	标准差
激励规制	A_1	企业实施环境保护行为可获得政府资金支持或税收减免	4.362	0.714
	A_2	政府对实施清洁生产或有利于环境改善的企业给予融资支持	4.357	0.701
	A_3	政府高度重视对环境生产企业的表彰和宣传	4.438	0.604
约束规制	B_1	政府制定了比较完善的环境法规标准	4.295	0.630
	B_2	环保部门对环境管制非常严格	4.201	0.769
	B_3	企业违反环境制度时被察觉的可能性非常大	4.076	0.846
	B_4	政府部门对不服从环境管理的企业会实施严厉制裁	4.214	0.689
绿色采购	C_1	企业采购过程中避免水、空气和土壤的污染	4.415	0.570
	C_2	企业在可能的环节使用健康环保材料	4.393	0.542
	C_3	企业使用清洁能源	4.277	0.659
	C_4	企业环境部门领导参与采购事务	3.960	0.880
	C_5	企业采购时根据环境指标选择供应商	4.223	0.679
	C_6	物流和仓储环节使用绿色化	4.232	0.628
绿色生产	D_1	企业首先考虑引入环境友好的新技术和新产品	4.330	0.627
	D_2	企业注意生产过程副产品的控制和回收	4.304	0.619
	D_3	企业经常进行清洁和健康生产审计	4.174	0.703
	D_4	企业投入大量资源进行 ISO 14001 环境管理认证	3.911	0.826
	D_5	产品包装注重环保材料	4.286	0.575
	D_6	企业大量投资于环境友好产品的创新和研发	4.036	0.714
	D_7	企业与环保研发机构结成合作伙伴	4.031	0.766
绿色管理	E_1	企业制定了环境管理制度	4.268	0.576
	E_2	企业在考核和奖励时注重环境指标	4.201	0.635
	E_3	企业管理层对环保比较关注	4.353	0.557
	E_4	企业对员工加强绿色理念和技能培训	4.308	0.598
	E_5	企业注重树立绿色文化	4.321	0.595
绿色营销	F_1	企业在产品健康环保上处于行业领先地位	4.098	0.739
	F_2	企业在环保绩效方面的设定标准很高	4.036	0.780
	F_3	企业在制订战略规划时包括环境绩效指标	4.134	0.689
	F_4	企业在广告中强调产品和服务的健康环保特性	4.219	0.607
	F_5	企业产品和服务的营销战略受环境保护的影响	4.107	0.750
	F_6	企业广告中突出对环保健康的承诺	4.205	0.698

（二）因子分析

1．绿色创业的测量

由于本章绿色创业测量变量的公共因子已确定为绿色采购、绿色生产、绿色管理、绿色营销，对变量进行 KMO 检验，其值为 0.946，并且 Bartlett's 球形检验统计值为 4 550.000，其显著性检验水平（Sig 值）达到 0.000，表明适合做因子分析，结果如表 6-3 所示。4 个因子累计贡献率达到 71.441%，说明这 4 个因子对 24 个测量变量具有 71.441%的解释能力。

表 6-3　农业龙头企业绿色创业行为因子载荷

因子	测量变量	载荷	贡献率/%	累计贡献率/%
绿色采购	企业采购过程中避免水、空气和土壤的污染（C_1）	0.732	56.302	56.302
	企业在可能的环节使用健康环保材料（C_2）	0.765		
	企业使用清洁能源（C_3）	0.794		
	企业环境部门领导参与采购事务（C_4）	0.660		
	企业采购时根据环境指标选择供应商（C_5）	0.795		
	物流和仓储环节使用绿色化（C_6）	0.831		
绿色生产	企业首先考虑引入环境友好的新技术和新产品（D_1）	0.795	5.760	62.062
	企业注意生产过程副产品的控制和回收（D_2）	0.748		
	企业经常进行清洁和健康生产审计（D_3）	0.709		
	企业投入大量资源进行 ISO 14001 环境管理认证（D_4）	0.651		
	产品包装注重环保材料（D_5）	0.734		
	企业大量投资于环境友好产品的创新和研发（D_6）	0.728		
	企业与环保研发机构结成合作伙伴（D_7）	0.772		
绿色管理	企业制定了环境管理制度（E_1）	0.793	4.953	67.015
	企业在考核和奖励时注重环境指标（E_2）	0.780		
	企业管理层对环保比较关注（E_3）	0.768		
	企业对员工加强绿色理念和技能培训（E_4）	0.737		
	企业注重树立绿色文化（E_5）	0.736		
绿色营销	企业在产品健康环保上处于行业领先地位（F_1）	0.753	4.426	71.441
	企业在环保绩效方面的设定标准很高（F_2）	0.803		
	企业在制订战略规划时包括环境绩效指标（F_3）	0.766		
	企业在广告中强调产品和服务的健康环保特性（F_4）	0.747		
	企业产品和服务的营销战略受环境保护的影响（F_5）	0.667		
	企业广告中突出对环保健康的承诺（F_6）	0.711		

2. 政府规制的测量

（1）激励规制变量的KMO检验值达到0.664，并且Bartlett's球形检验统计值为267.679，其显著性检验水平（Sig值）达到0.000，表明适合做因子分析。对激励规制进行因子分析时，结果累计贡献率为 74.132%，表明这个因子包含了这 3 个测量变量74.132%的信息（表6-4）。

表6-4 激励规制因子载荷

因子	测量变量	载荷	贡献率/%
激励规制	企业实施环境保护行为可获得政府资金支持或税收减免（A_1）	0.823	74.132
	政府对实施清洁生产或有利于环境改善的企业给予融资支持（A_2）	0.915	
	政府高度重视对环境生产企业的表彰和宣传（A_3）	0.842	

（2）约束规制变量的KMO检验值达到0.796，并且Bartlett's球形检验统计值为441.136，其显著性检验水平（Sig值）达到0.000，表明适合做因子分析。对约束规制进行因子分析时，结果累计贡献率为 71.081%，表明这个因子包含了这 4 个测量变量71.081%的信息（表6-5）。

表6-5 约束规制因子载荷

因子	测量变量	载荷	贡献率/%
约束规制	政府制定了比较完善的环境法规标准（B_1）	0.827	71.081
	环保部门对环境管制非常严格（B_2）	0.901	
	企业违反环境制度时被察觉的可能性非常大（B_3）	0.763	
	政府部门对不服从环境管理的企业会实施严厉制裁（B_4）	0.875	

3. 模型变量的选取及描述

本章主要分析激励规制和约束规制对农业龙头企业绿色创业行为的影响，因此，模型中的关键自变量是激励规制和约束规制。此外，本书还选取了企业成立年限、企业性质、企业上市状况、企业规模、企业成长性以及企业收益性作为控制变量。各变量的含义、赋值及描述性统计分析结果如表 6-6 所示。

表 6-6 模型变量的定义、均值及标准差

变量	变量定义	均值	标准差
成立年限	企业成立的年限（年）	11.121	5.520
企业性质	是否属于民营企业，是=1；否=0	0.902	0.298
是否上市	企业是否上市，是=1；否=0	0.058	0.234
企业规模	企业总资产：低于 1 000 万元=1；1 000 万～5 000 万元=2；5 000 万～1 亿元=3；1 亿～4 亿元=4；4 亿元以上=5	2.670	1.006
企业成长性	与过去 1～3 年相比，您公司的营业收入增长速度如何？很低=1；较低=2；一般=3；较高=4；很高=5	3.393	0.719
企业收益性	与过去 1～3 年相比，您公司的投资收益率如何？很低=1；较低=2；一般=3；较高=4；很高=5	3.237	0.735
激励规制	—	0.000	1.000
约束规制	—	0.000	1.000
绿色采购	—	0.000	1.000
绿色生产	—	0.000	1.000
绿色管理	—	0.000	1.000
绿色营销	—	0.000	1.000
绿色创业行为	—	0.000	1.000

注：激励规制、约束规制、绿色采购、绿色生产、绿色管理、绿色营销、绿色创业行为等变量值通过因子分析计算得到。

三、模型估计结果及分析

利用多元回归方法来分析政府规制对农业龙头企业绿色创业的影响。建立回归模型为

$$GER = \beta_0 + \beta_1 Gov\_inc + \beta_2 Gov\_con + \beta_3 Year + \beta_4 Property + \beta_5 List + \beta_6 Size + \beta_7 Growth + \beta_8 Profit + \varepsilon \tag{6-9}$$

式中，GER 为模型的因变量，分别指绿色创业总行为、绿色采购、绿色生产、绿色管理、绿色营销；Gov_inc、Gov_con 分别为激励规制和约束规制，$Year$、

Property、*List*、*Size*、*Growth*、*Profit* 都为控制变量，分别代表企业创建年限、所有权性质、企业上市、企业规模、企业成长性和企业收益性。

由于激励规制和约束规制变量之间存在相关性，因此，回归时将它们分别放入模型中进行回归分析。表 6-7 中不仅列出了政府规制对农业龙头企业绿色创业行为的影响，还分析了政府规制对农业龙头企业绿色创业营运流程（包括绿色采购、绿色生产、绿色管理及绿色营销 4 个流程）的影响，从而考察政府规制对农业龙头企业绿色创业营运流程的影响差异。

表 6-7 政府规制对农业龙头企业绿色创业影响的回归结果

变量	绿色创业总体行为		绿色采购		绿色生产		绿色管理		绿色营销	
	模型 1	模型 2	模型 3	模型 4	模型 5	模型 6	模型 7	模型 8	模型 9	模型 10
激励规制	0.210***	—	0.264***	—	0.019*	—	0.001	—	0.060	—
约束规制	—	0.421***	—	0.546***	—	0.115*	—	0.003	—	0.007
成立年限	0.011	0.009	0.010	0.008	0.007	0.007	0.016	0.016	0.021*	0.021
企业性质	0.016	–0.039	0.042	–0.028	–0.128	–0.120	–0.035	–0.035	–0.062	–0.073
是否上市	0.278*	0.301*	0.391	0.417*	0.204	0.211	0.001	0.001	0.743**	0.725**
企业规模	–0.055	–0.063	–0.049	–0.060	–0.153**	–0.147**	–0.020	–0.020	–0.044	–0.039
企业成长性	0.207***	0.177***	0.286**	0.245**	–0.021	–0.001	–0.146	–0.147	–0.098	–0.082
企业收益性	0.128***	0.145***	0.107	0.129	0.161	0.155	0.357*	0.357**	0.098	0.096
常数项	–1.094***	0.378	–1.315*	–1.125**	0.140	–0.055	–0.757*	–0.756*	–0.091	–0.133
R^2	0.172	0.378	0.164	0.389	0.034	0.046	0.057	0.057	0.047	0.044
Adjusted R^2	0.145	0.358	0.137	0.369	0.002	0.015	0.027	0.027	0.016	0.013
F 值	6.389***	18.778***	6.063**	19.650**	1.078	1.499	1.878*	1.878*	1.516	1.405

注：*、**和***分别表示在 10%、5%和 1%的统计水平上显著。

如表 6-7 所示，从模型 1 的回归结果看，反映激励规制变量的 *Gov_inc* 与农业龙头企业的绿色创业总体表现 *GER* 显著正相关，且在 1%的统计水平上显著，假说 1 得到了证实，表明激励规制有助于农业龙头企业绿色创业行为的履行，激励环境越好，激励强度越大，农业龙头企业绿色创业行为的总体表现越好。因此，假说 1 得到验证。调查结果也表明，对“企业实施环境保护行为可获得政府资金支持或税收减免”的表述表示“同意”和“非常同意”的企业，其绿色创业行为平均因子得分为 0.016 1 分，而表示“不同意”和“非常不同意”的企业其绿色创业行为平均因子得分仅为–0.559 8 分。由此可见，随着政府对企业实施绿色创业的激励增大，企业绿色创业行为的因子得分不断增加，其体现出的绿色企业行为表现则越好。

如表 6-7 所示，从模型 2 的回归结果看，反映约束规制变量的 *Gov _ con* 与农业龙头企业绿色创业总体表现 *GER* 显著正相关，且在 1%的统计水平上显著，证明了研究假说 2，表明约束规制会约束企业的环境污染行为，从而促进农业龙头企业绿色创业行为的履行。另据调查统计结果，对“政府制定了比较完善的环境法规标准”的表述表示“同意”和“非常同意”的企业，其绿色创业行为平均因子得分为 0.036 0 分，而表示“不同意”和“非常不同意”的企业，其绿色创业行为平均因子得分仅为–1.262 1 分。由此可见，随着政府制定的环境法规标准的不断完善和提高，企业绿色创业行为的因子得分不断增加，其表现出的绿色企业行为则越强。

表 6-7 还显示，激励规制和约束规制对农业龙头企业的绿色采购和绿色生产有显著正影响（见模型 3～模型 6），而对绿色管理和绿色营销的影响不显著（见模型 7～模型 10），究其原因在于：一方面，从政府角度来看，企业原材料采购和绿色生产是农业龙头企业保障食品安全、降低资源消耗的重点环节，从而使政府对企业的原材料采购和生产环节的绿色行为更加关注，而对企业绿色管理特别是绿色营销环节不重视；另一方面，从企业角度来看，正因为原材料采购和生产环节容易受到政府的监管，因而促使企业会重点实施这两个环节的绿色行为以响应政府的环境需求，而绿色管理和绿色营销的主要作用在于提升企业的新价值，所以主要依靠企业自身来完成。这一结论给我们的重要启示在于政府规制就像“有形的大手”，为农业龙头企业绿色创业保驾护航，但这一力量更多的是对企业为响应环境需求在行动上的扶持，对绿色创业实现新价值创造的助力效果并不明显，也就是说，政府更多的是发挥了“送上马”的作用，但无法扮演“扶全程”的保姆角色。

表 6-7 中的模型 1 和模型 2 还显示，一些控制变量对农业龙头企业绿色创业有显著影响，具体表现在以下 3 个方面。

（1）是否上市对农业龙头企业绿色创业有显著正影响，表明已上市的农业龙头企业，其绿色创业总体表现较好。其主要原因在于：一方面，上市企业受到社会关注较多，并且有更多的资源用于绿色创业活动；另一方面，上市企业组织构架和内部制度更加完善，能为绿色创业行为的履行提供战略保障、组织保障和制度保障。还有一种可能就是为了争取一个更好的外部环境而取悦政府或者寻租，上市企业会积极响应政府的号召而实施绿色创业。

（2）企业成长性对农业龙头企业绿色创业有显著正影响，表明成长性越强的农业龙头企业，其绿色创业总体表现越好，主要原因在于成长性强的企业有一个更好的未来发展前景，其受到的社会公众关注和舆论压力能促使其在绿色创业上表现得更好。

（3）企业收益性对农业龙头企业绿色创业有显著正影响，表明收益性越强的企业，其绿色创业表现越好，其关键原因在于盈利能力越强的企业为绿色创业提供的财务上的支持就越大。

第四节　结论与政策启示

本章以 224 家农业龙头企业作为研究样本实证考察了政府规制对农业龙头企业绿色创业的影响。经研究发现，一方面，激励规制越好、约束规制越强，农业龙头企业的绿色创业表现越好；另一方面，政府规制对农业龙头企业绿色创业营运流程的影响存在差异性，激励规制和约束规制都能促进企业积极实施绿色采购和绿色生产行为，但对企业的绿色管理和绿色营销影响不显著。因此，要促进农业龙头企业绿色创业，就必须完善相关的政府规制，为企业绿色创业提供充分的激励与约束机制。具体内容分为以下 3 个方面。

（1）进一步完善政府激励规制。要合理利用经济手段实现外部成本内部化，通过税收减免、融资支持等有形资源和宣传表扬等无形资源来推动农业龙头企业绿色创业的实施。一方面，要大力实施绿色创业优惠政策，通过税收减免和建立绿色创业援助机制，为实施绿色创业的企业提供专项资金和融资支持，以降低绿色创业成本，提高企业绿色创业的积极性；另一方面，要积极树立绿色创业企业典型，加强对绿色创业企业的表彰和宣传，在全社会营造良好的绿色创业氛围，提升绿色创业企业的社会形象。

（2）建立健全法律法规体系，完善约束机制。一方面要以国家立法的形式和行使政府权力的形式，建立规范的企业绿色创业的法律、法规等约束体系；另一方面要进一步规范相关法律的执行与司法，减少因法律法规和法律环境不完善以及执行力欠缺而导致的企业绿色创业行为缺失却得不到相应惩罚而引发的负面激励问题。

（3）要注意政府规制对企业绿色创业具体营运流程影响的差异性。经研究表明，政府规制能促进企业绿色采购和绿色生产，但对企业的绿色管理和绿色营销没有起到相应的作用。因此，政府在通过规制政策对企业绿色创业进行激励和监管时，不仅要发挥“送上马”的作用，还要扮演“扶全程”的保姆角色，即不仅要关注企业的绿色采购和绿色生产，还要进一步加强对企业绿色管理和绿色营销的激励和监管，从而提升农业龙头企业绿色创业的总体表现，最终助力企业绿色创业新价值的实现。

第七章

农业龙头企业绿色创业驱动机理分析

本章构建了农业龙头企业绿色创业驱动机理模型，并运用结构方程模型进行实证检验，结果表明：环境规制、社会监督和领导层生态意向对农业龙头企业的绿色采购、绿色生产、绿色管理、绿色营销以及绿色创业总行为具有显著的正向影响，而政策支持对绿色采购、绿色生产、绿色管理、绿色营销以及绿色创业总行为的直接影响不显著，而是通过领导层生态意识间接产生积极促进作用；政策支持、环境规制、社会监督和领导层生态意向等因素对绿色采购、绿色生产、绿色管理、绿色营销以及绿色创业总行为的影响程度有所差异。

第一节　文献回顾与理论假设

关于对绿色创业的研究，学者们在绿色创业内涵和理论框架、绿色创业未来研究方向与发展战略、绿色创业运营模式、绿色创业组织设计等方面进行了有益探讨。绿色创业行为是一个多维度的概念，不同维度在绿色创业行为总体水平中的比重分配构成了绿色创业行为的结构，目前关于绿色创业行为的测度还没有统一的标准和指标体系，其中具有代表性的观点包括：Schaltegger[64]提出从环境目标优先序和市场影响力 2 个维度测量绿色创业行为；York 和 Venkataraman[208]指出绿色创业行为要注重资源的利用与配置、清洁能源的使用、清洁生产技术的应用与研发等；Gast 等[209]指出绿色创业要以企业采购、生产、营销、人员、管理的绿色发展为导向，追求竞争优势；Nelson 和 Sumesh[28]提出绿色创业基本行为包括绿色输入物流、绿色生产、绿色输出物流、绿色营销和绿色服务；Isaak[97]

提出绿色创业行为涉及设计、技术、生产等多个环节，每个环节都必须绿色化。

随着对绿色创业研究的不断深入，其研究视角更加多样化，研究内容更加细致化。例如，Cheryl[203]和 Koe 等[98]从企业规模的角度探讨了中小型企业绿色创业；Stubbs[212]从企业类型的角度探讨了共益企业绿色创业；Schimmenti[211]从行业的角度探讨了葡萄酒行业绿色创业；Ansari[212]等从区域层面探讨了农村地区绿色创业。虽然学者们从多个视角对绿色创业进行了有效探讨，但现有研究成果主要集中在理论层面，研究方法多是采用定性分析。鉴于此，本章从以下两个方面进行拓展。

第一，在研究内容上，基于绿色创业理论和社会认知理论等，构建农业龙头企业绿色创业行为测度模型以及农业龙头企业绿色创业驱动机理模型，探讨农业龙头企业绿色创业行为的驱动因素。

第二，在研究方法上，采用结构方程模型实证分析农业龙头企业绿色创业行为驱动因素及其作用机理。

Fishbein 和 Ajzen[213]提出的理性行为理论（Theory of Reasoned Action，TRA）与 Shapero 和 Sokol[214]提出的创业事件模型（Entrepreneurial Event Model，EEM）是创业研究领域具有代表性的理论模型。TRA 侧重于态度和主观准则对行为的影响，EEM 则强调感知合意性和感知可行性等感知因素对创业行为的影响。基于上述分析，借鉴现有理论模型并进行拓展，构建农业龙头企业绿色创业驱动机理模型，具体模型如图 7-1 所示。

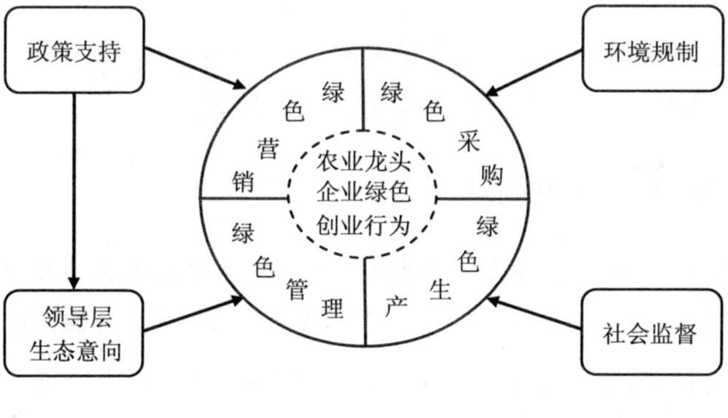

图 7-1 农业龙头企业绿色创业驱动机理模型

一、政策支持与绿色创业行为

政策支持是指一个国家或地区为达到绿色经济与绿色发展的目标，制定相关扶持政策来创造绿色创业环境、促进绿色创业活动并保持均衡创业活动水平。社会认知理论认为环境、认知和行为三者之间是相互作用的，该理论强调社会环境对行为的影响。潜在的创业者是否实施创业行为很大程度上取决于创业者对创业可行性和创业价值的判断，而政策因素与创业者的判断密切相关。政府政策对创业行为具有导向性作用，政策支持的方向对创业资源可得性、创业方向选择具有重要影响。当创业者感受到政府对绿色创业的激励和支持，创业者会坚信绿色化是未来的发展趋势，具有创业价值，从而采取绿色创业行为。一些学者就政府政策与绿色创业之间的关系进行了有效探讨。例如，Schick 等[59]指出政策支持是驱动绿色创业行为的主要动力来源；Woolley 和 Rottner[215]发现政府有利的创业政策对创业活动具有极大促进作用；Nelson 和 Sumesh[28]指出政府政策支持是影响企业绿色创业行为的主要外部因素；Meek 等[216]认为政府激励政策能促进绿色创业行为的展开；Mason 和 Brown[217]认为创业者需要依托政策支持实现研发成果商业化；Gast 等[25]研究发现国家层面的激励措施与绿色创业行为密切相关。基于以上分析，可提出以下假设。

H1：政策支持对绿色创业行为具有显著的正向影响；

H1a：政策支持对绿色采购具有显著的正向影响；

H1b：政策支持对绿色生产具有显著的正向影响；

H1c：政策支持对绿色管理具有显著的正向影响；

H1d：政策支持对绿色营销具有显著的正向影响。

二、环境规制与绿色创业行为

环境规制是指迫使创业企业采取绿色行为的相关法律法规和制度。制度理论认为创业企业的生存能力能通过合法和负责的创业活动来增强，而企业合法性的一个重要机制是遵守法律制度。因此，企业的生存与发展必须遵守政府和非政府组织制定的法律制度框架与要求。环境规制迫使企业采取绿色行为的同时，也为企业创造了利用绿色战略战胜对手获得竞争优势的市场机会，这种预期竞争优势是绿色创业的内部和外部经济动力。一些学者探讨了法律规章在绿色创业行为中的重要性。例如，Harrison 和 Freeman[218]，Henriques 和 Sadorsky[219]，Banerjee 等[220]指出法律规章是绿色发展的主要驱动因素；高嘉勇和何勇[1]认为法律法规是驱动绿色创业行为的主要因素；李华晶[181]研究发现规制环境对绿色创业行为具有直接促进作用；胡玲玉等[221]实证研究表明制度规范对创业行为具有显著正向影响。基于以上分析，可提出以下假设。

H2：环境规制对绿色创业行为具有显著的正向影响；

H2a：环境规制对绿色采购具有显著的正向影响；

H2b：环境规制对绿色生产具有显著的正向影响；

H2c：环境规制对绿色管理具有显著的正向影响；

H2d：环境规制对绿色营销具有显著的正向影响。

三、社会监督与绿色创业行为

社会监督是指公众、社会组织等对企业的生产经营以及企业提供的绿色产品与服务是否符合绿色化标准进行的不具有直接法律效力的监督。社会资本理论认为与外部利益相关者建立关系提高了创业企业的生存能力。社会关系是所有经济交易的重要润滑剂。创业企业需要与外部利益相关者建立社会关系，这在功能上相当于在位企业去获取资源，以助力创业企业生存及其与在位企业的竞争。外部利益相关者关注生态可持续发展，企业则会通过制定和实施绿色战略来对外部驱动因素做出反应。因此，社会公众对绿色产品与服务的关注与监督能够促使创业者参与绿色市场的开发，实施绿色创业行为。此外，企业对社会监督的重视与反馈建立了企业与外部利益相关者的社会关系，增加了绿色创业社会资本。一些学者对社会公众支持与绿色创业之间的关系进行了探讨。例如，Walley 和 Taylor[61]指出公众生态意识的增强和市场绿色需求的增加促进了绿色创业；Dean 和 McMullen[63]研究发现消费者对绿色产品与服务的支付意愿更高，为绿色创业创造了条件；Nelson 和 Sumesh[28]认为公众支持是驱动企业绿色创业行为的重要外部因素；Gast 等[209]认为企业绿色创业是对来自利益相关者环境和社会改善需求的外部压力的响应。基于以上分析，可提出以下假设。

H3：社会监督对绿色创业行为具有显著的正向影响；

H3a：社会监督对绿色采购具有显著的正向影响；

H3b：社会监督对绿色生产具有显著的正向影响；

H3c：社会监督对绿色管理具有显著的正向影响；

H3d：社会监督对绿色营销具有显著的正向影响。

四、领导层生态意向与绿色创业行为

领导层生态意向是指企业领导层对人与自然环境和谐发展价值观的倾向。资源基础理论认为生态环境保护行为可以为企业赢得竞争优势，资源和环境管理应视为企业获取利润的战略要素之一。企业绿色战略由领导层规划和实施，领导层对企业所面临的环境问题的重视是企业绿色行为的核心。一些学者就领导层生态意向与绿色创业之间的关系进行了探讨。例如，Banerjee[222]指出领导层面对环境问题的管理观念影响着企业绿色行为；Gast 等[209]认为领导层的绿色承诺和绿色导向是企业开展绿色创业的主要驱动力；Nelson 和 Sumesh[28]认为企业家生态意向对绿色创业极其重要；Kirkwood 和 Walton[96]认为绿色创业行为的动机与个人生态价值观密切相关；Mcewen[223]认为绿色价值观是进行绿色创业的一个重要原因；Koe 和 Majid[224]论证了生态意识和生态价值观能够积极影响并激励绿色创业行为。基于以上分析，可提出以下假设。

H4：领导层生态意向对绿色创业行为具有显著的正向影响；

H4a：领导层生态意向对绿色采购具有显著的正向影响；

H4b：领导层生态意向对绿色生产具有显著的正向影响；

H4c：领导层生态意向对绿色管理具有显著的正向影响；

H4d：领导层生态意向对绿色营销具有显著的正向影响。

五、领导层生态意向的中介作用

根据社会认知理论对环境、认知和行为三者作用关系的阐释，创业行为受到创业者认知与外部环境相互作用的影响。领导层生态认知与意向决定了领导层在面对绿色创业政策支持时的心理反应及应对方式，从而制定企业的绿色创业方向与战略。政策支持通过作用于领导层对绿色创业资源和支持获取难易程度的判断来影响绿色创业行为。一些学者探讨了政策制度、创业者认知与创业行为的关系。

例如，Lim 等[225]研究发现制度环境会通过影响创业者的创业认知，进而影响创业决策和行为；方世建和桂玲[226]认为公共政策会通过激发创业动机对创业行为形成促进作用；倪嘉成和李华晶[227]认为政策支持有利于创业者将创业认知转化为创业行为；胡玲玉等[221]研究结果表明创业自我效能正向调节制度环境和创业意向的关系。基于以上分析，可提出以下假设。

H5：领导层生态意向对政策支持和绿色创业行为的关系具有正向中介作用；

H5a：领导层生态意向对政策支持和绿色采购的关系具有正向中介作用；

H5b：领导层生态意向对政策支持和绿色生产的关系具有正向中介作用；

H5c：领导层生态意向对政策支持和绿色管理的关系具有正向中介作用；

H5d：领导层生态意向对政策支持和绿色营销的关系具有正向中介作用。

第二节 研究设计与探索性分析

一、信度和效度检验

根据相关文献、专家座谈及实地调研走访，围绕绿色创业驱动因素和绿色创业行为设计调查问卷，以农业龙头企业为样本进行数据采集，共发放问卷 250 份，回收有效问卷 224 份。农业龙头企业绿色创业驱动因素和绿色创业行为的测量项目采用李克特 5 级量表法，根据研究对象所持态度，将“非常不同意”“不同意”“一般”“同意”“非常同意”分别赋值为 1 分、2 分、3 分、4 分、5 分。

本章需要量化的因子为政策支持、环境规制、社会监督、领导层生态意向、绿色采购、绿色生产、绿色管理和绿色营销，这 8 个维度共同得到 30 个测量项目，对这 30 个测量项目进行信度检验和效度检验以考察数据的可靠性和有效性。

信度检验。信度检验常采用 Cronbach's α 系数及校正后项目与总分相关性（CITC）检验项目的内在一致性来检验，并删除量表中不合适的项目。通常认为，量表的 Cronbach's α 系数大于 0.7 时，量表信度很高。CITC 是 Cronbach's α 系数信度检验的补充，当项目 CITC 小于 0.4 且项目删除后的 Cronbach's α 系数增大时，说明应删除该项目。经计算，本书数据的整体 Cronbach's α 系数为 0.954，CITC 值也较高，说明问卷整体的可信度很高。

效度检验。效度检验常采用建构效度来检验，包括收敛效度与区别效度。因子载荷值越大（0.5 以上），收敛效度越高；每一个项目只能在其所属的构面中出现一个大于 0.5 的因子载荷值，符合这个条件的项目越多，则量表的区别效度越高。本研究数据的效度检验表明，绿色生产因子下“企业注意生产过程副产品的控制和回收”的因子载荷值为 0.478，小于 0.5，因此删除该测量项目，剔除该测量项目后，8 个因子下的测量变量均满足了收敛效度与区别效度的要求。

二、探索性因子分析

本章的构念包含领导层生态意向、环境规制、社会监督、政策支持的绿色创业驱动因素。对绿色创业驱动因素的 4 个因子 14 个测量项目进行检验，数据显示，测量项目的 KMO 值为 0.870，Bartlett’s 球形检验的显著性水平（Sig=0.000）小于 0.001，说明数据适合做因子分析。4 个因子的累计方差贡献率为 77.703%，测量变量的因子载荷值均大于 0.6（表 7-1）。

表 7-1　农业龙头企业绿色创业驱动因素因子分析结果

因子	测量变量	载荷	累计贡献率/%	Cronbach’s α 系数
领导层生态意向	企业领导层很在意周边环境质量	0.829	23.020	0.914
	企业领导层很关注环境问题	0.832		
	企业领导层在生活中很注重节能减排	0.829		
	企业领导层在工作中大力推行节能减排政策	0.731		
环境规制	政府制定了比较完善的环境法规标准	0.697	42.624	0.856
	环保部门对环境管制非常严格	0.822		
	企业违反环境制度时被察觉的可能性非常大	0.805		
	政府部门对不服从环境管理的企业会实施严厉制裁	0.703		
社会监督	企业高度重视公众对本企业生产的绿色产品的监督	0.854	60.815	0.900
	企业高度重视媒体对本企业生产的绿色产品的监督	0.873		
	企业高度重视消费者协会对本企业生产的绿色产品的监督	0.743		
政策支持	企业实施环保行为可获得政府资金支持或税收减免	0.798	77.703	0.822
	政府对实施清洁生产或有利于环境改善的企业给予融资支持	0.892		
	政府高度重视对环保企业的表彰和宣传	0.802		

另外，绿色创业行为因子15个测量项目检验结果显示，测量项目的KMO值为0.912，Bartlett's球形检验的显著性水平（Sig=0.000）小于0.001，说明数据适合做因子分析。4个因子的累计方差贡献率为77.255%，测量变量的因子载荷值均大于0.6。

第三节　农业龙头企业绿色创业行为驱动因素结构方程模型分析

一、农业龙头企业绿色创业行为测度模型检验

通过探索性因子分析发现绿色采购、绿色生产、绿色管理和绿色营销4个因子具有 77.255%的累计方差贡献率，为进一步验证绿色采购、绿色生产、绿色管理和绿色营销能否很好地反映农业龙头企业绿色创业行为的内涵，对绿色采购、绿色生产、绿色管理和绿色营销与农业龙头企业绿色创业行为的关系进行假设，形成二阶验证性因子模型，并对模型进行拟合验证，如图 7-2 所示。适配度检验结果显示，CMIN/DF=2.271（＜3），RMSEA=0.055（＜0.08），GFI=0.910（＞0.9），CFI=0.960（＞0.9），NFI=0.931（＞0.9），IFI=0.960（＞0.9），与结构方程模型的拟合优度判断准则相比，拟合指标均达到结构方程模型判断标准，说明本研究的模型拟合度较好，模型整体适配度较高，4个因子与15个项目关系存在且稳固。分析农业龙头企业绿色创业行为模型的结构，数据显示（图7-2），15个项目在4个因子上、4个因子在绿色创业行为构念上的标准化估计值均在0.7以上（P＜0.01），说明4个因子较好地解释了15个项目，而绿色创业行为较好地解释了4个因子，农业龙头企业绿色创业行为模型建构合理。

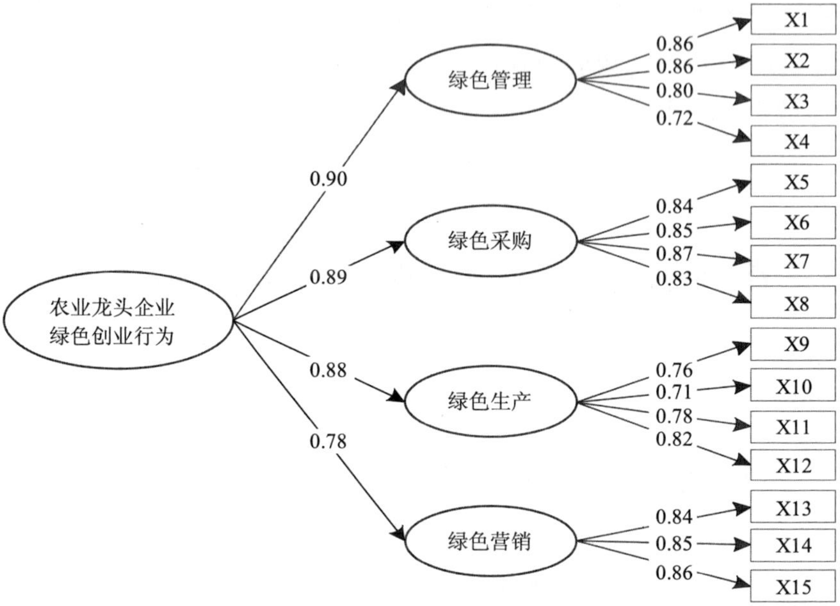

图 7-2　农业龙头企业绿色创业行为测度模型

二、农业龙头企业绿色创业驱动因素假设检验

1. 对绿色采购、绿色生产、绿色管理、绿色营销 4 个不同绿色创业维度驱动因素进行检验分析

由于初始模型的适配度检验不理想，对模型参数进行必要修正，修正后模型的检验结果显示，CMIN/DF=1.203，RMSEA=0.030，GFI=0.902，CFI=0.987，NFI=0.928，IFI=0.987，拟合指标均达到结构方程模型判断标准，假设模型结构关系路径如图 7-3 所示，假设检验结果如表 7-2 所示。环境规制、社会监督和领导层生态意向对绿色采购、绿色生产、绿色管理和绿色营销均具有显著正向影响，本章提出的假设 H2a、H2b、H2c、H2d、H3a、H3b、H3c、H3d、H4a、H4b、H4c 和 H4d 成立。政策支持对绿色采购、绿色生产、绿色管理和绿色营销的直接影响未通过显著性水平检验，但均通过领导层生态意向间接产生影响，本章提出的假设 H1a、H1b、H1c 和 H1d 不成立，而假设 H5a、H5b、H5c 和 H5d 成立。

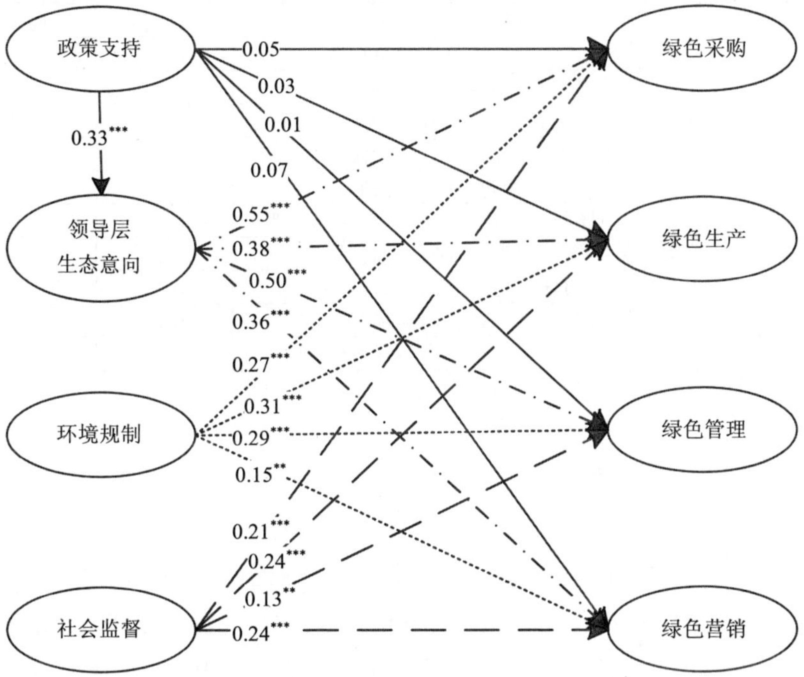

注：***和**分别表示在 1%和 5%统计水平下显著。

图 7-3　农业龙头企业具体绿色创业行为驱动因素分析

表 7-2　农业龙头企业绿色创业行为驱动因素假设检验结果

假设编号	假设描述	效应值	检验结果
H1	政策支持→绿色创业总行为	—	不显著
H1a	政策支持→绿色采购	—	不显著
H1b	政策支持→绿色生产	—	不显著
H1c	政策支持→绿色管理	—	不显著
H1d	政策支持→绿色营销	—	不显著
H2	环境规制→绿色创业总行为	0.25	成立
H2a	环境规制→绿色采购	0.27	成立
H2b	环境规制→绿色生产	0.31	成立
H2c	环境规制→绿色管理	0.29	成立
H2d	环境规制→绿色营销	0.15	成立
H3	社会监督→绿色创业总行为	0.26	成立
H3a	社会监督→绿色采购	0.21	成立
H3b	社会监督→绿色生产	0.24	成立
H3c	社会监督→绿色管理	0.13	成立
H3d	社会监督→绿色营销	0.24	成立

假设编号	假设描述	效应值	检验结果
H4	领导层生态意向→绿色创业总行为	0.51	成立
H4a	领导层生态意向→绿色采购	0.55	成立
H4b	领导层生态意向→绿色生产	0.38	成立
H4c	领导层生态意向→绿色管理	0.50	成立
H4d	领导层生态意向→绿色营销	0.36	成立
H5	政策支持→领导层生态意向→绿色创业总行为	0.17	成立
H5a	政策支持→领导层生态意向→绿色采购	0.18	成立
H5b	政策支持→领导层生态意向→绿色生产	0.13	成立
H5c	政策支持→领导层生态意向→绿色管理	0.17	成立
H5d	政策支持→领导层生态意向→绿色营销	0.12	成立

注：表中所表示的数据均具有统计显著性，“—”表示统计不显著而未在表中列出。

4 个驱动因素对 4 个绿色创业维度的重要性不同。对绿色采购和绿色生产而言，领导层生态意向的作用最大（标准化路径系数分别为 0.55 和 0.38），其次是环境规制和社会监督，政策支持的作用最小；对绿色管理而言，领导层生态意向的作用仍是最大的（标准化路径系数为 0.50），其次是环境规制和政策支持，社会监督的作用最小；对绿色营销而言，重要性排序依次为领导层生态意向、社会监督、环境规制和政策支持。

2. 对农业龙头企业绿色创业总行为驱动因素进行检验分析

同样，对初始模型进行修正，修正后模型的适配度检验结果显示，CMIN/DF=1.174，RMSEA=0.028，GFI=0.901，CFI=0.988，NFI=0.928，IFI=0.989，拟合指标均达到结构方程模型判断标准，模型构建较为合理。假设模型结构关系路径图及假设检验结果如图 7-4 和表 7-2 所示。根据农业龙头企业绿色创业总行为驱动因素结构方程模型的估计结果可了解以下 4 个方面内容。

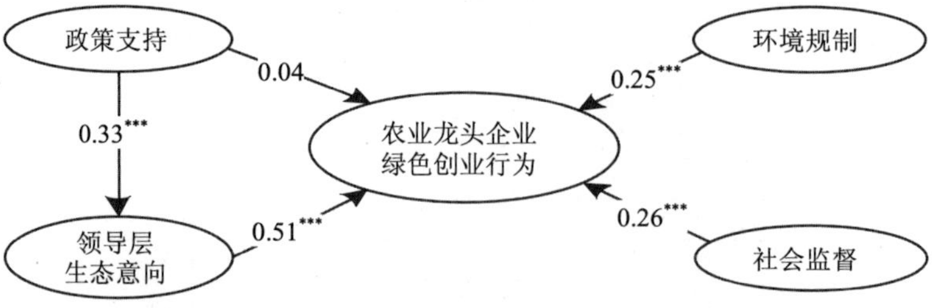

注：***表示在 1%统计水平下显著。

图 7-4 农业龙头企业绿色创业总行为驱动因素分析

（1）领导层生态意向是影响农业龙头企业绿色创业行为的重要因素（效应值为 0.51）。领导层生态意向的路径系数在 1%的统计水平上显著为正，表明领导层生态意向越强，农业龙头企业绿色创业表现越好，且相较于其他因素，领导层生态意向对绿色创业行为的影响最大，本章提出的假设 H4 成立。具有生态问题给企业带来机会与威胁管理理念的领导层能认识到企业面临的生态问题的重要性，就会在创业选择时倾向于主动采取绿色创业行为。

（2）环境规制对农业龙头企业绿色创业行为具有显著的正向影响，表明环境规制越强，农业龙头企业绿色创业表现越好，本章提出的假设 H2 成立。其主要原因在于：一方面，重视环境问题的农业龙头企业会将环境规制视为创业机遇，主动制定绿色创业战略，实施绿色创业行为，把开发绿色市场当作获得竞争优势的重要手段；另一方面，对于绿色创业行为不是其初衷的企业，他们迫于环境规制而采取绿色环保措施，这种被动行为却在客观上收到了绿色化的效果，使得环境规制促进了创业的绿色化。

（3）社会监督对农业龙头企业绿色创业行为具有显著的促进作用，社会监督越强，农业龙头企业绿色创业表现越好，本章提出的假设 H3 成立。其主要原因在于：一方面，公众、媒体、消费者协会等对企业绿色生产的监督说明企业在绿色市场上具有一定的市场关注度与认可度；另一方面，企业对社会监督的重视建立了企业与外部利益相关者之间良好的社会关系，这为企业绿色创业提供了机会、资源与资本。

（4）政策支持对农业龙头企业绿色创业行为的直接影响不显著，而是通过领导层生态意向的中介作用间接对农业龙头企业绿色创业行为产生积极影响（间接效应值为 0.17），本章提出的假设 H1 不成立，而假设 H5 成立。这也说明社会认知理论在本研究中得到验证。其主要原因在于政策支持更多的是为绿色创业提供一个宽松的创业环境和活动空间，本身并不会对绿色创业行为产生直接作用，而是由企业领导层通过对政策的把握形成绿色创业认知和创业意向，进而作用于绿色创业行为。此外，政策支持虽然可以让领导层对绿色创业产生良好的预期，有助于绿色创业行为的实施，但创业是一个长期的过程，政策落实后再采取创业行为可能错失机会，导致政策对创业行为的影响不明显。

第四节 结论与政策启示

本章首先提出了农业龙头企业绿色创业测度模型，然后构建了农业龙头企业绿色创业驱动机理模型，并运用结构方程模型进行实证检验，结果表明：环境规制、社会监督和领导层生态意向对农业龙头企业的绿色采购、绿色生产、绿色管理、绿色营销以及绿色创业总行为具有显著的正向影响，而政策支持对绿色采购、绿色生产、绿色管理、绿色营销以及绿色创业总行为的直接影响不显著，而是通过领导层生态意识间接产生积极促进作用；政策支持、环境规制、社会监督和领导层生态意向等因素对绿色采购、绿色生产、绿色管理、绿色营销以及绿色创业总行为的影响程度有所差异，其中，从绿色采购和绿色生产的驱动因素来看，领导层生态意向的影响最大，其次是环境规制和社会监督，政策支持的影响最小；从绿色管理的驱动因素来看，领导层生态意向的影响最大，环境规制和政策支持次之，社会监督的影响最小；从绿色营销的驱动因素来看，影响程度排序依次为领导层生态意向、社会监督、环境规制和政策支持；从绿色创业总行为的驱动因素来看，领导层生态意向的影响最大，其次是社会监督和环境规制，且两者影响大小相当，政策支持的影响最小。

基于以上分析结论，本章的政策启示为以下 4 点。

第一，领导层生态意向对促进农业龙头企业绿色创业行为至关重要，不仅在各驱动因素中对绿色创业行为的直接作用最大，而且在政策支持与绿色创业行为之间发挥中介作用。因此，政府鼓励和引导企业绿色创业的关键在于提高企业领导层的生态意向，使企业绿色创业行为化被动为主动。政府要积极倡导绿色、低碳、生态环保的社会氛围与经济发展方式，加强企业领导层生态意向和绿色理念，还要重视绿色创业政策的推广宣传，通过教育和扶持等方式提高企业领导层对绿色政策的感知和运用能力。

第二，政府应一方面采取政策支持方式鼓励绿色创业；另一方面采取环境规制控制企业破坏生态的商业行为，激励措施与管制措施双管齐下增强企业绿色创业信心与风险承受能力。

第三，社会和市场的绿色倾向与需求是企业绿色创业可持续的立足之本，因此，政府在鼓励绿色创业的同时也要重视绿色市场的培育，加大绿色生活宣传力度，提高公众环保理念与生态价值观，通过奖励或补贴等方式引导公众绿色消费，为绿色创业行为提供良好的市场前景。

第四，因为不同维度绿色创业行为的驱动因素存在一定的差异，因此，政府在引导和促进企业进行不同的绿色创业行为时，所采取的措施要有所差异，要有所为有所不为，不能千篇一律。

第八章

政府介入和消费者环境卷入情景下农业龙头企业绿色创业对企业绩效的影响

当前，绿色创业的外部性导致企业绿色创业积极性不高，绿色创业效果不佳，因此，在发挥市场作用的前提下，推进绿色创业离不开政府和消费者等外部力量。基于此，本章在政府介入和消费者环境卷入情景下，重点考察农业龙头企业绿色创业对企业绩效的影响。首先，要研究农业龙头企业绿色创业不同维度对企业绩效的影响程度及其差异性；其次，引入政府介入变量，检验其在绿色创业对企业绩效影响中是否起到调节作用；最后，引入消费者环境卷入变量，检验其在绿色创业对企业绩效影响中是否起到调节作用。

第一节　引言及文献回顾

绿色创业的本质特征是通过创业活动可持续地改进和提高生态环境质量，从而实现经济、社会与环境的协调发展。近年来，绿色创业日益成为创业研究领域的热点，学者们从绿色创业内涵和理论框架[209,228,229]、绿色创业未来研究方向与发展战略[32]、绿色创业运营模式[28]、绿色创业组织设计[40]以及绿色创业动机[25,35]等方面进行了大量的有益探讨。随着对绿色创业研究的不断深入和对研究视角的不断细化，学者们开始探讨不同领域、不同行业或不同国家企业的绿色创业行为。例如，Cheryl[203]采用案例分析的方法探讨了中小企业的绿色创业问题；Ansari 等[212]研究了农村企业绿色创业影响因素及各因素的内在逻辑关系；Koe[98]探讨了马来西亚中小企业绿色创业倾向的影响因素；Schimmenti 等[211]研究了葡萄酒行业的绿色创业问题；Stubbs[210]探讨了共益企业如何实施绿色创业问题。

关于绿色创业对企业的影响，目前学术界从理论或定性分析上一致认可绿色创业活动对企业发展是有利的，但关于其效果的实证或定量研究却仍处于起步探索阶段，虽然国内有少数学者对其进行了有益探索[60,78]，但这远不能满足当前学科和实践发展的需要。从现实情形来看，由于绿色创业的外部性导致企业绿色创业积极性不高，实施进展缓慢，绿色创业效果不佳，这与党的十九大报告提出的高质量发展的迫切需求极不适应。因此，在发挥市场作用的前提下，推进绿色创业离不开政府和消费者等外部力量。基于此，本书在政府介入和消费者环境卷入情景下，重点考察农业龙头企业绿色创业对企业绩效的影响。具体来讲，主要聚焦于 3 个方面。一是研究农业龙头企业绿色创业不同维度对企业绩效的影响程度及其差异性。二是引入政府介入变量，检验其在绿色创业对企业绩效影响中是否起到调节作用。三是引入消费者环境卷入变量，检验其在绿色创业对企业绩效影响中是否起到调节作用。

第二节　理论分析与研究假设

一、绿色创业与企业绩效

（一）绿色创业内涵及测度

绿色创业是一个多维度的概念，目前关于绿色创业的测度还没有统一的标准和指标体系，不过一些学者对其进行了初步探讨。例如，Schaltegger[64]提出从环境目标优先序和市场影响力 2 个维度测量绿色创业；York 和 Venkataraman[208]指出绿色创业要注重资源的利用与配置、清洁能源的使用、清洁生产技术的应用与研发等；Gast 等[209]指出绿色创业要以企业采购、生产、营销、人员、管理的绿色发展为导向，追求竞争优势；Nelson 和 Sumesh[28]认为绿色创业包括绿色输入物流、绿色生产、绿色输出物流、绿色营销和绿色服务；Isaak[97]认为绿色创业涉及设计、技术、生产等多个环节，每个环节都必须绿色化。因此，借鉴现有研究成果，本书测量农业龙头企业绿色创业行为的维度主要包括绿色采购、绿色生产、绿色管理和绿色营销等方面。绿色采购是指企业在制定采购政策、实施采购行为时考虑原材料获取过程对环境的影响。绿色生产是指采用清洁技术和节能工艺来生产绿色产品或提供绿色服务。绿色管理是将生态环保理念融入企业管理的各个层面与过程中。绿色营销是指以生态环境保护为宗旨的符合消费者、社会和企业共同利益的营销模式。

（二）绿色创业对企业绩效的影响

关于企业是否应当进行绿色创业，现代福利经济学基于利益相关者理论视角认为企业追求综合效益必须兼顾利益相关者的合理需求[25,35]。伦理学“商业道德观”也认为企业必须履行保护社会资源以及增加社会财富的责任。关于绿色创业对企业绩效的影响，许多学者认为，进行绿色创业的企业要完善公司治理并提高核心竞争力，就应当将利益相关者的权益纳入其经营战略[60,23]，得到社会支持，以维护企业的组织合法性[93,94]，才能提升社会形象，改善生存环境、提高创新活力，从而实现可持续发展。因此，提出如下假设。

假设 1：农业龙头企业绿色创业对企业绩效有正向影响。

假设 2：不同维度绿色创业对企业绩效的影响存在差异性。

二、政府介入调节作用

本书定义的政府介入，是指为提高生态环境质量，促进可持续发展，政府通过表彰、宣传等手段参与农业龙头企业绿色创业过程。通常而言，政府介入绿色创业在促进企业生产方式转型、提高资源利用效率和推进可持续发展方面有积极作用。从现实观察来看，当政府对绿色创业企业采取表彰和宣传这一方式介入时，一方面，企业能把政府的表彰和宣传化作为企业员工的精神动力，提高员工生产的积极性和绩效；另一方面，政府的表彰和宣传能使企业获取更多的政策支持，同时能提升企业的社会地位和社会形象，促进企业发展。据此，提出如下假设。

假设 3：在不同政府介入水平下，农业龙头企业绿色创业对企业绩效的影响存在差异性。

三、消费者环境卷入调节作用

消费者环境卷入是指消费者个人认为环境问题的重要性以及与自身的相关程度[231]。高环境卷入的消费者认为环境问题非常重要，从而对环境问题保持着高度关注。Bhate[232]发现高环境卷入的消费者更愿意行使亲环境的行为。D'souza 和 Taghian[233]研究提出，高环境卷入消费者由于担心环境问题，有着改善环境的内在动力和需求，因此对绿色广告更加喜爱，而较低卷入的消费者对绿色产品环境属性的关注缺乏内在的动力，因此，他们对绿色信息的选择和使用与个人特征密切相关。但 Schuhwerk 等[126]得出的结论与此相反，他们通过对本科生的微观调查研究发现，无论是对绿色诉求还是省钱诉求，高环境卷入群体购买绿色产品的意愿都无显著差异。本书用“消费者是否非常关注企业生产的环境友好产品”这一指标来测量消费者环境卷入水平。消费者不同的环境卷入水平对绿色创业企业的关注度存在差异，从而影响消费者对绿色创业企业产品的购买意愿和购买水平，进而对企业绩效产生影响。据此，提出如下假设。

假设 4：在不同消费者环境卷入水平下，绿色创业对企业绩效的影响存在差异性。

第三节　研究设计

一、研究方法

本书采用偏最小二乘法的结构方程模型进行分析。相较基于极大似然估计法的结构方程模型，偏最小二乘法的结构方程模型更适合复杂分析与探索性研究，对样本的需求量也小。

二、问卷开发与数据收集

关于农业龙头绿色创业的测量项目，本书从绿色采购、绿色生产、绿色管理、绿色营销 4 个维度进行衡量，并在每个维度下再设二级指标。测量方法采用李克特 5 级量表法，对回答选项“非常不同意”“不同意”“不确定”“同意”“非常同意”

分别赋值为 1 分、2 分、3 分、4 分、5 分。对于企业绩效的测量，主要参考 Covin 等[82]的做法，从成长绩效和财务绩效 2 个维度进行衡量。对回答选项“很低”“较低”“一般”“较高”“很高”分别赋值为 1 分、2 分、3 分、4 分、5 分。政府介入用“地方政府是否高度重视对绿色创业企业的表彰和宣传”这一指标进行测量；消费者环境卷入用“消费者是否非常关注企业生产的环境友好产品”这一指标进行测量（图 8-1）。

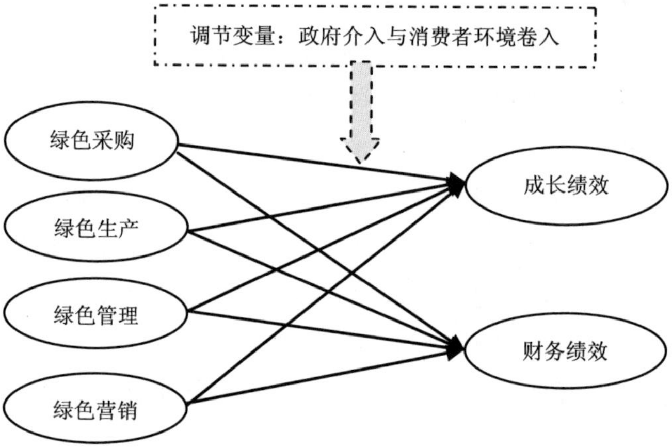

图 8-1　研究模型

三、信度与效度分析

本书采用复合信度系数作为信度检验的指标。如表 8-1 和表 8-2 所示，各个潜变量的 Cronbach's α 值多数在 0.800 以上，表明该量表的信度较好。另外，表 8-3 中各潜变量复合信度值（C.R.）均大于 0.800，说明各潜变量和测量项目具有较好的信度。判别效度可以判断各个潜变量的差异程度。如表 8-3 所示，对角线上的数字均为各变量 AVE 值（平均提取方差值），它们都大于对角线下该变量与其他变量间的相关系数的平方，这说明其具有良好的判别效度。各个潜变量的 AVE 值均大于 0.5，说明各潜变量具有较好的收敛效度[234]。

表 8-1　农业龙头企业绿色创业行为因子分析结果

因子	测量变量	载荷	累计贡献率/%	Cronbach's α 系数
绿色管理	企业制定了环境管理制度	0.697	22.821	0.915
	企业在考核和奖励时注重环境指标	0.748		
	企业管理层对环保比较关注	0.815		
	企业对员工加强绿色理念和技能培训	0.809		
	企业注重树立绿色文化	0.674		
绿色生产	企业经常进行清洁和健康生产审计	0.663	42.076	0.872
	企业投入大量资源进行 ISO 14001 环境管理认证	0.799		
	产品包装注重环保材料	0.617		
	企业大量投资于环境友好产品的创新和研发	0.742		
	企业与环保研发机构结成合作伙伴	0.646		
绿色采购	企业采购过程中避免水、空气和土壤的污染	0.818	60.335	0.908
	企业在可能的环节使用健康环保材料	0.765		
	企业使用清洁能源	0.733		
	企业物流和仓储环节使用绿色化	0.639		
绿色营销	企业在广告中强调产品和服务的健康环保特性	0.746	76.102	0.884
	企业产品和服务的营销战略受环境保护的影响	0.849		
	企业广告中突出对环保健康的承诺	0.796		

表 8-2　成长绩效与财务绩效因子分析结果

因子	测量变量	载荷	KMO 值	贡献率/%	Cronbach's α 系数
成长绩效	与过去 1～3 年相比，您公司的营业收入增长速度如何	0.854	0.736	69.437	0.844
	与过去 1～3 年相比，您公司的净利润如何	0.896			
	与过去 1～3 年相比，您公司的投资收益率如何	0.879			
	与过去 1～3 年相比，您公司员工数量增长如何	0.688			
财务绩效	与同行业内相比，您公司的营业收入增长速度如何	0.904	0.756	73.776	0.880
	与同行业内相比，您公司的利润增长速度如何	0.911			
	与同行业内相比，您公司的市场份额如何	0.839			
	与同行业内相比，您公司的员工数量增长如何	0.776			

表 8-3　潜变量相关系数及 AVE 值

潜变量	C.R.	绿色采购	绿色生产	绿色管理	绿色营销	成长绩效	财务绩效
绿色采购	0.910	0.717					
绿色生产	0.876	0.791	0.586				
绿色管理	0.917	0.784	0.781	0.688			
绿色营销	0.887	0.697	0.695	0.679	0.723		
成长绩效	0.859	0.214	0.334	0.177	0.226	0.611	
财务绩效	0.882	0.243	0.362	0.197	0.222	0.772	0.656

第四节　模型检验结果分析

首先使用全部样本数据对假设 1 和假设 2 进行检验，计算获得各假设的路径系数，如表 8-4 中路径系数下的第 1 列所示。为了检验假设 3 和假设 4，先把总体样本根据政府介入程度分为高介入和低介入两组，再根据消费者环境卷入程度分为低环境卷入和高环境卷入两组，分别在政府高介入和低介入、消费者高环境卷入和低环境卷入情形下，检验绿色创业对企业绩效影响的差异性（表 8-4）。

表 8-4　路径系数及其显著性

路径	路径系数				
	全部样本	高政府介入度	低政府介入度	高环境卷入度	低环境卷入度
绿色采购→成长绩效	−0.027	0.041	0.078	0.259***	−0.116
绿色生产→成长绩效	0.490***	0.463***	0.444***	0.611***	0.395***
绿色管理→成长绩效	0.191***	0.258***	0.358***	0.352***	0.187**
绿色营销→成长绩效	0.045	0.021	0.017*	−0.137*	0.111
绿色采购→财务绩效	0.019	0.075	0.015	0.367***	−0.121
绿色生产→财务绩效	0.493***	0.482***	0.437***	0.548***	0.403***
绿色管理→财务绩效	−0.178***	−0.305***	−0.255***	−0.391***	−0.152**
绿色营销→财务绩效	0.014	−0.024	0.114	−0.072*	−0.001

注：*、**、***分别表示通过 10%、5%和 1%水平的显著性检验。

（1）根据模型中的全部样本下的路径系数及其显著性水平（表 8-4），假设 1 和假设 2 中多数通过了检验。从模型具体结果来看，绿色生产、绿色管理对企业成长绩效的影响系数通过了 1%水平的显著性检验，表明绿色生产和绿色管理有助于企业成长绩效的提高，并且绿色生产的影响更大。绿色生产对企业财务绩效的影响通过了 1%水平的正显著性检验，而绿色管理对财务绩效的影响为负，表明绿色生产有利于企业财务绩效的提高，而绿色管理会降低企业的财务绩效，可能原因在于实施绿色管理的企业可以提升企业社会形象，得到社会公众的认可，从而促进企业成长，但从企业经济效应来看，由于绿色管理在一定程度上额外增加了企业运营成本，所以在短期内可能会导致其财务绩效下降。另外，绿色采购和绿色营销没有通过显著性检验，表明绿色采购和绿色营销对企业成长绩效和财务绩效影响不显著，可能原因在于企业实施绿色采购和绿色营销的成本更大，在一定程度上抵消了其给企业带来的收益，从而导致其影响不显著。

（2）从表 8-4 中路径系数下的第 2 列和第 3 列模型结果可知，在不同政府介入水平下，绿色创业对企业成长绩效和财务绩效的影响存在差异性，假设 3 通过检验，表明绿色创业对企业成长绩效和财务绩效的影响是依政府介入程度而动态变化的。具体来看，相较于低政府介入，高政府介入情形下的绿色生产对企业成长绩效和财务绩效的影响更大，而绿色管理对企业成长绩效的影响更小，对财务绩效影响甚至为负，可能原因在于企业实施绿色生产时，处于生产第一线的员工受政府的表彰和宣传的精神激励更大，更能提升广大员工的生产热情和集体荣誉感，从而有利于企业更好地发展，提升企业成长绩效；而企业实施绿色管理时，政府低介入使企业更能发挥其绿色管理优势，减少不必要的交易成本，从而促进企业成长和降低绿色创业对企业财务绩效的不利影响。

（3）从表 8-4 中路径系数下的第 4 列和第 5 列来看，随着消费者环境卷入程度的变化，绿色创业对企业绩效的影响不是一成不变的，而是存在一定差异性的，即在消费者高环境卷入度情形下，绿色创业总体上对企业绩效的影响效果更好，其主要原因在于，当消费者环境卷入度越高时，其对绿色创业企业生产的产品更加关注和认可，一方面能促进消费者更有意愿购买绿色创业企业的产品；另一方面，绿色创业企业能得到消费者的关注和好评，有助于提升其社会形象，扩大企业的影响力，使企业保持旺盛的生命力和竞争优势。

第五节 结论与政策启示

本章基于政府介入和消费者环境卷入情景下，重点考察农业龙头企业绿色创业对企业绩效的影响。首先，研究农业龙头企业绿色创业不同维度对企业绩效的影响程度及其差异性；其次，引入政府介入变量，检验其在绿色创业对企业绩效影响中是否起到调节作用；最后，引入消费者环境卷入变量，检验其在绿色创业对企业绩效影响中是否起到调节作用。主要的研究结论和启示体现在以下几点。

（1）农业龙头企业绿色创业对企业绩效具有广泛的、较强的影响力。一方面，绿色生产体现了对成长绩效强劲的影响力，对企业成长绩效的影响力居各个绿色创业维度之首；另一方面，绿色生产对财务绩效具有较强的影响力，而绿色管理对财务绩效的影响为负。由于绿色创业各维度对企业绩效的财务绩效和成长绩效的影响存在差异性，因此，企业管理层应当从绿色创业不同维度考虑如何有效地实现最佳的影响效果，提升企业绩效。

（2）政府介入在绿色创业对企业绩效的影响中起到调节作用。从模型结果来看，在不同的政府介入水平下，影响模型中的路径系数是动态变化的。当政府介入程度较高时，绿色生产对企业成长绩效和财务绩效有显著影响，绿色管理对企业成长绩效有正向影响，而对财务绩效的影响为负。这一结论的重要启示在于：企业实施绿色创业过程中，一方面要充分发挥政府介入在绿色生产和绿色管理上对企业成长绩效的促进作用，另一方面还要注意防止政府的过度介入给企业带来的不利影响，应当在企业绿色创业不同环节中有所侧重。例如，在绿色生产环节，政府应高度介入，加强对企业绿色生产的表彰和宣传，树立典型，促进企业绩效提高；而在绿色管理环节，政府应当低度介入，不过分干涉，充分发挥企业在绿色管理过程中的主动性和创造性。

（3）消费者环境卷入在绿色创业对企业绩效的影响中起调节作用。从模型来看，消费者在高环境卷入与低环境卷入情景下，绿色创业对企业绩效的影响存在显著差异性。处于高环境卷入的农业龙头企业，其成长绩效和财务绩效受绿色创业的影响总体上高于低环境卷入的企业。这是因为处于高环境卷入情景下，企业任何绿色创业都会受到消费者的关注，这促进消费者更加有愿意购买绿色创业企业的产品，支持企业发展，而处于低环境卷入的情景下，消费者只关心与自身相匹配的信息，对企业是否实施绿色创业并不关注。这一结论的启示在于：企业应当对消费者目标市场进行细分，然后根据不同目标市场有针对性地实施绿色创业活动，从而使绿色创业投入资源达到最佳配置效果。

第九章

新制度经济学视角下农业龙头企业绿色创业对企业绩效的影响

本章从新制度经济学的视角，提出绿色创业行为有助于提高农业龙头企业绩效的理论假设，然后进行了实证检验，结果发现：一方面，企业绿色创业总体上有助于企业绩效提高，而且在制度环境越好的情景下，企业绿色创业对提高企业绩效的作用越明显；另一方面，企业不同维度的绿色创业对企业绩效的影响存在一定差异性，即企业绿色采购对所有企业绩效都有显著作用，而绿色生产和绿色管理只对绩效较好的企业在提升上作用更大，绿色营销对所有企业绩效都没有显著作用。

第一节　引言及文献回顾

改革开放以来，我国国民经济取得快速增长，但随着资源消耗、环境污染、产品安全等问题的不断出现，生态环境和可持续发展面临严峻挑战，迫切需要寻找一种兼顾环境、社会、经济等多重诉求的可持续发展模式，而绿色创业（生态创业）是一种可持续发展模式，它兼顾环境、社会、经济“三重底线”[201]，注重自然保护、社会发展和经济增益，因此，绿色创业问题引起了当前我国政府部门、学术界与企业界的广泛关注。

随着生态价值观的日益传播以及绿色市场的不断涌现，绿色创业在生态和市场的双重作用下，于20世纪末应运而生。迄今为止，对于绿色创业的描述，学术界先后采用环境创业、生态创业、可持续创业、绿色创业等术语，即使是对于绿色创业的内涵，很多学者也都有自己的观点。例如，Quinn[56]早期在《哈佛商业评论》上提出的观点为绿色经营为企业可持续发展奠定了基础，他认为生态活动除了是经济活动的一种消耗外，还可以为企业发展提供一片富有利润的新市场；Hart S L[27]强调绿色创业是为了环境、社会和经济利益的共同发展，其宗旨在于实现企业发展和资源利用的可持续性；陈晟杰[60]将绿色创业导向定义为公司在运营、组织架构和资源分配等方面体现的一种勇于肩负社会责任、关注环保事业、积极进取的经营哲学。

关于企业是否应当进行绿色创业，早期自由市场经济学派认为，企业主要目标是创造财富、追求利润，而承担带有公益性的绿色创业会增加企业负担，降低企业利润，影响企业发展。现代福利经济学"利益相关者理论"认为，企业必须兼顾与企业经营活动相关的利益相关者的合理需求，追求综合效益[25,35,86,181]。伦理学"商业道德观"也认为，企业既是一个以追求利润为目标的经济组织，又是一个社会组织，必须履行保护社会资源以及增加社会财富的责任[87-89,98]。近年来，随着可持续发展理念的不断普及和人们环境保护意识的日益增强，学术界基本上统一了认识，一致认为企业需要履行绿色创业的责任和义务。因为企业只有进行绿色创业，将利益相关者的权益纳入其经营战略，才能完善公司治理并提高核心竞争力[90,92,225]，才能为企业提供广阔的资源[57]，得到社会支持，以维护企业的组织合法性[93,94]，从而提升社会形象，改善生存环境，提高创新活力，进而实现可持续发展[55,174,235,236]。

尽管学术界从学理上一致认为绿色创业活动有利于企业发展，但是有关绿色创业效果评价的实证研究却仍未有定论，国外对此问题的研究也较少，国内只有少数学者进行了初步验证[26,178,230]。但是目前这一研究仍存在需要改进的空间。因此，本章基于新制度经济学视角，论述企业绿色创业是市场经济条件下利益相关者对企业逐利行为进行非正式约束的制度选择，企业是否积极履行绿色创业责任，取决于利益相关者能否建立起一套行为规则，促使企业积累社会资本，引导企业不断通过权衡社会资本的边际收益和绿色创业的边际成本，实现资源投入和产出的帕累托最优状态。

近几年，关于"三农"领域创业问题的研究主要集中在农户创业[237]、农村家庭创业[238]及农民工创业[239,240]等方面，而关于农业龙头企业绿色创业的问题基本很少见。因此，本章的贡献和创新点主要体现在 3 个方面：一是运用新制度经济学理论，论述农业龙头企业绿色创业、社会资本和企业绩效的内在关系，在此基础上提出企业绿色创业有助于提升企业绩效的理论假设；二是建立科学合理的企业绿色创业评价指标体系，衡量农业龙头企业绿色创业行为；三是构建计量经济模型，实证探讨绿色创业对农业龙头企业绩效的影响，为企业积极实施绿色创业、大力优化资源配置、切实转变生产方式提供新的经验证据。

第二节　绿色创业对农业龙头企业绩效影响机制的理论分析

一、农业龙头企业绿色创业行为决策分析

Freeman R E[25]提出了利益相关者理论，认为企业的经营决策要考虑利益相关者的利益。利益相关者是指那些能够影响企业和受企业影响的个人或团体，主要包括股东、员工、消费者、供应商、政府和公众等利益相关者群体，如何满足这些利益相关者的要求，就成为企业实施绿色创业的一个主要问题。为此，本章基于利益相关者理论来构建农业龙头企业绿色创业均衡分析框架。

对农业龙头企业来讲，其全部生产要素主要用于两个方面：一是用于生产企业最终产品（私人产品）；二是用于绿色创业（生产公共产品）。公共产品主要表现为企业社会绩效，它既可以是实物存在，如企业进行的绿色采购和产品绿色包装，也可以是非实物存在，如企业加强绿色管理和绿色技术的引导和开发等。

企业绿色创业可以转化为企业的社会资本，但这种转化与企业所处的制度环境有关，这种制度环境主要表现为当地政府对企业绿色创业的政策支持力度及其透明度。企业所处制度环境越好，企业每单位绿色创业投入越容易转化为企业的社会资本，因为良好的制度环境下，利益相关者对企业绿色创业履行状况关注度越强，反应越及时，越愿意花费更高的价格选择那些绿色创业实施较好的企业所生产的产品，从而提高了企业产品的总价值。最终，企业的虚拟社会资本和实体生产要素共同作用，得到企业的最终私人产品（图 9-1）。

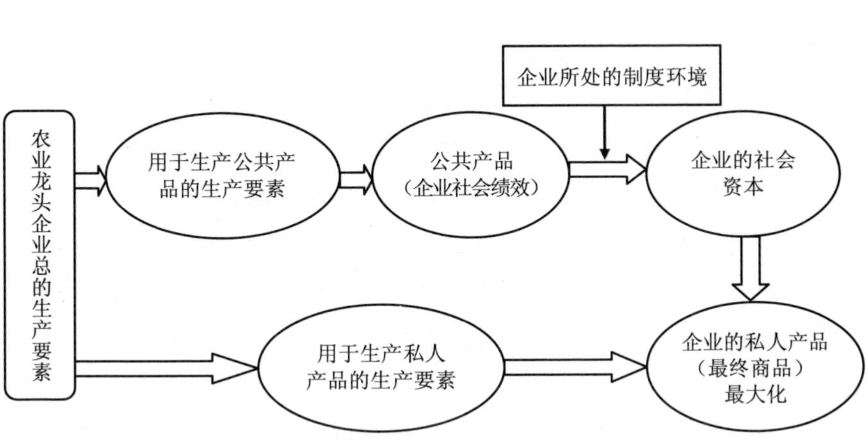

图 9-1 企业绿色创业活动与生产商品的行为选择过程

图 9-1 为企业绿色创业活动与生产商品的行为选择过程。当企业投入绿色创业的生产要素的边际产出高于企业用于其他商品生产的要素的边际产出时，企业就会积极从事更多的绿色创业活动，反之则相反。当两者的边际产出相同时，资源配置达到帕累托最优，企业产出达到最大化。

二、绿色创业对农业龙头企业绩效影响的新制度经济学分析

根据新制度经济学的交易成本理论，市场交易存在一定的费用，企业作为替代市场失灵的一种组织形式，通过某个权威（如企业家）支配资源，可以节约交易成本并提高经济效益。此外，利益相关者为了企业发展会付出一定的成本或承担一定的风险，企业可以在资源产权明晰的情况下通过合约的形式补偿利益相关者，因此制度就成为平衡各方利益的工具，对企业资源配置和经济效率产生重要影响[241]。

农业龙头企业在生产经营过程中为实现自身利益最大化，往往会产生负外部性（外部不经济性），从而损害利益相关者的利益。由于市场上存在交易费用且信息不对称，所以企业与利益相关者之间无法达成完美契约，外部性问题就不能由市场机制自行解决。在我国现有的绿色创业法律法规不完善的情况下，依据“科斯定理”，只要交易成本不高，外部性问题就可以让利益相关者与企业之间以私人方式来解决。

针对企业利润目标与社会整体利益目标之间的矛盾，为促进农业龙头企业绿色创业，让企业承担和履行绿色创业活动就成为利益相关者对企业生产行为进行非正式约束的制度选择。企业是否积极承担和履行绿色创业，取决于利益相关者能否建立一套关于企业道德、伦理、声誉、信任和互助机制的行为规则，从而减少信息不对称和交易成本，及时把绿色创业投入转化为企业的社会资本，改善企业的社会地位，引导企业不断通过权衡社会资本的边际收益和实施绿色创业的边际成本优化内在价值，从而实现资源投入和产出的帕累托最优状态。

基于上述分析讨论，在借鉴苏冬蔚和贺星星[241]研究思路的基础上，本章拟构建农业龙头企业绿色创业对企业绩效的均衡理论模型，探讨作为一种制度安排，企业绿色创业如何增加社会资本、提升企业绩效并扩大生产可能性边界。

假定企业 j 同时制造产品 y 和社会资本 r，其生产函数分别为

$$f(y_j, r_j, x_j \mid C) = 0 \tag{9-1}$$

$$r_j = g(z_j, x_j \mid C) = 0 \tag{9-2}$$

其中，式（9-1）和式（9-2）分别为产品生产函数和社会资本生产函数，$f(\cdot)$ 和 $g(\cdot)$ 均满足新古典生产函数的性质。x 代表企业要素投入，y 代表企业产品，z 代表企业绿色创业。式（9-1）和式（9-2）表明，企业提高其产品内在价值的途径有两种：一种是企业通过要素投入（x）提高资源投入的产出效率，从而得到更多的私人产品（y）；另一种是企业通过要素投入（x）实施绿色创业活动（z），而绿色创业活动可以提高其社会声誉，强化利益相关者之间的信任和认同，从而更能吸引高素质的员工和大量顾客的关注，同时也较容易获得土地、税收优惠和银行贷款等有利于企业发展的稀缺资源，进而增加企业的社会资本向量（r）并提高企业绩效，但企业绿色创业、社会资本和企业绩效的转化途径又依赖于所处的制度环境（C）。

假设社会资本（r）对企业绩效的贡献为 $v = v(r)$，其中 $v(\cdot)$ 为 r 的严格凹函数，且公式为

$$\frac{\partial v}{\partial r\big|_{r=0}} > 0$$

如果 $\frac{\partial v}{\partial r} = 0$，即企业对社会资本的估值为 0，企业就不会主动实施任何绿色

创业活动。因此，上式条件表明，企业对社会资本的估值大于 0，在此情况下，实施绿色创业活动将改变企业的生产可能性边界，原因分析如下。

如果定义生产要素 x、私人产品 y 和企业绿色创业行为 z 的价格向量分别为 w、p 和 q，则企业最大利润目标函数为

$$\max_{x,z,y} \pi_j = p_j' y_j + v(r_j) - w_j' x_j - q_j' z_j \tag{9-3}$$

假设存在实数 λ，使下式成立，即利用拉格朗日乘数法可以得到上述优化问题的一阶求导条件为

$$\frac{\partial \pi_j}{\partial y_j} = p_j + \lambda \frac{\partial f}{\partial y_j} = 0 \tag{9-4}$$

$$\frac{\partial \pi_j}{\partial x_j} = \frac{\partial v}{\partial r_j} \cdot \frac{\partial g}{\partial x_j} - w_j + \lambda \left[\frac{\partial f}{\partial x_j} + \frac{\partial f}{\partial r_j} \cdot \frac{\partial g}{\partial x_j} \right] = 0 \tag{9-5}$$

$$\frac{\partial \pi_j}{\partial z_j} = \frac{\partial v}{\partial r_j} \cdot \frac{\partial g}{\partial z_j} - q_j = 0 \tag{9-6}$$

由式（9-6）可知，由于企业绿色创业有利于增加社会资本，社会资本又有助于提高企业绩效，因此企业是否愿意进行绿色创业，取决于绿色创业对企业绩效的边际贡献 $\frac{\partial v}{\partial r} \cdot \frac{\partial g}{\partial z}$ 与绿色创业的边际成本 q。另外，假如企业要素投入无法影响其社会资本，即 $\frac{\partial g}{\partial x} = 0$，则式（9-5）可简化为

$$\frac{\partial \pi_j}{\partial x_j} = -w_j + \lambda \frac{\partial f}{\partial x_j} = 0 \tag{9-7}$$

如果要素投入能增加企业社会资本，即 $\frac{\partial g}{\partial x} > 0$，那么式（9-5）和式（9-6）表明，企业将愿意增加要素投入绿色创业中。

由此可见，企业的生产决策同时包含了生产要素 x、私人产品 y 和绿色创业 z。若 z=0，即企业不进行绿色创业，那么企业的利润为

$$\max_{x,y} \pi_j = p_j y_j + v(r_j | z_j = 0) - w_j x_j \tag{9-8}$$

若 $z>0$，即企业选择绿色创业，那么企业的生产可能性边界将取决于各投入要素的比例及其相互影响，企业绿色创业的内容和范围则必须满足以下条件：

$$z>0\text{，如果}\frac{\partial \pi}{\partial z}>0_{z=0,x^0,y^0} \Leftrightarrow z>0\text{，如果}\frac{\partial v}{\partial r}\cdot\frac{\partial g}{\partial z}>q_{z=0,x^0,y^0} \tag{9-9}$$

其中，x^0 和 y^0 为 $z=0$ 时式（9-8）的解。换言之，若企业绿色创业的边际收益超过其边际成本，并且社会资本有助于提升企业绩效，那么企业将更愿意实施绿色创业，此时总成本包含私人产品的生产成本和公共产品的社会成本（货币化的绿色创业），生产函数 $f(\cdot)$ 包括各种要素投入和绿色创业投资所形成的生产可能性边界。当总成本等于利润最大化条件下的最低成本时，要素投入和产出处于帕累托最优，此时生产可能性边界 $f(y^*, x^*, z^* | C)$ 为企业在总成本约束下所能达到的最优边界，企业所应承担的绿色创业 z^* 为企业绩效最高时最优绿色创业的货币化总量，任何偏离该状态的行为均带来帕累拖改进的空间。

另外，值得注意的是，上述情形是假设企业所处的制度环境较好，绿色创业 z 能迅速并充分转化为企业社会资本 r，但当企业所处的制度环境较为恶劣时，企业绿色创业 z 能转化为企业社会资本 r 将很少。那么在此制度环境 C^* 下，会出现：

$$\frac{\partial f}{\partial r}\cdot\frac{\partial r}{\partial z}\Big|_{z=0,x^0,y^0}<\frac{\partial f}{\partial x} \tag{9-10}$$

此时，$\frac{\partial \pi}{\partial z}<0$，表明由于制度环境的恶劣，企业承担绿色创业不能及时充分地转化为社会资本，企业绿色创业的边际产出就小于企业直接生产最终商品带来的边际产出，从而导致绿色创业对企业绩效的影响不大，企业实施绿色创业的积极性不高。

综上所述，在绿色创业和社会资本均衡框架下，社会资本是生产函数的内生变量，绿色创业活动在制度环境较好的情况下，有助于积累社会资本并提高企业绩效，反之，则不利于提高企业绩效。

为了实证考察绿色创业对企业绩效的影响，本章建立以下多元回归计量模型，

实证检验绿色创业是否有助于其提高企业绩效，公式为

$$Perf_j = \alpha_0 + \alpha_1 GE_j + \beta X_j + \gamma Z_j + \delta Inst_j + \varepsilon_j \quad (9\text{-}11)$$

式中，$Perf_j$ 为企业 j 的绩效，包括总绩效、成长绩效、竞争绩效和财务绩效；GE 为企业绿色创业，包括绿色创业总指数、绿色采购、绿色生产、绿色管理和绿色营销；X 包括产权性质、控制权结构等企业治理变量；Z 包括企业是否上市、企业规模等企业层面控制变量；$Inst$ 为企业所处的制度环境变量。

由于分位数回归与普通线性回归模型（OLS）相比，其假设条件更加宽松，即不要求满足同方差性，不要求随机误差项两两不相关，不要求残差服从正态分布。因此，其结果具有强烈的稳健性，特别是当自变量对不同部分因变量的分布产生不同影响时，例如当出现左偏或右偏的情况时，它能够更加全面地刻画分布的特征以及描述被解释变量的条件分布情况，从而得到全面的分析。为此，本章拟建立以下分位数回归模型，进一步研究企业绿色创业对企业绩效的影响，公式为

$$Q_\tau(Perf_j \mid GE_j, X_j, Z_j, Inst_j) = \overline{\alpha_0} + \overline{\alpha_1} GE_j + \overline{\beta} X_j + \overline{\gamma} Z_j + \overline{\delta} Inst_j + \varepsilon_j \quad (9\text{-}12)$$

式中，τ 代表分位数，通过对比因变量数据特征发现，其数值分布呈偏态，主要集中在 25%、75%的位置，因此，采用常用的四分位数法，即把所有数值由小到大排列并分成四等份，处于三个分割点位置的数值就是四分位数，这三个分割点的数值分别取值为：τ =0.25，τ =0.50，τ =0.75。$\overline{\alpha_0}$ 、$\overline{\alpha_1}$ 、$\overline{\beta}$ 、$\overline{\gamma}$ 和 $\overline{\delta}$ 均为 Chamberlain-Mundlak 转换后的回归系数。

第三节　样本特征与变量测量

一、样本企业的描述性分析

农业龙头企业基本特征如表 9-1 所示，农业龙头企业大多是民营企业，占全部样本的 90.2%；企业资产在 1 000 万～5 000 万元的居多，占全部样本的 43.3%，企业资产在 5 000 万～1 亿元的企业占全部样本的 27.2%，企业资产低于 1 000 万元和 4 亿元以上的企业分别占全部样本的 8.0%和 5.0%；企业年销售额较多集中在

3 000 万～1 亿元，占样本总数的 33.9%，企业年销售额低于 1 000 万元的企业占全部样本的 14.3%，企业年销售额为 3 亿元及以上的占全部样本的 18.8%；有 76.7%的企业的非国有资产所占比例在 80%以上，只有 12.1%的企业的非国有资产所占比例在 20%及以下；71.9%的农业龙头企业处于发展期，16.1%的农业龙头企业处于成熟期，处于初创期和转型期的农业龙头企业分别占 3.1%和 8.9%。

表 9-1 农业龙头企业基本特征描述性统计

统计类别	范围	频数/家	有效百分比/%
企业性质	国有/集体	8	3.6
	民营	202	90.2
	外资/合资	5	2.2
	其他	9	4.0
企业资产	低于 1 000 万元	18	8.0
	1 000 万～5 000 万元	97	43.3
	5 000 万～1 亿元	61	27.2
	1 亿～4 亿元	37	16.5
	4 亿元以上	11	5.0
企业年销售额	500 万元以下	10	4.5
	500 万～1 000 万元	22	9.8
	1 000 万～3 000 万元	37	16.5
	3 000 万～1 亿元	76	33.9
	1 亿～3 亿元	37	16.5
	3 亿元及以上	42	18.8
非国有资产所占比例	20%及以下	27	12.1
	21%～50%	10	4.5
	51%～80%	15	6.7
	80%以上	172	76.7
企业所处生命周期	初创期	7	3.1
	发展期	161	71.9
	成熟期	36	16.1
	转型期	20	8.9

二、变量测量及描述统计

（1）企业绿色创业（GE）。借鉴 Ripsas S[62]对绿色创业的理解，按企业绿色创业营运流程进行定义，本章从绿色采购、绿色生产、绿色管理、绿色营销 4 个维度衡量农业龙头企业绿色创业，对每个维度进行细分，最终得到 24 个二级指标。每个二级指标的测量方法采用李克特 5 级量表法，回答选项设有“非常不同意”“不同意”“不确定”“同意”“非常同意”，分别对上述回答赋值为 1 分、2 分、3 分、4 分、5 分，并根据因子分析法算出企业绿色创业行为指数。各指标测量及其描述性统计如表 9-2 所示。

表 9-2　农业龙头企业绿色创业指标体系及其统计性描述 1

一级指标	二级指标	均值	标准差
绿色采购	企业采购过程中避免水、空气和土壤的污染	4.415	0.570
	企业在可能的环节使用健康环保材料	4.393	0.542
	企业使用清洁能源	4.277	0.659
	企业环境部门领导参与采购事务	3.960	0.880
	企业采购时根据环境指标选择供应商	4.223	0.679
	物流和仓储环节使用绿色化	4.232	0.628
绿色生产	企业首先考虑引入环境友好的新技术和新产品	4.330	0.627
	企业注意生产过程副产品的控制和回收	4.304	0.619
	企业经常进行清洁和健康生产审计	4.174	0.703
	企业投入大量资源进行 ISO 14001 环境管理认证	3.911	0.826
	产品包装注重环保材料	4.286	0.575
	企业大量投资于环境友好产品的创新和研发	4.036	0.714
	企业与环保研发机构结成合作伙伴	4.031	0.766
绿色管理	企业制定了环境管理制度	4.268	0.576
	企业在考核和奖励时注重环境指标	4.201	0.635
	企业管理层对环保比较关注	4.353	0.557
	企业对员工加强绿色理念和技能培训	4.308	0.598
	企业注重树立绿色文化	4.321	0.595
绿色营销	企业在产品健康环保上处于行业领先地位	4.098	0.739
	企业在环保绩效方面的设定标准很高	4.036	0.780
	企业在制订战略规划时包括环境绩效指标	4.134	0.689
	企业在广告中强调产品和服务的健康环保特性	4.219	0.607
	企业产品和服务的营销战略受环境保护的影响	4.107	0.750
	企业广告中突出对环保健康的承诺	4.205	0.698

（2）企业绩效（Perf）。参考 Covin[137]、Chandler 和 Hanks[242]的研究测量企业绩效，包括 12 个测量项目，主要从成长绩效、竞争绩效和财务绩效 3 个维度进行衡量。每个题项的测量方法采用李克特 5 级量表法，回答选项设有“很低”“较低”“一般”“较高”“很高”，分别对上述回答赋值为 1 分、2 分、3 分、4 分、5 分，并根据因子分析法算出企业绩效。各指标测量及其描述性统计如表 9-3 所示。

表 9-3 农业龙头企业绿色创业指标体系及其统计性描述 2

一级指标	二级指标	均值	标准差
成长绩效	与过去近 3 年相比，您公司的营业收入增长速度如何	3.393	0.720
	与过去近 3 年相比，您公司的净利润如何	3.259	0.761
	与过去近 3 年相比，您公司的投资收益率如何	3.237	0.735
	与过去近 3 年相比，您公司的员工数量增长如何	3.040	0.849
竞争绩效	与周围竞争对手相比，您公司的营业收入增长速度如何	3.308	0.727
	与周围竞争对手相比，您公司的利润增长速度如何	3.290	0.728
	与周围竞争对手相比，您公司的市场份额如何	3.505	0.709
	与周围竞争对手相比，您公司的员工数量增长如何	3.112	0.709
财务绩效	与同行业内相比，您公司的营业收入增长速度如何	3.348	0.736
	与同行业内相比，您公司的利润增长速度如何	3.268	0.739
	与同行业内相比，您公司的市场份额如何	3.487	0.721
	与同行业内相比，您公司的员工数量增长如何	3.138	0.730

（3）企业治理因素。一方面，非国有企业的委托代理问题比国有企业轻且情况简单，交易成本更低，因此非国有企业的生产效率比国有企业高[243,244]；另一方面，与非国有企业相比，国有企业在一些方面享有国家特殊的政策待遇，但同时要承担过多的冗员、职工福利等一些政策性负担，因此企业所有制性质对企业绩效的影响不确定[230,245,246]。因此，参照苏冬蔚和贺星星[241]，刘小玄[244]和林毅夫[246]等学者的做法，本章使用企业产权性质和非国有资产所占比重来衡量企业产权与控制权结构，从而反映企业的治理特征。对于企业产权性质（Private），如果农业龙头企业为民营企业，则为 1，否则为 0；对于企业控制权结构（Con），非国有资产所占比重在 20%及以下的为 1，在 21%～50%的为 2，在 51%～80%的为 3；在 80%以上的为 4。

（4）制度环境。一方面，制度环境越好，企业开展经营活动的交易成本就越低；另一方面，制度环境越透明，利益相关者对企业绿色创业履行状况越敏感，越愿意花费更高的价格选择那些绿色创业实施较好的企业所生产的产品，从而提升企业绩效。本章用政策透明度（Inst）表示制度环境，并设置题项询问企业对“本地政府相关政策的支持力度和透明度”这句表述的认同程度，非常不同意=1，不同意=2，一般=3，同意=4，非常同意=5。

（5）企业层面控制变量。由于企业上市后有比较规范的企业管理制度和监管机制，对企业的运营和风险控制有重要影响，从而提升企业绩效，因此本章假设企业是否上市（List）与企业绩效之间呈正相关关系；另外，企业规模越大，其技术和资金越雄厚，员工素质和管理水平越高，且融资实力较强，而中小企业则更善于捕捉市场机会并利用劳动力比较优势，因此企业规模对企业绩效的影响不确定。本章使用上年度末企业总资产（Scale）衡量企业规模。

模型变量描述性统计如表 9-4 所示。

表 9-4 变量含义与基本统计量

变量	变量定义与取值	均值	最小值	最大值	标准差
绿色创业总指数（GE）	绿色创业总指数，从绿色采购（GE_1）、绿色生产（GE_2）、绿色管理（GE_3）、绿色营销（GE_4）4 个维度进行测量，通过因子分析法得到其值	3.76×10^{-9}	−3.233	1.296	0.798
企业产权（Private）	企业产权，民营=1，其他=0	0.902	0	1	0.298
控制权结构（Con）	控制权结构，非国有资产所占比重，20%以下=1；21%～50%=2；51%～80%=3；80%以上=4	3.484	1	5	1.039
企业上市（List）	企业是否上市，是=1，否=0	0.058	0	1	0.234
企业规模（Scale）	企业规模，上年度末总资产低于 1 000 万元=1；1 000 万～5 000 万元=2；5 000 万～1 亿元=3；1 亿～4 亿元=4；4 亿元以上=5	2.667	1	5	1.006
制度环境（Inst）	制度环境，用政策透明度表示，对“本地政府的政策透明度很高”这句话的认同程度，非常不同意=1；不同意=2；一般=3；同意=4；非常同意=5	4.214	1	5	0.720
企业绩效（Perf）	企业绩效，从企业成长绩效、竞争绩效和财务绩效 3 个维度进行测量，通过因子分析得到其值	9.06×10^{-10}	−3.969	2.970	1.000

第四节 农业龙头企业绿色创业对企业绩效影响的实证分析

表 9-5 提供了企业绩效与绿色创业总指数的 OLS、分位数回归估计结果。从 OLS 模型结果可知，绿色创业总指数（GE）的系数估计值都在 1%水平以上显著为正，表明在控制住产权结构、公司治理、企业规模、制度环境等因素后，企业绿色创业行为有助于提高企业绩效，并且企业绿色创业总指数每增加 1 个单位，企业绩效就上升 0.417 个单位（OLS）。另外，分位数回归中绿色创业总指数（GE）的系数估计值同样均在 1%水平上显著为正，并且企业绿色创业总指数每增加 1 个单位，企业绩效就上升 0.253 1～0.454 7 个单位，而且绩效越高的企业，其绿色创业行为对企业绩效的影响通常越大于绩效低的企业。

表 9-5 绿色创业与企业绩效回归估计结果（全部样本）

变量	OLS 回归		25%分位数回归		50%分位数回归		75%分位数回归	
	模型 1	模型 2	模型 3	模型 4	模型 5	模型 6	模型 7	模型 8
绿色创业总指数（GE）	0.416 8***	0.417 4***	0.255 7**	0.253 1***	0.327 1***	0.324 3***	0.433 9***	0.454 7***
企业产权（Private）	0.195 8	0.201 7	0.072 8	0.079 3	0.139 6	0.142 1	0.051 8	–0.070 1
控制权结构（Con）	0.029 3	0.029 7	0.078 3	0.081 0	–0.027 2	–0.027 7	0.023 8	0.050 6
企业上市（List）	0.635 7**	0.635 0**	0.411 7	0.424 6	0.619 2*	0.620 6*	0.509 2	0.323 6
企业规模（Scale）	0.148 3**	0.149 4**	0.098 8	0.098 3	0.146 6**	0.148 2*	0.127 8	0.186 4*
制度环境（Inst）	0.058 2	0.053 9	0.077 9	0.085 2	0.186 9	0.189 1	0.138 5	0.130 6*
交互项（GE×Inst）	—	0.004 6	—	0.001 6	—	0.000 7	—	0.027 3*
常数项	–0.960 0*	–0.950 0*	–1.506 8***	–1.553 3***	–1.275 6**	–1.292 5**	–0.550 6	–0.671 4
R^2	0.178 8	0.179 1	0.059 0	0.059 0	0.103 1	0.103 1	0.100 6	0.105 0

注：***、**、*分别代表在 1%、5%和 10%的显著性水平。

关于公司治理变量，企业产权（Private）和控制权结构（Con）的系数估计值都不显著，表明企业所有制性质和控制权均不影响企业绩效。关于企业层面控制变量，OLS 和分位数回归中企业上市（List）和企业规模（Scale）的系数估计值在大部分模型中通过了显著性检验且系数符号为正，表明企业上市和企业规模均有助于提高企业绩效。制度环境（Inst）的系数估计值在 75%分位数回归模型（模型 8）中通过显著性检验，表明制度环境对绩效好的企业影响较大，并且从绿色创业总指数（GE）和制度环境（Inst）的交互项（GE×Inst）来看，其系数估计值同样在 75%分位数回归模型（模型 8）中通过显著性检验且其系数符号为正，表明绩效好的企业，随着制度环境的完善，其绿色创业活动能更有效地转化为企业社会资本，从而更有利于提升企业绩效。

为了进一步验证企业绿色创业在制度环境越好的情景下，对企业绩效的作用越明显的理论假设，本章将所有企业样本分为两类。一类是处于制度环境较差的企业样本，另一类是处于制度环境较好的企业样本。分别对两类企业样本进行回归，结果如表 9-6 所示。由表 9-6 可知，处于制度环境较好的企业样本回归模型中，绿色创业总指数（GE）的估计值系数通过了显著性检验，而处于制度环境较差的企业样本回归模型中，绿色创业总指数（GE）的估计值系数没有通过显著性检验，这一结果再次证实了企业绿色创业总指数（GE）在制度环境较好的情景下，更加有助于积累社会资本从而提高企业绩效，反之，不利于提高企业绩效。这一结论给我们的重要启示在于企业必须根据自身可持续发展的需要，在不同制度环境下适时调整绿色创业战略，努力承担和履行绿色创业，不断提升企业绩效。另外，企业上市（List）和企业规模（Scale）的估计值系数在模型 10 中通过了显著性检验，而在模型 9 中没有通过显著性检验，表明企业上市和企业规模在制度环境较好的情况下对企业绩效有显著影响，而对处于制度环境差的企业来说，其作用发挥不明显。

表 9-6 绿色创业与企业绩效回归估计结果（分类样本）

变量	处于较差制度环境的企业样本（模型 9）		处于较好制度环境的企业样本（模型 10）	
	系数	标准误	系数	标准误
绿色创业总指数（GE）	0.520 7	0.214 2	0.433 4***	0.084 9
企业产权（Private）	0.443 7	0.442 4	0.153 0	0.239 8

变量	处于较差制度环境的企业样本（模型 9）		处于较好制度环境的企业样本（模型 10）	
	系数	标准误	系数	标准误
控制权结构（Con）	0.009 0	0.142 2	0.037 6	0.068 4
企业上市（List）	0.550 8	0.449 0	0.612 2*	0.338 9
企业规模（Scale）	0.177 4	0.158 5	0.145 8**	0.071 3
常数项	–0.820 9	0.706 1	–0.717 0**	0.352 6
R^2	0.267 0		0.164 0	

注：***、**、*分别代表在 1%、5%和 10%的显著性水平。

接下来，进一步分析不同维度绿色创业对企业绩效的影响，表 9-7 列出了企业绩效与不同维度绿色创业行为的 OLS 和分位数回归估计结果。根据 OLS 模型结果可知，绿色采购（GE_1）和绿色管理（GE_3）的系数估计值都在 5% 水平以上显著为正，而绿色生产（GE_2）和绿色营销（GE_4）则没有通过显著性检验，表明在控制住产权结构、公司治理、企业规模、制度环境等因素后，企业绿色采购和绿色管理有助于提升企业绩效，而绿色生产和绿色营销对企业绩效没有显著影响。另外，分位数回归中绿色采购（GE_1）的系数估计值同样均在 5%水平以上显著为正，并且企业绿色采购指数每增加 1 个单位，企业绩效就上升 0.214 1～0.244 3 个单位，绿色生产（GE_2）和绿色管理（GE_3）的系数估计值只在 75%的分位数回归模型中通过了显著性检验，这一结果表明绿色采购对所有企业的绩效有重要影响，绿色生产和绿色管理只对绩效好的企业的影响较显著。另外，绿色营销（GE_4）在所有模型中都没有通过显著性检验，表明绿色营销对企业绩效的作用不明显，其可能原因在于：一方面企业绿色营销策略和方式创新性不够，不能充分引起消费者的反响和共鸣；另一方面企业与消费者之间缺乏良好的信任机制和沟通渠道，消费者对企业绿色营销会产生怀疑或不信任，企业得不到消费者的认可。

表 9-7　不同维度绿色创业与企业绩效回归估计结果

变量	OLS 回归结果（模型 11）	分位数回归结果		
		25%分位数（模型 12）	50%分位数（模型 13）	75%分位数（模型 14）
绿色采购（GE_1）	0.312 2***	0.234 7***	0.214 1**	0.244 3***

变量	OLS 回归结果（模型 11）	分位数回归结果		
		25%分位数（模型 12）	50%分位数（模型 13）	75%分位数（模型 14）
绿色生产（GE_2）	0.082 8	0.000 7	0.105 1	0.175 7**
绿色管理（GE_3）	0.131 8**	0.088 5	0.086 2	0.197 2***
绿色营销（GE_4）	–0.005 2	0.049 1	–0.004 0	0.067 9
企业产权（Private）	0.199 8	0.108 3	0.100 7	0.111 6
控制权结构（Con）	0.033 2	0.081 1	0.027 8	–0.018 7
企业上市（List）	0.665 5**	0.390 2	0.710 0*	0.549 4*
企业规模（Scale）	0.151 2**	0.089 4	0.152 7*	0.158 5**
制度环境（Inst）	0.069 6	0.042 8	0.173 9	0.216 2*
常数项	–1.034 5*	–1.368 5**	–1.414 4**	–0.858 4
R^2	0.192 9	0.066 9	0.116 7	0.157 6

注：***、**、*分别代表在 1%、5%和 10%的显著性水平。

为进一步检验绿色创业对企业绩效影响的稳定性，本章还检验了绿色创业对企业不同维度绩效影响的 OLS 回归模型结果，具体如表 9-8 所示。由表 9-8 中可知，绿色创业总指数（GE）的估计值系数在成长绩效、竞争绩效和财务绩效的回归模型中都通过了 1%水平的显著性检验，表明绿色创业有助于企业成长绩效、竞争绩效和财务绩效的提高。

表 9-8 绿色创业与企业不同维度绩效 OLS 回归估计结果

变量	成长绩效	竞争绩效	财务绩效
绿色创业总指数（GE）	0.378 6***	0.393 8***	0.384 2***
企业产权（Private）	0.094 1	0.208 0	0.224 8
控制权结构（Con）	0.040 4	0.016 4	0.028 6
企业上市（List）	0.564 8**	0.533 2*	0.653 7**
企业规模（Scale）	0.131 6**	0.151 9**	0.137 1**
制度环境（Inst）	0.011 3	0.084 6	0.055 2
常数项	–0.665 4	–1.038 1*	–0.940 0*
R^2	0.135 5	0.168 4	0.158 2

注：***、**、*分别代表在 1%、5%和 10%的显著性水平。

第五节　结论与政策启示

本章从新制度经济学的视角，论述了企业绿色创业行为是市场经济条件下的一种非正式制度选择，并提出“绿色创业行为有助于提高农业龙头企业绩效”的理论假设，然后以224家农业龙头企业为样本进行了验证。首先，构建企业绿色创业行为的测量指标，采用因子分析法衡量企业绿色创业行为指数。其次，使用OLS和分位数回归验证企业绿色创业对企业绩效的影响假说，结果发现，一方面，企业绿色创业总体上有助于企业绩效提升，并且在制度环境越好的情景下，企业绿色创业对提升企业绩效的作用越明显，而处于制度环境较差的企业，由于交易成本高和消费者对绿色创业的敏感度低，其绿色创业行为不能及时地转化为企业社会资本，从而对企业绩效影响不显著；另一方面，企业不同维度的绿色创业对企业绩效的影响存在一定差异性，即企业绿色采购对所有企业绩效都有显著作用，而绿色生产和绿色管理只对绩效较好的企业提升作用更大，绿色营销对所有企业绩效都没有显著作用。

基于上述研究结论，本章提出以下促进企业绿色创业的政策建议。首先，积极引导和督促企业加强绿色创业的责任感和使命感，提高企业绿色创业积极性和主动性。充分发挥社会公众和舆论媒介的作用，积极开展企业绿色创业的认证或评比活动，从而激发和带动社会公众共同关注企业绿色创业活动。其次，进一步建立和营造良好的制度环境，促进企业在履行绿色创业时及时得到社会公众的认可和响应，从而更快更充分地将其转化为企业的社会资本，提升企业的社会形象，使企业保持旺盛的生命力和竞争优势。再次，企业应重视不同维度绿色创业对企业绩效的影响差异。绩效好的企业充分发挥绿色采购、绿色生产和绿色管理积极作用的同时，要注意强化绿色营销对企业绩效的作用，要积极创新绿色营销策略，建立和完善企业与社会公众的信任机制，增加社会公众对企业绿色营销的认同和共鸣，从而提升企业的社会地位和形象。最后，企业绿色创业作为一种非正式制度安排，无法完全取代法律法规等正式的制度安排。因此，一旦社会公众对企业绿色创业的需求超过企业愿意承担的能力范围，政府则有义务建立和健全企业绿色创业的法律法规，完善激励约束机制，促进企业积极履行绿色创业活动。

第十章

农业龙头企业绿色创业导向对企业绩效的影响

研究农业龙头企业绿色创业，不仅应考察其绿色创业行为，还应当探讨其绿色创业导向对企业绩效的影响。为此，本章分别运用结构方程模型（SEM）和回归分析方法实证分析了农业龙头企业绿色创业导向对企业财务绩效和成长绩效的影响。

第一节　农业龙头企业绿色创业导向及创业绩效的测量

一、农业龙头企业绿色创业导向的测量

基于创业导向理论与绿色创业理论的研究成果，结合农业企业绿色创业的行为特征，拟从环境导向、创新导向、先动导向、盈利导向、冒险导向 5 个维度研究农业龙头企业的绿色创业导向，对于绿色创业导向不同维度的指标均采用李克特 5 级量表法进行测量。答案选项设置为正向积分，从 1～5 依次对应的答案为“非常不同意”“不同意”“不确定”“同意”“非常同意”，并要求被调查企业从主观视角对所有问题进行评价。首先对于绿色创业导向不同维度具体内涵进行了阐释，其主要内容为以下 5 点。

（1）环境导向，指企业在创业战略决策选择时会考虑自身发展对环境的影响，主动承担自己的社会责任，在谋求企业经济发展的同时兼顾环境效益。

（2）创新导向，指企业在实施创业实践活动时，能够积极进行产品升级、技术创新、管理方式改革，从而把握市场机会，增加企业创收。

（3）先动导向，指企业在市场竞争中以先行者身份，“第一个”进入新市场，并把捕捉的市场机会迅速转化为实质性的创业行为。

（4）盈利导向，指企业出于盈利目的进行的管理方式，对企业财务管理方式、绩效考核指标等进行的创新。

（5）冒险导向，指企业管理者愿意将大量资源投入不确定的事业的承诺意愿。

5 个维度既有相同点，又存在显著的差异，就整体而言，绿色创业导向的 5 个维度均体现了企业在创业过程中注重环保、承担社会责任的方面，但不同导向的侧重点不同。环境导向侧重于对环境责任的考虑，创新导向侧重于新领域的开发，先动导向强调企业竞争中的“第一性”，盈利导向注重考量企业的经济效益，冒险导向则偏向于考察创业时对不确定因素的风险承担能力。

基于以上对绿色创业导向不同维度的具体释义，将绿色创业导向不同维度的测量指标进行归纳，见表 10-1。

表 10-1 企业绿色创业导向评价指标

一级指标	二级指标（因子）	三级指标（项目）
企业创业导向（Y）	环境导向（Y_1）	关注自身经营活动对环保的影响（A_1）
		认为人与自然应和谐共处（A_2）
		投入资金对自身的环境影响进行控制（A_3）
		管理层关注环保（A_4）
		致力于提高公司整体环保意识（A_5）
	盈利导向（Y_2）	公司强调成本控制提升利润（B_1）
		公司与竞争对手相比较关注点是盈利水平（B_2）
		公司目标聚焦于销售额和利润率等财务指标（B_3）
		公司绩效考核设置许多营利性指标（B_4）
		公司根据盈利水平分配年终奖金（B_5）
	创新导向（Y_3）	管理层重视技术研发，开发创新产品（C_1）
		过去 3 年内引进新产品及新服务数量较多（C_2）
		过去 3 年中新产品与新服务变化程度大（C_3）
		引进新管理方法或新运作技术的程度大（C_4）

一级指标	二级指标（因子）	三级指标（项目）
企业创业导向（Y）	先动导向（Y_4）	对绿色产品线开发程度大（D_1）
		绿色产品线改造力度大（D_2）
		强调产品创新、技术创新（D_3）
		率先采取绿色行动，同行随之跟进（D_4）
		优先推出新产品、新技术，占领新市场（D_5）
		审视创业趋势，率先掌握机会（D_6）
	冒险导向（Y_5）	公司开发具有高风险、高回报的绿色项目（E_1）
		公司采取大胆迅速的绿色行动（E_2）
		公司倾向采取大胆的态度掌握潜在绿色机会（E_3）

二、农业龙头企业创业绩效的测量

基于前文对创业绩效的理论研究，结合农业龙头企业绿色创业自身的特殊性，从财务绩效和成长绩效 2 个维度对企业创业绩效进行考察。将创业绩效的一级指标设置为企业创业绩效，二级指标为上述 2 个维度的创业绩效，三级指标为 2 个维度所包含的具体变量。每个维度的一系列项目同样采用李克特 5 级量表法进行测量。答案选项设置为“很低”“较低”“一般”“较高”“很高”，赋值分别为 1 分、2 分、3 分、4 分和 5 分，要求被调查企业从主观视角对所有问题进行评价，具体题目如表 10-2 所示。

表 10-2　农业龙头企业创业绩效评价指标

一级指标	二级指标（因子）	三级指标（项目）
企业创业绩效（Z）	财务绩效（Z_1）	与过去 1～3 年相比，公司营业收入情况（F_1）
		与过去 1～3 年相比，公司净利润情况（F_2）
		与过去 1～3 年相比，公司投资收益率（F_3）
	成长绩效（Z_2）	与竞争对手相比，公司营业收入增长速度（G_1）
		与竞争对手相比，公司利润增长情况（G_2）
		与竞争对手相比，公司市场份额占有率（G_3）
		与同行相比，公司营业收入增长速度（H_1）
		与同行相比，公司利润增长情况（H_2）
		与同行相比，公司市场份额占有率（H_3）

第二节　农业龙头企业绿色创业导向及创业绩效量表效度与信度分析

一、企业绿色创业导向与创业绩效量表效度分析

为测量绿色创业导向同一维度所含测量指标之间的相关性，本书对企业绿色创业导向量表及创业绩效量表进行了效度检验。首先，根据变量的 KMO 值及显著性水平判断其是否适宜因子分析；其次，利用主成分分析法萃取因子，并通过最大方差法进行旋转；最后，根据因子载荷值判断变量的合理性，载荷值越大，表示因子相关性越高。当因子载荷值大于 0.5 时，才能进行抽取，并且，每个测量变量在正常情况下，应该有且只有一个因子的载荷值大于 0.5，如果出现一个以上的值，就出现了“交叉荷载”，在进行因子分析时需要将其剔除。

为检测绿色创业导向及创业绩效是否适合做因子分析，本书首先使用 SPSS 21.0 对绿色创业导向所有变量进行效度分析，检测结果显示，绿色创业导向 KMO 值为 0.882，Bartlett’s 球形度检验值为 3 340.076，显著性水平 Sig=0.000，说明绿色创业导向适合进行因子分析。其次按上述方法对创业绩效进行效度分析，结果显示创业绩效也满足因子分析条件，具体结果如表 10-3 所示。

表 10-3　企业绿色创业导向和创业绩效的 KMO 值及 Bartlett’s 球形度检验值检测

	KMO 值	Bartlett’s 球形度检验值	Sig
绿色创业导向	0.882	3 340.076	0.000
创业绩效	0.898	1 369.220	0.000

基于表 10-3 的检测结果，本书进一步对农业龙头企业绿色创业导向和创业绩效进行因子分析。首先利用主成分分析法抽取因子。其次通过最大方差法旋转得到旋转成分矩阵，结果显示绿色创业导向所有指标信息在经过一系列旋转，并剔除原始数据损失后，累计方差贡献率为 70.716%，表明这 5 个因子对 23 个测量变量中其所对应的变量的解释能力达到了 70.716%的水平。绿色创业导向提取因子数为 5，与研究设计一致。最后检测各变量的因子负载值，其中变量 B_5 和 C_1

在 5 个成分上的因子负载值均低于 0.5，因此将其剔除。在此基础上，按照上述步骤，对剩余变量重新进行效度分析，结果显示，绿色创业导向剩余指标 KMO 值为 0.875，Bartlett's 球形度检验值为 3 129.596，显著性水平 Sig=0.000，累计方差贡献率为 73.891%，绿色创业导向提取因子数依然是 5，与研究设计保持一致。同时所有变量的因子负载均大于 0.5，显示出良好的收敛效度，支持了研究设计的维度构建，具体结果如表 10-4 所示。

表 10-4　农业龙头企业绿色创业导向旋转后的因子载荷和方差贡献率

因子（题数）	变量	载荷值	方差贡献率/%	累计方差贡献率/%
先动导向（6）	绿色产品线改造力度大（D_2）	0.803	19.619	19.619
	优先推出新产品、新技术，占领新市场（D_5）	0.786		
	强调产品创新、技术创新（D_3）	0.784		
	对绿色产品线开发程度大（D_1）	0.775		
	审视创业趋势，率先掌握机会（D_6）	0.695		
	率先采取绿色行动，同行随之跟进（D_4）	0.689		
环境导向（5）	致力于提高公司整体环保意识（A_5）	0.832	16.666	36.285
	管理层关注环保（A_4）	0.809		
	关注自身经营活动对环保的影响（A_1）	0.807		
	认为人与自然应和谐共处（A_2）	0.732		
	投入资金对自身的环境影响进行控制（A_3）	0.654		
盈利导向（4）	公司目标聚焦于销售额和利润率等财务指标（B_3）	0.850	13.921	50.206
	公司与竞争对手相比较关注点是盈利水平（B_2）	0.827		
	公司强调成本控制提升利润（B_1）	0.807		
	公司绩效考核设置许多盈利性指标（B_4）	0.749		
冒险导向（3）	公司采取大胆迅速的绿色行动（E_2）	0.895	12.200	62.406
	公司倾向采取大胆的态度掌握潜在绿色机会（E_3）	0.846		
	公司开发具有高风险、高回报的绿色项目（E_1）	0.804		
创新导向（3）	过去 3 年内引进新产品及新服务数量较多（C_2）	0.868	11.485	73.891
	过去 3 年中新产品与新服务变化程度大（C_3）	0.842		
	引进新管理方法或新运作技术的程度大（C_4）	0.798		

由于创业绩效包含多个指标，所以，本章按照上述步骤，依次对创业绩效各变量进行效度检测。首先根据表 10-3，创业绩效 KMO 值为 0.898，Bartlett's 球形度检验值为 1 369.220，显著性水平 Sig=0.000，说明创业绩效适合进行因子分析。然后利用主成分分析法抽取因子，创业绩效各变量在旋转后，提取到 2 个因子，其累计方差贡献率达到 77.815%，表明创业绩效提取的 2 个因子对总变量的解释能力达到了 77.815%的水平。同时，创业绩效交叉变量的因子负载没有超过 0.5 的，显示出良好的区分效度，并且各个项目在其相关联的变量上的因子负载值均大于 0.5，显示出变量具有良好的收敛效度，较好地支持了研究中提出的企业绩效的维度构成，各变量具体载荷值如表 10-5 所示。

表 10-5 农业龙头企业创业绩效旋转后的因子载荷和方差贡献率

因子（题数）	变量	载荷值	方差贡献率/%	累计方差贡献率/%
财务绩效（3）	与过去 1～3 年相比，公司营业收入情况（F_1）	0.769	40.892	40.892
	与过去 1～3 年相比，公司净利润情况（F_2）	0.876		
	与过去 1～3 年相比，公司投资收益率（F_3）	0.875		
成长绩效（6）	与竞争对手相比，公司营业收入增长速度（G_1）	0.648	36.923	77.815
	与竞争对手相比，公司利润增长情况（G_2）	0.649		
	与竞争对手相比，公司市场份额占有率（G_3）	0.867		
	与同行相比，公司营业收入增长速度（H_1）	0.771		
	与同行相比，公司利润增长情况（H_2）	0.685		
	与同行相比，公司市场份额占有率（H_3）	0.888		

二、企业绿色创业导向与创业绩效量表信度分析

信度检验可以测量量表的稳定性与一致性，量表的信度越高，其测量标准误差越小。基于前文对企业绿色创业导向及创业绩效的因素分析，本部分继续对其进行信度检测。在李克特态度量表法中常用的信度检验方法为 Cronbach's α 系数，量表的信度越高，代表量表越稳定。运用 SPSS 21.0 软件对量表进行检测，具体结果如表 10-6 所示。

表 10-6　KMO 及 Bartlett 检测

	因子	变量数	Cronbach's α 系数	整体 Cronbach's α 系数
绿色创业导向	先动导向	6	0.914	0.910
	环境导向	5	0.874	
	盈利导向	4	0.855	
	冒险导向	3	0.891	
	创新导向	3	0.872	
创业绩效	财务绩效	3	0.878	0.935
	成长绩效	6	0.929	

表 10-6 结果显示，企业绿色创业导向与创业绩效的整体 Cronbach's α 值均在 0.9 以上，说明问卷整体的可信度较高。此外，绿色创业导向和创业绩效各变量的 Cronbach's α 值也都高于 0.8，表明各研究变量的信度水平良好，量表稳定性较好。

第三节　农业龙头企业绿色创业导向对创业绩效影响的 SEM 分析

一、农业龙头企业绿色创业导向与创业绩效描述性分析

描述性分析可以将搜集的原始数据经整理后变成有意义的信息或统计量，不同的变量尺度有不同的呈现形式，通过 SPSS 21.0 对原始数据进行处理，得到农业龙头的绿色创业导向及创业绩效的描述性分析结果，具体结果如表 10-7 所示。

根据表 10-7，农业龙头企业绿色创业导向的环境导向均值最高，达到 4.405 4，说明企业在创业过程中注重环境影响，环保意识较高；其次是先动导向、创新导向及盈利导向，其均值分别为 4.041 7、3.942 0、3.923 0，这 3 个变量的均值相对较为接近；排在最后的是冒险导向的均值，说明农业龙头企业绿色创业导向的冒险性一般，企业对风险把控的能力有待提升。对于创业绩效而言，成长绩效与财务绩效的均值较为均衡，分别为 3.367 6 和 3.296 1，处于中间水平。

表 10-7 描述性分析结果

	变量	项目数	均值	方差	标准差	偏度	峰度
绿色创业导向	环境导向	5	4.405 4	0.196	0.442 54	0. 021	−0.416
	盈利导向	4	3.923 0	0.546	0.739 22	−0.539	0.394
	创新导向	3	3.942 0	0.434	0.658 47	−0.491	1.600
	先动导向	6	4.041 7	0.336	0.579 29	−0.048	0.424
	冒险导向	3	3.586 3	0.671	0.819 23	−0.218	0.183
创业绩效	财务绩效	3	3.296 1	0.439	0.662 25	−0.059	1.048
	成长绩效	6	3.367 6	0.390	0.624 86	−0.345	1.450

二、企业绿色创业导向与创业绩效相关性分析

相关性分析是计量分析的基础和前提。如果对所研究的客观现象不进行相关性分析，而直接探究因变量与自变量的关系，这样建立的分析方程往往没有实际意义。只有通过相关性分析，确定客观现象之间确实存在数量上的依存关系，才能对因变量与自变量的关系做进一步研究，因此本书在回归分析前首先通过 SPSS 21.0 对各变量进行相关性分析，具体分析结果如表 10-8 所示。

表 10-8 相关性分析结果

	财务绩效 Pearson 相关性/显著性（双侧）	成长绩效 Pearson 相关性/显著性（双侧）
环境导向	0.095/0.049	0.234**/0.000
盈利导向	−0.003/0.000	0.134**/0.045
创新导向	0.282**/0.000	0.285**/0.000
先动导向	0.164**/0.014	0.214**/0.001
冒险导向	0.181**/0.007	0.190**/0.004

注：**代表 5%。

表 10-8 结果显示，企业绿色创业导向中所有维度与财务绩效及成长绩效的双侧显著性检测值均小于 0.05，且相关系数有明显差异，说明绿色创业导向各变量对创业绩效各变量存在显著的相关性，存在密切的相关关系，满足计量分析的前提条件。

三、结构方程模型结果分析

结构方程模型（SEM）是基于变量的协方差矩阵来分析变量间关系的多元统计技术，能够兼顾多个观测变量和潜在变量，同时具有能估计因子结构和因子关系等多种优势。基于此，利用 AMOS 21.0 软件建立企业绿色创业导向与创业绩效的结构方程模型，将其所含指标引入方程，并根据模型图对模型进行运行，得到模型路径结果，从而得到企业绿色创业导向对创业绩效的影响。

为了方便对问卷进行分析整理，首先，本书对问卷相关测量指标进行编码，具体编码结果如表 10-9 所示。

表 10-9　问卷编码

维度	编码	题目
先动导向	XD1	绿色产品线改造力度大（D_2）
	XD2	优先推出新产品、新技术，占领新市场（D_5）
	XD3	强调产品创新、技术创新 （D_3）
	XD4	对绿色产品线开发程度大（D_1）
	XD5	审视创业趋势，率先掌握机会（D_6）
	XD6	率先采取绿色行动，同行随之跟进（D_4）
环境导向	HJ1	致力于提高公司整体环保意识（A_5）
	HJ2	管理层关注环保（A_4）
	HJ3	关注自身经营活动对环保的影响（A_1）
	HJ4	认为人与自然应和谐共处（A_2）
	HJ5	投入资金对自身的环境影响进行控制（A_3）
盈利导向	YL1	公司目标聚焦于销售额和利润率等财务指标（B_3）
	YL2	公司与竞争对手相比较关注点是盈利水平（B_2）
	YL3	公司强调成本控制提升利润（B_1）
	YL4	公司绩效考核设置许多盈利性指标（B_4）
冒险导向	MX1	公司采取大胆迅速的绿色行动（E_2）
	MX2	公司倾向采取大胆的态度掌握潜在绿色机会（E_3）
	MX3	公司开发具有高风险、高回报的绿色项目（E_1）

维度	编码	题目
创新导向	CX1	过去 3 年内引进新产品及新服务数量较多（C_2）
	CX2	过去 3 年中新产品与新服务变化程度大（C_3）
	CX3	引进新管理方法或新运作技术的程度大（C_4）
财务绩效	CW1	与过去 1～3 年相比，公司营业收入情况（F_1）
	CW2	与过去 1～3 年相比，公司净利润情况（F_2）
	CW3	与过去 1～3 年相比，公司投资收益率（F_3）
成长绩效	CZ1	与竞争对手相比，公司营业收入增长速度（G_1）
	CZ2	与竞争对手相比，公司利润增长情况（G_2）
	CZ3	与竞争对手相比，公司市场份额占有率（G_3）
	CZ4	与同行相比，公司营业收入增长速度（H_1）
	CZ5	与同行相比，公司利润增长情况（H_2）
	CZ6	与同行相比，公司市场份额占有率（H_3）

其次，基于前文研究基础，进一步对绿色创业导向对企业创业绩效的 SEM 分析模型适配度进行检验。具体适配度检验指标如表 10-10 所示。

表 10-10　SEM 适配度指标

指标	CMIN	DF	CMIN/DF	GFI	AGFI	NFI	IFI	TLI	CFI	RMSEA
数值	969.279	385	2.518	0.796	0.754	0.816	0.880	0.863	0.879	0.082
判断标准			优	良	良	良	良	良	良	良

由表 10-10 可知，模型卡方自由度比值为 2.518，小于 3，表示模型与实际样本数据的适配程度较好，并且其拟合良好性指标、标准拟合指数、比较拟合指数都接近 0.90，近似误差均值方根为 0.082，说明修正模型适配度基本上达到适配标准。

最后，本章根据前面章节的研究结论，得到绿色创业导向对企业创业绩效影响的模型图，并运用 AMOS 21.0 软件对企业绿色创业导向给创业绩效带来的影响进行结构方程模型分析，其中 e1～e32 分别为相应观察变量的测量误差，具体路径如图 10-1 所示。

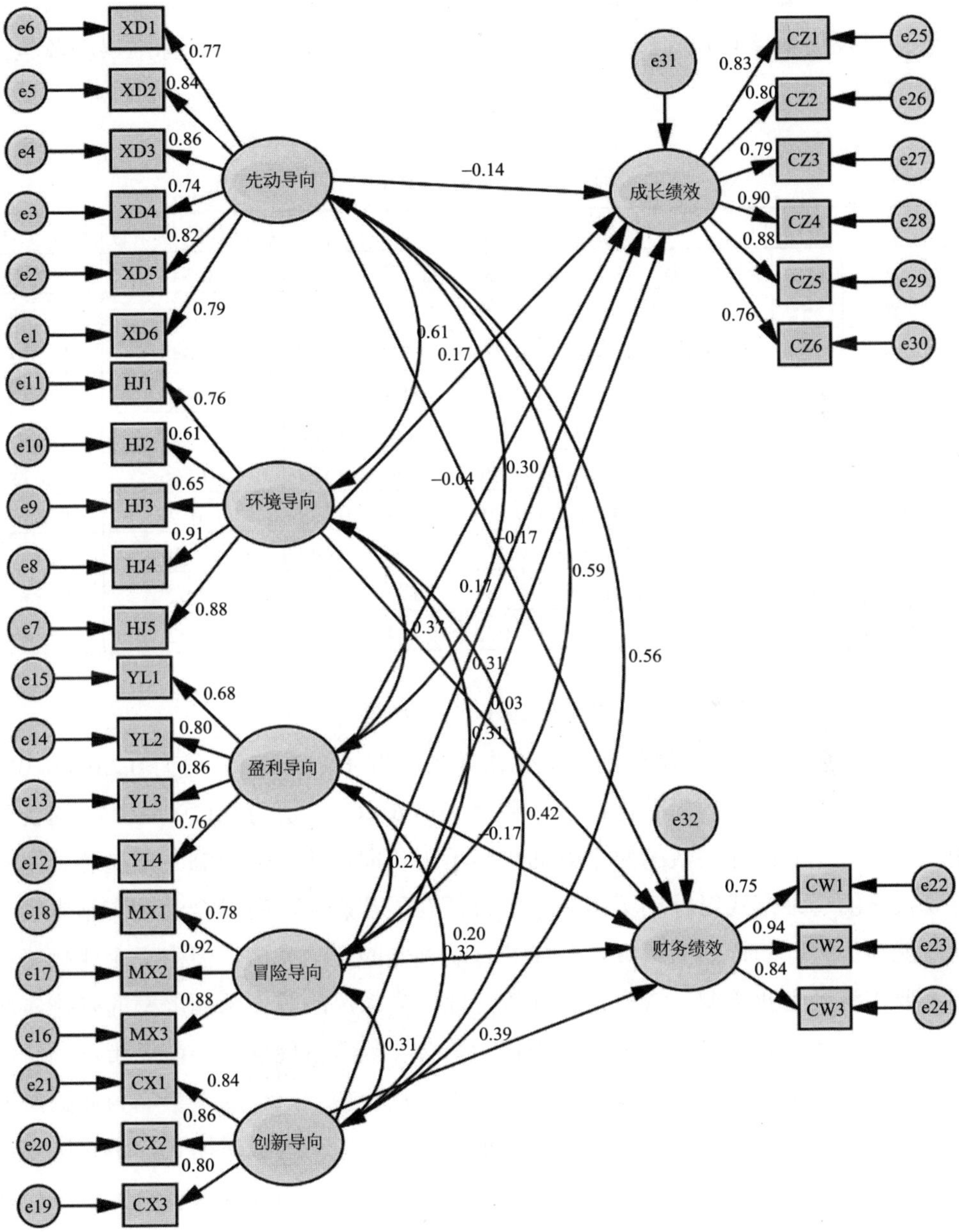
先动导向
环境导向
盈利导向
冒险导向
创新导向
成长绩效
财务绩效
XD1
XD2
XD3
XD4
XD5
XD6
HJ1
HJ2
HJ3
HJ4
HJ5
YL1
YL2
YL3
YL4
MX1
MX2
MX3
CX1
CX2
CX3
CZ1
CZ2
CZ3
CZ4
CZ5
CZ6
CW1
CW2
CW3
e31
e32

图 10-1　模型图

表 10-11 为路径分析结果，分别汇报了先动导向、环境导向、盈利导向、冒险导向以及创新导向到成长绩效与财务绩效的标准化路径系数、标准误差及验证结果等。

表 10-11 路径分析结果

路径			系数	S.E.	C.R.	P	标准化路径系数	验证结果
成长绩效	←	先动导向	–0.163	0.139	–1.177	0.239	–0.143	不支持
成长绩效	←	环境导向	0.224	0.122	1.836	0.066	0.174	不支持
成长绩效	←	盈利导向	–0.042	0.078	–0.544	0.587	–0.043	不支持
成长绩效	←	冒险导向	0.142	0.076	1.883	0.060	0.171	不支持
成长绩效	←	创新导向	0.343	0.103	3.337	0.000	0.308	支持
财务绩效	←	先动导向	–0.169	0.126	–1.343	0.179	–0.166	不支持
财务绩效	←	环境导向	0.037	0.110	0.334	0.739	0.032	不支持
财务绩效	←	盈利导向	–0.145	0.071	–2.030	0.042	–0.166	支持
财务绩效	←	冒险导向	0.149	0.069	2.172	0.030	0.202	支持
财务绩效	←	创新导向	0.388	0.096	4.044	0.000	0.392	支持

通过表 10-11 路径分析结果可知以下 5 个方面内容。

（1）先动导向到成长绩效的标准化路径系数为–0.143＜0，P 值为 0.239＞0.05；先动导向到财务绩效的标准化路径系数为–0.166＜0，P 值为 0.179＞0.05。这说明先动导向对企业创业绩效的两个方面均显示出负向影响，但影响并不显著。由于行动决策的思维方式对行动策略制定的特征有显著影响，所以企业在实施先动导向时能够促进行动计划的形成，凸显其行动领先的行动风格，但由于企业战略计划需要作统筹企业资源，考察市场环境，评估先动风险等一系列严密的安排，而先动导向受客观因素影响，需要抢先行动，会导致考察周期短，前期市场调研不全面，未来市场预测不准确等潜在问题发生，从而在一定程度上影响企业的财务绩效和成长绩效。此外，企业先动导向也因其抢先行动的战略模式，率先进入市场，获得行业领先权，与后来者相比更具有竞争优势，因此综合多种因素，先动导向对企业创业绩效的影响较为复杂，影响不甚显著。

（2）环境导向到成长绩效的标准化路径系数为 0.174＞0，P 值为 0.066＞0.05，环境导向到财务绩效的标准化路径系数为 0.032＞0，P 值为 0.739＞0.05，这说明环境导向对成长绩效及财务绩效均呈现正向影响，但影响不显著。原因可能在于环境导向驱动下参与者更容易形成具体的绿色目标，当企业确定绿色目标后，更有利于企业后期发展规划统一，减少企业管理环节的阻力。同时，企业实施环境导向更易获取社会公众的认可及环保政策的支持，从而能够在市场竞争中保持财务绩效与成长绩效的有序增长，但由于受环境成本的约束，环境导向对创业绩效的正向影响可能会不显著。

（3）盈利导向到成长绩效的标准化路径系数为–0.043＜0，P 值为 0.587＞0.05，说明盈利导向对成长绩效无显著影响；盈利导向到财务绩效的标准化路径系数为–0.166＜0，P 值为 0.042＜0.05，说明盈利导向对财务绩效有显著负影响，即盈利导向的值越高，财务绩效的值越低。盈利模式创新对企业生存至关重要，它能够显著促进企业的业务成长，但当企业过于重视企业盈利水平时，会因短期利益忽视企业长足发展，弱化企业的发展业务，个别企业可能存在为谋求经济利益，损害企业绿色声誉，影响企业发展安全的现象。因此，在一定条件下盈利导向对企业的财务绩效与成长绩效会呈现出负向影响。

（4）冒险导向到成长绩效的标准化路径系数为 0.171＞0，P 值为 0.060＞0.05，说明冒险导向对成长绩效无显著影响；冒险导向到财务绩效的标准化路径系数为 0.202＞0，P 值为 0.030＜0.05，说明冒险导向对财务绩效有显著正影响，即冒险导向的值越高，财务绩效的值越高。冒险导向主要指企业愿意承担风险的意愿与能力，当企业选择冒险导向时，往往首先要具备承担风险的能力，其次，当企业冒险导向能够获取客户和员工的互动和支持时，就能事半功倍，因此有意识地获取社会的支持并且向利益相关者表达自己的冒险意愿与风险承担能力，能够在市场竞争中占领优势，同时企业可借助这些资源优势，迅速开展企业的新业务，完成企业升级与改造，提升企业创业绩效。

（5）创新导向到成长绩效的标准化路径系数为 0.308＞0，P 值为 0.000＜0.05，说明创新导向对成长绩效有显著正影响，即创新导向的值越高，成长绩效的值越高；创新导向到财务绩效的标准化路径系数为 0.392＞0，P 值为 0.000＜0.05，这说明创新导向对财务绩效有显著正影响，即创新导向值越高，财务绩效值越高。创新导向对促进新产品开发以及市场经济的繁荣具有重要作用，在全民创新的时代背景下，选择创新导向的企业更易争取到有用的社会资源，比如争取到政府的政策及资金支持，获得同行的合作，与高校开展联合攻关，甚至从竞争对手那里挖得对本公司有用的专家人员等。创新导向高的企业在整合这些资源后，可以更好地提升企业的财务绩效与成长绩效，因此企业的创新导向越高，创业绩效越高。

第四节 农业龙头企业绿色创业导向对创业绩效影响的回归分析

由于在前文结构方程模型分析时，仅引入了绿色创业导向与创业绩效 2 个因素，未考虑企业规模（C_1）与生命周期（C_2）对研究结果的控制作用。因此，本节在回归方程中引入控制变量，通过 SPSS 21.0 研究绿色创业导向对企业创业绩效的影响。

一、农业龙头企业绿色创业导向对财务绩效影响的回归分析

基于绿色创业导向各变量与财务绩效存在显著相关性的前提，利用回归分析法研究绿色创业导向对财务绩效的影响。在进行回归分析时，本章将财务绩效作为因变量，绿色创业导向各维度作为自变量，同时将企业规模（C_1）和企业生命周期（C_2）作为控制变量引入回归方程，通过回归分析技术分析绿色创业导向对企业财务绩效的影响。具体回归分析结果如表 10-12 所示。

表 10-12 绿色创业导向对财务绩效影响的回归分析

	β	t	VIF	Sig
企业规模	−0.403	−2.437	1.029	0.016
生命周期	0.005	0.280	1.013	0.780
环境导向	−0.025	−0.213	1.551	0.832
盈利导向	−0.091	−1.145	1.216	0.147
创新导向	0.281	3.716	1.398	0.000
先动导向	−0.015	−0.139	2.191	0.890
冒险导向	0.105	1.656	1.514	0.099

由表 10-12 可知，绿色创业导向各维度与财务绩效的共线性指标，即 VIF 值均在 10 以下，所以绿色创业导向各维度与财务绩效不存在多重共线性现象。此外，

控制变量 Sig 值大于 0.05，未通过显著性检验，说明对模型的影响不显著。根据表 10-3 各变量β值，可得到绿色创业导向与财务绩效的模型方程为

$$Z_1=-0.025Y_1-0.091Y_2+0.281Y_3-0.015Y_4+0.105Y_5-0.403C_1+0.005C_2$$

基于表 10-12 的分析结果，可以看出，绿色创业导向的各个维度与企业财务绩效的关系可分为以下 5 种情况。

（1）环境导向对企业财务绩效具有负向影响，其影响系数为–0.025，但是 Sig 值未通过显著性检验，表示环境导向越高，企业财务绩效越低，但其影响并不显著。出现此现象的原因可能在于，环境导向高的企业，意味着其更重视环境保护与社会责任，相应地其环保资金的支出也会较高，但由于环境导向的效益往往存在时间上的滞后性，短期内环境导向资金的大量支出，会影响企业的财务绩效，导致企业财务绩效下降。

（2）盈利导向对企业财务绩效的回归分析系数为–0.091，说明盈利导向对企业财务绩效的影响为负向，其显著性水平 Sig 值为 0.147，高于显著性检验水平 0.05，表示盈利导向对财务绩效的影响不显著。盈利导向高的企业在战略决策选择时，会注重企业商业模式的创新，在企业绩效考核时往往选取相对指标进行测量，而非传统的绝对指标，因此盈利导向的绩效测量指标更为科学、准确，但由于受多方面综合因素的影响，如环境导向对财务绩效的削弱等因素，会在一定程度上导致企业财务绩效水平较低。

（3）创新导向对企业财务绩效的影响系数为 0.281，大于 0，说明其对企业绩效具有积极的正向影响，同时其显著性水平 Sig 值为 0.000，表示创新导向对企业财务绩效的影响十分显著。创新是促进企业发展的根本动力，也是企业的核心竞争力。企业的创新导向越高，其研发新产品、引进新技术、开拓新市场的力度就越大。此外因国家大力支持鼓励创新创业，创新企业具有良好创新环境，可利用的资源较为丰富，因此企业能够以较低的创新成本，获取高比例的财务绩效。综合这些有利因素，企业创新导向对财务绩效显示出显著的正向影响。

（4）先动导向对企业财务绩效的影响系数为–0.015，小于 0，说明其对财务绩效的影响为负向影响，其 Sig 值未通过显著性检验，表示创新导向对财务绩效影响不显著。先动导向高的企业在开展创业战略时，需要承担巨大的商业风险，先动导向越高，企业投入新市场的准备时期就越短，对企业资源储备、管理水平、

运营能力、研发技术等方面的要求就越高，一旦企业忽视某一环节，就会错失市场机会，同时损失大量的机会成本，因此，先动导向对企业具有负向影响。

（5）冒险导向对企业财务绩效具有正向影响，其影响系数为 0.105，但其 Sig 值未通过显著性检验，表示其影响效果不显著。冒险导向在某种程度上与先动导向存在一致性，一般来说，创新导向高的企业，其冒险导向也较高，但其对财务绩效的影响却存在显著差异。冒险导向与先动导向的区别之一就是企业在选择冒险导向时需要具备风险承担能力。首先，冒险并非简单鲁莽的决策，而是经过对市场环境的严密勘察，对后期市场的科学预测后采取的战略措施，其在战略选择前期，已经进行了风险规避；其次，冒险导向高的企业在市场先机占领方面具有明显的竞争优势。综合这两方面的因素，冒险导向对财务绩效呈现出积极的正向影响。

二、农业龙头企业绿色创业导向对成长绩效影响的回归分析

基于前文绿色创业导向对财务绩效影响的回归分析，按照上述步骤，针对绿色创业导向对成长绩效的影响进行回归分析，在回归分析时依然将企业规模（C_1）和企业生命周期（C_2）作为控制变量引入方程，具体回归结果如表 10-13 所示。

表 10-13 绿色创业导向对成长绩效影响的回归分析

	β	t	VIF	Sig
企业规模	–0.400	–2.581	1.029	0.011
生命周期	0.017	0.963	1.013	0.336
环境导向	0.158	1.423	1.551	0.156
盈利导向	0.016	0.274	1.216	0.784
创新导向	0.200	2.821	1.398	0.005
先动导向	–0.007	–0.066	2.191	0.948
冒险导向	0.067	1.137	1.514	0.257

由表 10-13 可知，共线性指标 VIF 的最大值小于 10，则绿色创业导向各维度与成长绩效不存在多重共线性现象。此外，控制变量企业规模的 Sig 值为 0.011，小于 0.05，说明企业规模对模型具有显著影响。同时，生命周期 Sig 未通过显著

性检验，对模型影响不显著。根据变量β值，可得到绿色创业导向与成长绩效的模型方程为

$$Z_2=0.158Y_1+0.016Y_2+0.200Y_3-0.007Y_4+0.067Y_5-0.400C_1+0.017C_2$$

对于回归方程模型各变量间关系的解释分为以下 5 种情况。

（1）环境导向对企业成长绩效的影响系数为 0.158，大于 0，说明其影响作用为正向，但其 Sig 值未通过显著性检验，表示环境导向对企业成长绩效影响不显著。首先，环境导向高的企业会在产品开发时考虑到人类社会可持续发展的环保要求，其产品与未来商品市场的需求更匹配，在产品竞争中更具优势；其次，环境导向因其环保意识和社会责任更高会营造积极向上的正面形象，有利于赢得顾客对企业的认同感，便于树立企业品牌；最后，在外部环境方面，基于可持续发展的时代背景，政府利用行政手段对环境导向过低的企业进行干预，引导所有企业在发展的同时兼顾环境保护，而对于环境导向高的企业，政府会给予一定程度的政策支持或资金补偿等，能够降低企业环保成本，推进企业发展，从而提升企业的成长绩效。

（2）盈利导向对企业成长绩效具有正向影响，其影响系数为 0.016，Sig 值为 0.784，高于显著性检验水平 0.05，表示盈利导向对企业成长绩效的影响不显著。对盈利导向所含有的具体测量指标进行分析可知，盈利导向主要关注的是企业的相对盈利水平，与企业成长绩效的考核具有一致性。盈利导向越高，说明企业相较于竞争对手的盈利水平越高、销售利润越高、投资回报率越高，相应地这些指标对企业成长绩效的测量存在同质性，因此，企业盈利导向越高，成长绩效越高。

（3）创新导向对企业成长绩效的影响系数为 0.200，大于 0，说明其对成长绩效显示出积极的正向影响，同时其显著性水平为 0.005，表示创新导向对企业财务绩效影响十分显著。基于前文对创新导向高的企业所面临环境特征的综合分析可知，创新导向高的企业可以依靠其资源优势、政策优势以及环境优势，在市场竞争中保持领先地位，与竞争对手拉开距离，获得较高的成长绩效。

（4）先动导向对企业成长绩效的影响系数为–0.007，小于 0，说明其对成长绩效具有负向影响，其 Sig 值未通过显著性检验，表示影响效果不显著。先动导向强调的是企业在市场竞争中的首创地位，但在实际创业过程中，先动导向往往伴

随着诸多创业风险，且先动导向对企业成长绩效的影响需要长期的市场考察才能逐渐体现，短期内企业先动导向会因其巨大的成本投入制约企业的发展，因此先动导向在企业成长绩效的影响方面会出现显著的负向影响。

（5）冒险导向对企业成长绩效具有正向影响，其影响系数为 0.067，但其 Sig 值未通过显著性检验，表示冒险导向对财务绩效影响不显著。基于前文冒险导向对企业财务绩效的影响分析可知，冒险导向越高，往往意味着企业规避风险的能力越强，其市场调查也相应地越全面，在企业发展方面的正向作用也越显著。

第五节 结论与政策启示

本章选取了农业部公布的 224 家江西省农业龙头企业作为研究对象，通过问卷调查的方式获取到农业企业的相关创业数据，根据相关研究结论，结合农业企业创业特征，构建出绿色创业导向对创业绩效运行的研究模型，然后运用 SPSS 21.0 及 AMOS 21.0 软件对模型进行运行、修正，最终得到研究结果。不同导向对创业绩效的影响存在差异，其主要表现在以下 5 个方面。

（1）环境导向对企业绩效的两个维度具有不同影响，其中对财务绩效的影响为负向影响，对成长绩效的影响为积极的正向影响，但其创业绩效两个维度的影响均不显著。原因在于：一方面，企业在实施环境导向战略时，需要投入大量的环保资金，其利益产出以社会效益为主，短期内对企业的财务绩效无促进作用，且会因资金消耗影响企业财务绩效的增长；另一方面，环境导向有助于塑造良性的企业形象，增加企业的绿色声誉，获得消费者的认可，从而使企业在市场竞争中获得较高的产品溢价以及企业竞争优势，从而提升企业成长绩效。

（2）盈利导向对企业绩效两个维度的影响是相悖的，其对财务绩效具有负向影响，对成长绩效具有正向的积极影响，但影响均不显著。设置多样的绩效考核指标，实施先进的管理理念，可以更准确地评估企业盈利水平，从而为后期企业业务的规划提供数据资料。传统的盈利水平以销售额作为唯一的衡量标准，但是在现阶段，单一的销售额已经不能准确表达企业的盈利水平，因此优化企业盈利评价指标可以更加准确地把握企业真实盈利水平，挖掘盈利的内涵，在企业后期绩效评价时，可以提供较为全面的数据支持，加快企业财务改革的进程，从而使企业在长期发展中能够比竞争对手更具成长性。但相对而言，企业设置的新型盈利水平指标与传统的销售额指标相比，其财务绩效在数据表现上会呈现下降趋势，因此盈利导向对企业财务绩效存在负向相关性。

（3）具有创新导向的企业往往更加注重新产品的研发、新技术的引进、新管理方法的推广等，旨在通过创新来推动企业提高核心竞争力，及时规避未来环境风险，更好地促进企业发展。以创新导向为主的企业在企业创新活动中会对企业产品线、管理方式、产品技术等多个方面进行升级改造，在短期内开发出符合社会需求的新产品，率先进入新市场，占领市场份额，进而提升企业的财务绩效和成长绩效。

（4）先动导向对企业的创业绩效具有负向影响，但并不显著。即企业的先动导向越强，其财务绩效与成长绩效的水平就可能越低。出现这种现象的原因可能在于，先动导向强调的是要先于竞争对手研发新产品、引进新技术、推广新的管理模式等，一切以领先对手为主，从而能够使先动导向强的企业率先进入市场，抢占市场先机，但是这种益处只是短暂的，绝非长久的，当其他企业开始瓜分市场份额，此时先动导向企业就丧失了市场的优先权，与竞争对手相比，在科研投入方面会出现疲态，处于劣势地位，导致企业创业绩效下降。因此，对于环境中出现的新机会，抢先行动虽然能够为企业带来较大的经济收益与利润流量，占领市场先机，但抢先行动往往也伴随着巨大的潜在风险。尤其是在新市场开拓的初期，抢先行动可能会因为对新产品开发过程中预设的问题及解决方案考虑不全面，导致新机会开发失败，影响企业在新市场中的业务进展。此外由于企业在新市场开发中会投入大量的资金，新机会的失败会使这些资金化为泡影，甚至会给企业带来沉重的债务危机，成为企业发展的制约因素。相反，对于先动导向较低的企业，他们虽然不是第一个去抢占市场先机的企业，但是他们可以通过观察借鉴先动导向高的企业在占领市场先机后的市场反馈情况，进行后期创业行动，选择是否跟进，如果新产品、新技术、新服务的市场前景良好，具有巨大的潜在商业价值，则可以着手开发。相较于先动导向高的企业，这些后进的企业在进入新市场时会对后期市场发展情况有更准确的预判与评估，可以在研发过程中更好地规避可能出现的错误，降低研发成本。所以，先动导向低的企业比先动导向高的企业在财务绩效和成长绩效方面可能呈现出更高的效益。

（5）冒险导向使企业在发展过程中愿意将大量的资源投入不确定的创业活动中，冒险导向对企业的财务绩效和成长绩效均显示出积极的正向影响，但并不显著。原因可能在于，在企业发展过程中会面临不同的项目选择，传统型的企业往往会采取保守的项目选择政策，对于高风险、高回报的企业项目，往往采取观望的姿态，从而选择较为稳健的市场项目。冒险导向高的企业在企业资金配置时，往往会预留出一部分用于风险投资，这笔资金与研发资金不同。例如，某些先动导向高的企业可能会率先进入新产品市场，但是在其市场不是特别完善的时期，传统企业可能会继续采取观望的姿态，但是冒险导向高的企业会对其未来市场做出判断，并大胆、迅速地将资源投入新市场。冒险导向高的企业一方面可以根据第一个进入新产品市场的企业发展情况，进行甄别，可以规避前期研发资金投入过高、市场前景不明朗的威胁，还能够领先传统企业，以“第二”的身份进入新市场，与竞争者拉开距离，因此冒险导向高的企业往往具有较高的财务绩效和成长绩效，但是由于冒险导向企业面临的市场环境与市场机会较为复杂多变，所以在显著性方面可能不太显著。

第十一章

总结及政策建议

第一节　全书总结

本书是关于“农业龙头企业绿色创业行为测度、驱动机理及绩效评价”的研究。具体是以农业龙头企业为研究视角，借鉴创业理论、可持续发展理论、利益相关者理论及环境经济学理论，并利用江西省农业龙头企业的调查数据，探讨江西省农业龙头企业绿色创业行为及影响因素情况。本书的研究思路为：首先，构建农业龙头企业绿色创业行为评价指标体系，建立农业龙头企业绿色创业行为指数测度模型，对农业龙头企业绿色创业行为进行测度。在此基础上，通过构建计量模型以及借助因子分析方法，实证分析农业龙头企业绿色创业行为的影响因素。其次，通过使用 224 家农业龙头企业的样本数据，实证检验了政策支持、监督响应以及政府规制对企业绿色创业的影响，并进一步考虑了政策支持和监督响应的交互作用效果。再次，在对农业龙头企业绿色创业行为进行测度的基础上，重点对农业龙头企业绿色创业行为驱动机理进行理论与实证分析。最后，本书考察了企业绿色创业行为以及绿色创业导向对企业绩效的影响。基于以上研究，本书主要研究结论为以下 8 个方面内容。

一、农业龙头企业绿色创业行为表现

通过借鉴国外学者 Nelson 和 Sumesh[28]对企业绿色运营模式的研究，并结合农业企业生产经营特征，从绿色采购、绿色生产、绿色管理、绿色营销和绿色服

务 5 个维度构建了农业龙头企业绿色创业行为评价指标体系，运用单因素方差分析方法对不同特征企业绿色创业行为进行研究，发现不同规模、性质、行业、资产、生命周期的企业在绿色服务行为上存在显著差异，在绿色采购、绿色生产、绿色管理、绿色营销各行为上存在一定差异。在企业规模方面，中小企业在绿色采购、绿色管理和绿色服务行为方面的表现比大型企业要差。在企业性质方面，国有/集体企业在绿色管理、绿色营销及绿色服务行为方面的表现要优于其他两种性质的企业。在企业总资产方面，资产规模达到 4 亿元以上的企业在绿色管理行为方面的表现比其他资产规模的企业要高，但是，资产规模 1 000 万～5 000 万元的企业在其绿色服务行为方面的表现比其他资产规模的企业要高。在企业所处行业方面，种植业和农产品加工及其他类型企业在绿色营销及绿色服务行为方面的表现比养殖业要好，但养殖业的绿色管理行为表现要优于其他两种行业。在企业所处生命周期方面，处于初创期的企业在绿色采购和绿色服务方面的行为表现比其他的企业要好，但是转型期企业在这两方面的表现比其他企业要差。

二、农业龙头企业绿色创业行为的影响因素

（1）企业规模变量对企业生产运营的绿色化程度存在显著的负向影响，随着企业规模的扩大，企业的生产运营的绿色化程度将有所降低。

（2）民营企业性质变量对企业生产运营的绿色化程度有正向影响，相比外资企业，民营性质的农业龙头企业生产运营的绿色化程度更高。

（3）初创期企业的生产经营的绿色化程度相较成熟期企业更高。

（4）良好的政策支持环境能推动企业进行绿色创业，提高其生产运营的绿色化程度。政府为实施环境保护行为的企业提供资金支持、融资支持及税收减免，能够很好地影响企业绿色创业行为，提高企业生产运营的绿色化程度。

（5）严格的环境管理制度规章能迫使企业实行绿色创业，并推动其生产运营绿色化程度的提高。

（6）由利益相关者对环保的要求带来的压力能推动企业进行绿色创业，提高其生产运营的绿色化程度。

（7）企业领导者或者管理层所具有的保护环境、节约资源的意识及价值观能使企业主动进行绿色创业，并尽力提高其生产运营的绿色化程度。

三、农业龙头企业绿色创业驱动机理

运用结构方程模型进行研究，表明环境规制、社会监督和领导层生态意向对农业龙头企业的绿色采购、绿色生产、绿色管理、绿色营销以及绿色创业总行为具有显著的正向影响，而政策支持对绿色采购、绿色生产、绿色管理、绿色营销以及绿色创业总行为的直接影响不显著，而是通过领导层生态意识间接产生积极促进作用；政策支持、环境规制、社会监督和领导层生态意向等因素对绿色采购、绿色生产、绿色管理、绿色营销以及绿色创业总行为的影响程度有所差异；从绿色创业总行为的驱动因素来看，领导层生态意向的影响最大，其次是社会监督和环境规制，且两者作用大小相当，政策支持的影响最小。

四、政策支持、监督响应对农业龙头企业绿色创业行为的影响

（1）政策支持对农业龙头企业绿色创业活动有显著的正向作用，政策支持力度越大，企业绿色创业水平越高。并且，随着企业获得政府资金支持或税收减免力度的不断增大，其绿色创业水平会不断增强。

（2）监督响应对农业龙头企业绿色创业活动有显著的正向作用，监督响应越强，说明企业对社会公众的监督重视程度越大，其绿色创业水平则越高。并且，随着企业对社会公众监督的重视程度增大，其绿色创业行为的因子得分越低，他们表现出的绿色创业水平越低。

（3）政策支持和监督响应对农业龙头企业绿色创业的影响存在互补效应，即当政策支持对企业绿色创业水平的影响较强时，监督响应对企业绿色创业的促进作用可能也更强。

（4）企业规模、跨区经营及业务成长对农业龙头企业绿色创业有显著正向影响，即农业龙头企业规模越大、跨区经营越多以及业务成长越强，其绿色创业水平越高，但是投资收益对农业龙头企业绿色创业没有显著影响。

五、环境规制对农业龙头企业绿色创业行为的影响

（1）激励规制有助于农业龙头企业绿色创业行为的履行，激励环境越好，激励强度越大，农业龙头企业绿色创业行为的总体表现越好。并且，随着政府对企

业实施绿色创业的激励增大，企业绿色创业行为的因子得分不断增加，其体现出的绿色企业行为表现越好。

（2）政府规制对农业龙头企业绿色创业营运流程的影响存在差异性，激励规制和约束规制都能促进企业积极实施绿色采购和绿色生产行为，但对企业的绿色管理和绿色营销影响不显著。因此，要促进农业龙头企业绿色创业，就必须完善相关的政府规制，为企业绿色创业提供充分的激励与约束机制。

（3）是否上市、企业成长性以及企业盈利性都对农业龙头企业绿色创业有显著正向影响。

六、政府介入和消费者环境卷入情形下农业龙头企业绿色创业对企业绩效的影响

（1）农业龙头企业绿色创业对企业绩效具有广泛的、较强的影响力。一方面，绿色生产体现了对成长绩效强劲的影响力，对企业成长绩效的影响力居各个绿色创业维度之首；另一方面，绿色生产对财务绩效具有较强的影响力，而绿色管理对财务绩效的影响力为负。由于绿色创业各维度对企业绩效的财务绩效和成长绩效的影响存在差异性，因此，企业管理层应当从绿色创业不同维度考虑如何有效地实现最佳的影响效果，提升企业绩效。

（2）政府介入在绿色创业对企业绩效的影响中起到调节作用。当政府介入程度较高时，绿色生产对企业成长绩效和财务绩效有显著影响，绿色管理对企业成长绩效有显著影响，而对财务绩效的影响力为负。这一结论的重要启示在于：企业在实施绿色创业的过程中，一方面要充分发挥政府介入在绿色生产和绿色管理上对企业成长绩效的促进作用；另一方面要注意防止政府的过度介入给企业带来不利影响，应当在企业绿色创业不同环节中有所侧重。例如，在绿色生产环节，政府应高度介入，加强对企业绿色生产的表彰和宣传，树立典型，促进企业绩效提升，而在绿色管理环节，政府应当低度介入，不过分干涉，充分发挥企业在绿色管理过程中的主动性和创造性。

（3）消费者环境卷入在绿色创业对企业绩效的影响中起调节作用。处于高环境卷入的农业龙头企业，其成长绩效和财务绩效受绿色创业的影响总体上高于低环境卷入的企业。这是因为处于高环境卷入情景下，企业任何的绿色创业都会受

到消费者的关注，促使消费者更加愿意购买绿色创业企业的产品，支持企业发展，而处于低环境卷入的情景下，消费者只关心与自身相匹配的信息，对企业是否实施绿色创业并不关注。这一结论的启示在于：企业应当对消费者目标市场进行细分，然后根据不同目标市场有针对性地实施绿色创业活动，从而使绿色创业投入资源达到最佳配置效果。

七、新制度经济学视角下农业龙头企业绿色创业行为对企业绩效的影响

（1）企业绿色创业总体上有助于企业绩效的提升，而且在制度环境越好的情景下，企业绿色创业对提高企业绩效的作用越明显；而处于制度环境较差的企业，由于交易成本高和消费者对绿色创业的敏感度低，其绿色创业行为不能及时地转化为企业社会资本，从而对企业绩效影响不显著。

（2）企业上市和企业规模在制度环境较好的情况下开展绿色创业对企业绩效有显著影响，而对处于制度环境差的企业来说，其作用发挥不明显。

（3）企业不同维度的绿色创业对企业绩效的影响存在一定差异性，即企业绿色采购对所有企业绩效都有显著作用，绿色生产和绿色管理只对绩效较好的企业提升作用更大，而绿色营销对所有企业绩效都没有显著作用。

（4）绿色创业总指数的估计值系数在成长绩效、竞争绩效和财务绩效的回归模型中都通过了1%水平的显著性检验，即绿色创业都有助于企业成长绩效、竞争绩效和财务绩效的提升。

八、农业龙头企业绿色创业导向对企业绩效的影响

（1）环境导向对企业绩效的两个维度具有不同影响，对财务绩效的影响为负向影响，对成长绩效的影响为积极的正向影响，但这两种影响均不显著。

（2）盈利导向对企业绩效两个维度的影响是相悖的，其对财务绩效具有负向影响，对成长绩效具有正向的积极影响，但影响均不显著。设置多样的绩效考核指标，实施先进的管理理念，可以更准确地评估企业盈利水平，从而为后期企业业务的规划提供数据资料。

（3）具有创新导向的企业往往更加注重新产品的研发、新技术的引进、新管

理方法的推广等，旨在通过创新推动企业提高核心竞争力，及时规避未来环境的风险，更好地促进企业发展。

（4）先动导向对企业的创业绩效具有负向影响，但并不显著。即企业的先动导向越强，其财务绩效与成长绩效水平可能越低。相较于先动导向高的企业，先动导向低的企业在进入新市场时会对后期市场发展情况有更准确的预判与评估，可以在研发过程中更好地规避可能出现的错误，降低研发成本，所以先动导向低的企业比先动导向高的企业在财务绩效和成长绩效方面可能呈现出更高的效益。

（5）冒险导向使企业在发展过程中愿意将大量的资源投入不确定的创业活动中去，冒险导向对企业的财务绩效和成长绩效均显示出积极的正向影响，但并不显著。即冒险导向高的企业往往具有较高的财务绩效和成长绩效，但是由于冒险导向企业面临的市场环境与市场机会较为复杂多变，所以在显著性方面可能不太显著。

第二节　政策建议

一、强化对农业龙头企业绿色创业的奖惩制度

在农业龙头企业绿色创业行为测度中，绿色生产及绿色营销水平较低，主要表现在企业创新技术研发、ISO 14001 环境管理认证资源投入方面动力不足，企业在环境绩效方面设置的标准及指标较低。为此，一方面，相关部门应制定和完善环境审计、节能减排统计等制度，以法律法规的形式明确农业龙头企业在资源节约、环境保护方面的责任和义务，并强制其遵守相关规则与制度；另一方面，政府可设立经济或财政资金对农业龙头企业的绿色创新技术等行为进行奖励，增加对绿色技术研发的公共资助，给予企业相关政策及融资支持，鼓励和推动企业进行创新技术研发；对于更新、改造生产设备和工艺手段的企业给予必要的财政补贴，提升农业龙头企业的绿色生产经营能力与水平。

二、促进农业龙头企业提高绿色管理水平

农业龙头企业的绿色生产经营行为在很大程度上与其管理模式及管理能力存

在紧密联系。通过研究发现，在农业龙头企业的绿色管理方面，企业环境部门管理层在参与绿色采购事务方面表现不佳，而绿色采购是确保能够开展绿色生产的前提条件。因此，需要加强绿色采购方面对农业龙头企业管理层的约束，促进其管理制度与管理模式的创新。例如，在建立企业相关制度与规章时，应将履行社会责任理念融入其中，明确划分各部门各环节在绿色化中的责权关系，落实好企业运行过程中管理者的责任，提高企业绿色管理水平。同时，政府相关部门也应当介入，设置一定的规章制度以及惩罚措施，对农业龙头企业管理层的行为形成有效约束，促使其逐步转向绿色发展模式。

三、对不同农业龙头企业实施差异化政策

由于不同规模、性质、行业、生命周期的企业在绿色采购、绿色生产、绿色管理、绿色营销各行为上存在一定差异，因此，政府在制定推动企业绿色化生产经营政策时，应考虑企业的异质性，对不同规模、性质，不同发展周期的企业，制定与实施有针对性的绿色行为促进政策，提高政策的有效性。在推动农业龙头企业的绿色化生产经营过程中，对不同规模及不同发展周期的企业应区别对待。研究发现，处于初创期的企业及中小型企业在绿色化生产经营方面程度更高，为此，政府可为这类企业提供一定的资金、物资及技术等方面支持，促使其从初始阶段就形成绿色发展意识与绿色发展模式；同时，政府相关部门可以建立绿色产品政府采购政策，以帮助初创期的农业龙头企业顺利过渡，推动中小型农业龙头企业的绿色生产与绿色发展。对于大型农业龙头企业和步入成长期、成熟期的农业龙头企业而言，政府部门应引导其充分利用自身在物资、人才及技术等方面的资源优势进行绿色生产经营。另外，政府应继续加大对国有性质农业龙头企业在政策、资金以及技术等方面的支持力度，发挥好国有/集体性质的农业龙头企业在绿色生产经营方面的榜样带头作用。对于民营性质农业龙头企业的绿色生产经营行为要加强表彰与宣传，同时给予其融资、政策支持。对于外资企业以及其他企业而言，相关部门可开展经常性的环境培训（达标）活动，引导企业实行绿色化生产经营，并通过严格的规章制度约束其违规生产行为，加大处罚力度。

另外，重视政府规制对企业绿色创业具体营运流程影响的差异性。政府在通过规制政策对企业绿色创业进行激励和监管时，不仅要发挥“送上马”的作用，

而且要扮演“扶全程”的保姆角色，即不仅要关注企业的绿色采购和绿色生产，还要进一步加强对企业绿色管理和绿色营销的激励与监管，从而提升农业龙头企业绿色创业的总体表现，最终助力企业绿色创业新价值的实观。

四、优化农业龙头企业绿色创业环境

良好的政策支持环境能提高企业生产运营的绿色化程度。政府应合理利用经济手段实现外部成本内部化，通过税收减免、融资支持等有形资源和宣传表扬等无形资源来推动农业龙头企业环境保护行为的实施。例如，对投资开发利用或购买太阳能、风能、地热以及潮汐等发电技术的企业，可从当年企业应缴的所得税中抵扣投资或购买金额的一定比例，降低其绿色创业成本，提高其积极性；对购买水资源再循环设备的企业，其购买金额可以用其他产品的所得税进行抵扣补偿。同时，对实施绿色生产经营的企业进行表彰、宣传，发挥绿色创业企业的榜样作用及示范效应。另外，生态环境主管部门可开展经常性的环境培训活动，督促企业进行绿色生产经营。

五、建立完善绿色创业相关法规制度

严格的制度规制能迫使农业龙头企业实行绿色创业，并有效推动其生产运营的绿色化程度的发展。国家立法部门应加强环保立法，完善《中华人民共和国环境保护法》《中华人民共和国大气污染防治法》《中华人民共和国土壤污染防治法》等法律及《排污许可管理条例》等法规，并严格执行《中华人民共和国环境保护税法》。例如，对向环境排放应税污染物（大气污染物、水污染物、固体废物等）的农业龙头企业征收环境保护税，排污量超过国家和地方规定的排放标准应缴纳环境保护税。另外，加强对破坏环境行为的管制，可以通过实行环境信息披露制度，严惩企业伪造环境信息行为，对污染环境、不服从环境管理的农业龙头企业实施严厉制裁，提高其破坏环境的代价与成本。

六、引导利益相关者积极支持绿色创业

利益相关者是农业龙头企业实行绿色化生产经营的外在驱动力。为此，应进一步加强社区力量的参与，加强群众的外部监督，充分发挥媒体的舆论监督作用。

对于一些严重污染环境、损害社会利益的行为，媒体应及时地、准确地进行披露；政府相关部门经查实后从严处罚，并进行公示或设置黑名单，促使农业龙头企业在经济受损和社会舆论的压力下实施绿色化生产经营。另外，政府可以通过对绿色环保型产品实施价格补贴、减免税收等手段降低绿色产品（服务）价格，增加环保产品对消费者的吸引力，影响消费者的日常消费行为与偏好，从而推动绿色生产的进行。

七、进一步提高农业龙头企业的环保意识

良好的企业环境保护意识是农业龙头企业实行绿色化生产经营的内部驱动力。农业龙头企业管理层应当积极参与绿色创业教育与绿色创业培训，树立可持续发展的价值观与理念，将保护环境、节约资源、实现可持续发展纳入企业的长期发展战略当中。另外，管理层应当加强对企业员工在环境污染、生态风险等方面的知识普及，强化企业内部员工的绿色环境认知。同时，加强管理层的绿色理念及技能培训，制定相关考核和奖励标准，落实好环境管理制度，在企业内部形成良好的绿色企业文化。

八、重视农业龙头企业绿色创业导向的引导

由于农业龙头企业绿色创业导向的不同维度对企业的财务绩效和成长绩效具有不同影响。所以，农业龙头企业在进行创业时应清楚绿色创业导向是什么，对自身发展具有什么样的影响。并且在不同时期，农业龙头企业应根据自己的资源禀赋、资源限制、核心能力、发展需求、未来战略等因素确定适合本企业的最优的绿色创业导向组合。政府应合理运用自己的行政手段与经济手段对农业龙头企业绿色创业导向的选择进行引导，并逐步完善创业保障体系，健全创业奖惩机制，发挥绿色创业导向的积极作用。

（1）加强对农业龙头企业创新导向和冒险导向的引导。首先，政府可根据财政情况，适当拿出一部分资金作为科研创新奖励专项基金，对具有重大科技贡献、优秀科技成果的农业龙头企业实行现金奖励政策，也可根据企业经营情况返还部分税点。其次，在创新企业交流方面，政府可以定期组织科技交流峰会，邀请行业内优秀的创新企业分享创新经验，树立行业典范，并组织农业龙头企业到创新

型企业内部考察学习，带动全民创新热情。另外，对于创新失败的农业龙头企业，政府应以包容的态度接受其创业行为，并做好后续的保障措施。例如，对于具有良性创业影响的农业龙头企业在遭遇创业失败的困境时，政府可以通过贴息贷款、减免税收等措施，缓解其创业失败的压力。政府应积极搭建创新创业指导平台，牵头联系具有优秀创业经验的高端人才及专家学者对创业失败的企业进行技术援助，帮助其寻找创业失败的原因，引导企业步入正轨。

（2）强化农业龙头企业环境导向、盈利导向及先动导向。首先，对于环保意识低的农业龙头企业，政府应采取行政干预措施，限定企业排污标准，对于超过排污限额的企业可以采取现金罚款、停业整顿、吊销执照等措施，迫使其注重环境保护。对于环保意识高的农业企业，政府可设置环保基金，将环保罚金奖励给环保意识高、环保效益好的企业，鼓励其继续坚持环保理念，且能够在一定程度上降低其环保资金压力。其次，从创业环境保障方向着手，对先动导向高的农业龙头企业采取市场保护措施。例如，给予先动导向企业一定范围内的价格浮动权利，能够使先动导向高的企业在占领市场后快速回收前期投入成本，也可以通过政府贴息贷款的方式为率先进入新市场开发的企业提供资金支持，从而从一定程度上减弱先动导向对财务绩效的负向影响。

第三节　研究局限及进一步展望

绿色创业活动作为学术界一个新兴的研究领域与研究主题，具有重要理论意义和重大现实意义。目前，国内外学者关于绿色创业导向的研究日益增多，这些研究成果为绿色创业企业指引了方向，在政府制定相关政策方面也具有重要的借鉴意义与参考价值。本书基于现有的研究资料，从理论与实证上对农业龙头企业绿色创业行为及其绩效进行了考察，研究结果对于现阶段农业龙头企业的绿色创业行为具有一定的参考作用，但同时本书的研究还存在一些不足之处，这也为后面作进一步研究留下了更多空间。

（1）本书在农业龙头企业绿色创业的指标选择上有进一步优化的空间，主要体现为指标的选取不够系统、全面。当然，这也是由于部分指标难以获取，所以未能添加到绿色创业导向的指标体系中。同时，绿色创业不同维度的项目数存在差异，这可能会导致不同维度得分的稳定性存在差异。因此，在后续研究中，需要更加科学合理地对农业龙头企业的绿色创业行为以及绿色创业导向指标体系进行设计和测量。

（2）在农业龙头企业绿色创业行为对企业绩效影响的模型设计方面，由于受数据资料限制，模型设计中并没有完全解决内生性问题，这可能会导致模型结果存在一定的偏差。因此，在后续研究中，还需要进一步处理和解决模型的内生性问题。

（3）在农业龙头企业数据方面，本书主要采用了截面数据，但农业龙头企业绿色创业行为是一个动态变化的过程，并且其对企业绩效的影响可能存在短期和长期的影响，这些都需要多期的面板数据作支撑和验证。因此，在后续的研究中，不仅要关注农业龙头企业绿色创业行为的短期影响，还要关注其长期动态的影响，从而更加合理地评估农业龙头企业绿色创业行为绩效。

参考文献

[1] 高嘉勇，何勇. 国外绿色创业研究现状评介[J]. 外国经济与管理，2011（2）：10-16.

[2] 李华晶，姚琴. 绿色创业者的类型与行为路径：基于中国企业的探索性案例研究[J]. 中国科技论坛，2010（6）：99-106.

[3] 朱仁宏. 创业研究前沿理论探讨——定义、概念框架与研究边界[J]. 管理科学，2004（8）：71-77.

[4] Knight F. Risk, uncertainty, and profit[M]. Boston: Houghton Mifflin, 1921.

[5] Kirzner I M. Competition and entrepreneurship[M]. Chicago: The University of Chicago Press, 1973.

[6] Leibenstein H. General X-efficiency and Economic Development[M]. New York: Oxford University Press, 1978.

[7] Stevenson H, Grousbeck H I, Roberts M J, et al. New business ventures and the entrepreneur[M]. Irwin/McGraw-Hill, 1994.

[8] Conner K R. An historical comparison of resource-based theory and five schools of thought within industrial organization economics: Do we have a new history of the firm?[J]. Journal of Management, 1991,17(1):121-154.

[9] Bygrave W D. The entrepreneurship paradigm(Ⅰ) and(Ⅱ)[J]. Entrepreneurship Theory and Practice, 1989(14):176-191.

[10] Shane S, Venkataraman S. The promise of entrepreneurship as a field of research[J]. Academy of Management Review, 2000,25(1):217-226.

[11] Schumpeter J A. The theory of economic development: An inquiry into profits, capital, credit,

interest, and the business cycle[M]. London: Transaction Publishers, 1934.

[12] Cole A H. Meso-economics: A contribution form entrepreneurial history[J]. Explorations in Entre- preneurial History, 1968,6(1): 3-33.

[13] Vesper K H. Entrepreneurship and National Policy[M]. Pittsburgh.PA: Carnegie-Mellon University, 1983.

[14] Gartner W B. A conceptual framework for describing the phenomenon of new venture creation[J]. Academy of Management Review,1985,10(4):696-706.

[15] Low M B, Macmilan I C. Entrepreneurship: Past research and future challenge[J]. Journal of Management, 1988(14): 139-161.

[16] Moyes A, Westhead P. Environments for new firm formation in great britain[J]. Regional Studies, 1990, 24(1):34-56.

[17] Specht P H. Munificence and carrying capacity of the environments and organizational formation[J]. Entrepreneurship Theory & Practice,1993,17(2):77-86.

[18] Gnyawali D R, Fogel D S. Environments for entrepreneurship development: Key dimensions and research implications[J]. Entrepreneurship Theory and Practice,1994,18(4): 43-62.

[19] 张玉利，陈立新. 中小企业创业的核心要素与创业环境分析[J]. 经济界，2004（3）：29-34.

[20] 叶依广，刘志忠. 创业环境的内涵与评价指标体系探讨[J]. 南京社会科学，2004（9）：228-232.

[21] 郭元源，陈瑶瑶，池仁勇. 城市创业环境评价方法研究及实证[J]. 科技进步与对策，2006（2）：141-145.

[22] 周丽. GEM 框架下珠三角欠发达城市创业环境研究[J]. 特区经济，2006（11）：67-69.

[23] 罗新阳. 农村创业环境评估体系研究[J]. 兵团党校学报，2009（2）：66-78.

[24] 孙红霞，孙梁，李美青. 农民创业研究前沿探析与我国转型时期研究框架构建[J]. 外国经济与管理，2010（6）：31-37.

[25] Freeman R E. Strategic management: A stakeholder approach[M]. Boston: Pitman/ Ballinger,1984.

[26] Clarkson M. A risk-based model of stakeholder theory[Z]. Proceedings of the Toronto Conference on Stakeholder Theory. Center for Corporate Social Performance and Ethics.

University of Toron, Canada, 1994.

[27] Hart S L. Beyond greening: Strategies for a sustainable world[J].Harvard Business Review, 1997,75(1):66-76.

[28] Nelson O N, Sumesh R N. Green entrepreneurship (GE) and green value added (GVA): A conceptual framework[J]. International Journal of Entrepreneurship, 2009, 13(1):21-34.

[29] Basdekidou V A. Green entrepreneurship and corporate social responsibility：comparative and correlative perfor-mance analysis[J]. International Journal of Economics and Finance，2017，12(9):1-12.

[30] 李华晶，邢晓东. 绿色创业内涵与基本类型分析[J]. 软科学，2009（9）：129-134.

[31] 解春艳，朱红根. 农业龙头企业绿色创业特征、维度与测量[J]. 农林经济管理学报，2019，18（5）：627-635.

[32] Grossman S, Hart O. The costs and benefits of ownership: A theory of vertical and lateral integration[J]. Journal of Political Economy,1986,(94):691-719.

[33] Hart O, Moore J. Property rights and the nature of the firm[J]. Journal of Political Economy,1990 , 98(6):1119-1158.

[34] Milton F. The social responsibility of business is to increase its profits[J]. New York Times Magazine, 1970,13(9): 32-33.

[35] Blair M. Ownership and control: rethinking corporate governance for the twenty-first century[M]. Washington D C: The Brooking Institution,1995.

[36] Blair M M. For whom should corporations is run:an economic rationale for stakeholder management[J]. Long Range Planning,1998,31(2):195-200.

[37] Samuelson, Paul A. The pure theory of public expenditure[J]. Review of Economics & Statistics, 1954, 36(4):387-389

[38] Hudson J, Jones P. “Public goods”: An exercise in calibration[J]. Public Choice, 2005, 124(3-4):267-282.

[39] Coase R H. The problem of social cost[M]. London: Palgrave Macmillan UK, 1960.

[40] Olson M. The logic of collective action: Public goods and the theory of groups[J]. Social Forces, 1973, 52(1): 2-15.

[41] 林强，姜彦福，张健. 创业理论及其架构分析[J]. 经济研究，2001（9）：85-94.

[42] Cantillon R. Essai Sur La Nature Du Commerce en Général[M]. McMaster University Archive for the History of Economic Thought, 1755.

[43] Timmons J, Spinelli S. New Venture Creation[M]. McGraw-Hill/Irwin, 1999.

[44] Kuratko D F，Audretsch D B. Strategic entrepreneurship：Exploring different perspectives of an emerging concept[J].Entrepreneurship Theory and Practice，2009，33（1）：1-17.

[45] 张玉利，李乾文，李剑力. 创业管理研究新观点综述[J]. 外国经济与管理，2006（5）：1-7.

[46] Miller D. The correlates of entrepreneurship in three types of firms[J]. Management Science, 1983, 7(29): 770-791.

[47] 熊彼特. 资本主义、社会主义与民主[M]. 北京：商务印书馆，1942.

[48] Casson M. The entrepreneur：An economic theory[M]. Lanham：Rowman & Littlefield，1982.

[49] Kirzner I M. Entrepreneurial discovery and the competitive market process: An Austrian approach[J]. Journal of Economic Literature, 1973, 1(35): 60-85.

[50] Saxenian A L. Comment on kenney and von burg, "Technology, entrepreneuship and path dependence: Industrial clustering in silicon valley and route 128"[J]. Industrial and Corporate Change, 1999, 8(1): 105-110.

[51] Woodward W J. A social network theory of entrepreneurship: an empirical study[D]. University of North Carolina at Chapel Hill, 1988.

[52] Drucker P. Innovation and Entrepreneurship[M]，Heinemann，London，1985.

[53] Bhide A. Building the professional firm: McKinsey & Co.: 1939-1968[J]. International Journal of Entrepreneurship Education, 2002,1(2):247-276.

[54] Zahra S A, Dess G G. Entrepreneurship as a field of research: Encouraging dialogue and debate[J]. Academy of Management Review, 2001, 1(26): 8-10.

[55] Singh R P. A comment on developing the field of entrepreneurship through the study of opportunity recognition and exploitation[J]. Academy of Management Review, 2001,1(26): 10-12.

[56] Quinn J B. Next big industry: Environmental improvement[J]. Harvard Business Review, 1971, 47(5) : 120-131.

[57] Hartman C, Stafford E. Green alliances: Building new business with environmental groups[J]. Long Range Planning, 1997, 30(2):184-196.

[58] Dees J G. Enterprising nonprofits[J].Harvard Business Review,1998, 76(1):55-67.

[59] Schick H, Marxen S, Freimann J. Sustainability issues for start-up entrepreneurs[J]. Greener Management International, 2002, 38(38):59-70.

[60] 陈晟杰. 绿色创业导向对企业绩效的影响基于环保企业的实证研究[D]. 上海：上海交通大学，2009.

[61] Walley E E, Taylor D W. Opportunists, champions, mavericks? A typology of green entrepreneurs[J]. Greener Management International, 2002, 38(38):31-43.

[62] Ripsas S. Entrepreneurship also konomisher process (entrepreneurship as an economic process)[M]. Wiesbaden, Germany: Gabler,1997.

[63] Dean T J, McMullen J S. Toward a theory of sustainable entrepreneurship: Reducing environmental degradation through entrepreneurial action[J]. Journal of Business Venturing, 2007, 22(1):50-76.

[64] Schaltegger S. A framework for ecopreneurship[J]. Greener Management International, 2002, 38(Sum): 45-58.

[65] Schaper M. The Essence of ecopreneurship[J]. Greener Management International, 2002, 38(38): 26-30.

[66] 李华晶. 绿色创业生态系统的创新机理研究[J]. 东南学术，2020（5）：126-135.

[67] 李凯. 基于愿意释意行为视角的绿色创业导向与行动械研究：以新能源企业为例[D]. 杭州：浙江大学，2012.

[68] 李先江. 服务业绿色创业导向、低碳创新和组织绩效间关系研究[J]. 科学学与科学技术管理，2012（8）：36-43.

[69] 祝杨军. 绿色创业者：价值理念、核心特征与培育途径[J]. 新视野，2020（4）：75-80.

[70] 李贵成. 返乡农民工绿色创业存在的问题与对策研究[J]. 中州学刊，2020（6）：88-94.

[71] 周劲波，宋站阳，古翠凤. 绿色创业教育体系构建研究[J]. 广西社会科学，2020（3）：177-183.

[72] Cohen B, Winn M I. Market imperfections, opportunity and sustainable entrepreneurship[J]. Journal of Business Venturing, 2007, 22(1):29-49.

[73] 朱红根，葛继红. 政府规制对农业企业绿色创业影响的理论与实证——以江西省农业龙头企业为例[J]. 华东经济管理，2018，32（11）：30-36.

[74] 朱红根. 农业龙头企业绿色创业与企业绩效——基于新制度经济学的理论与实证分析[J]. 农业经济问题，2018（10）：121-131.

[75] 朱红根. 政策支持、监督响应与农业龙头企业绿色创业[J]. 西北农林科技大学学报（社会科学版），2018，18（6）：121-128.

[76] 张明林，刘荣春.绿色食品农业龙头企业绩效结构及评价分析——基于江西部分绿色食品企业样本数据[J].江西师范大学学报（哲学社会科学版），2016，49（3）：66-71.

[77] 姚莉萍. 农业龙头企业绿色创业行为测度及影响因素分析[D]. 南昌：江西农业大学，2018.

[78] 李先江. 服务业绿色创业导向对绿色服务创新和经营绩效的影响研究[J]. 研究与发展管理，2012（5）：1-10.

[79] 张秀娥，黄海森，徐雪娇，等. 绿色创业导向对绿色竞争优势的影响研究[J]. 科学学研究，2021，39（12）：2241-2252.

[80] 邱海洋，胡振虎. 绿色农业创业与乡村振兴——基于互联网普及门槛效应的视角[J]. 西安财经学院学报，2019，32（3）：68-75.

[81] 夏晗. 绿色创业导向、积极型市场导向与科技新创企业创新绩效的关系[J]. 科技管理研究，2019，39（16）：264-274.

[82] Covin J G, Slevin D P. A conceptual model of entrepreneurship as firm behavior[J]. Entrepreneurish Theory and Practice, 1991, 1(16):7-25.

[83] 王秀峰，李华晶，李永慧. 绿色创业导向与企业绩效关系研究——基于中关村高新技术企业的分析[J]. 软科学，2015（6）：42-45.

[84] 冯泰文，陶静祎，王辰. 绿色创业导向对绿色创新和企业绩效的影响——基于行业的调节作用[J]. 中国流通经济，2020，34（10）：90-103.

[85] Criado-Gomis A, Niesta-Bonillo M A, Cervera-Taulet. Sustainable entrepreneurial orientation within an intrapreneurial context: effects on business performance[J]. International Entrepreneurship and Management Journal, 2018, 14(2): 295-308.

[86] 倪嘉成，李华晶，李永慧. 制度导向还是市场导向？——绿色创业企业成长路径选择的案例研究[J]. 管理案例研究与评论，2015（3）：255-268.

[87] Donaldson T. Corporations and morality[M].Englewood cliff, NJ: Prentice Hall,1982.

[88] Donaldson T, Dunfee T. Towards a unified conception of business ethics: Integrative social

contracts theory[J]. Academy of Management Review ,1994,19(2):252-284.

[89] 崔祥民，杨东涛. 生态价值观、政策感知与绿色创业意向关系[J]. 中国科技论坛，2015（6）：124-129.

[90] Swanson D. Toward an Integrative Theory of Business and Society: A Research Strategy for Corporate Social Performance[J]. Academy of Management Review,1999,24(3): 506-521.

[91] Hillman A J, KEIM G D. Shareholder Value, Stakeholder Management and Social Issues: What's the Bottom Line?[J]. Strategic Management Journal,2001, 22(2):125-139.

[92] Porter M, KRAMER M. Strategy and society: The link between competitive advantage and corporate social responsibility[J]. Harvard Business Review, 2006, 84(12):78-92.

[93] Donaldson T. Ties that bind: A social contracts approach to business ethics[M]. Boston, M A: Harvard Business School Press,1999.

[94] Matten D, Moon J. "Implicit" and "explicit" CSR: A conceptual framework for a comparative understanding of corporate social responsibility[J]. Academy of Management Review, 2008,33(2): 404-424.

[95] Wei L K, Roaimah O, Izaidin A M. Factors associated with propensity for sustainable entrepreneurship[J]. Social and Behavioral Sciences,2014 ,13(10): 65-74.

[96] Kirkwood J, Walton S. What motivates ecopreneurs to start businesses?[J]. International Journal of Entrepreneurial Behavior and Research, 2010, 16(3):204-228.

[97] Isaak R. The making of the ecopreneur[J]. Greener Management International, 2002,38(11): 81-91.

[98] Koe W, Omar R, Saari J R. Factors Influencing Propensity to Sustainable Entrepreneurship of SMEs in Malaysia[J]. Procedia-Social and Behavioral Sciences, 2015(172):570-577.

[99] Luo Y P D. Infant expectations of instant or delayed gratification[J]. Scientific Reports, 2020, 10(1): 19081.

[100] 崔祥民，杨东涛，刘彩生. 创业意向向创业行为转化机制研究[J]. 科技管理研究，2017，37（4）：124-128，134.

[101] 王季，李倩. 创业者特质对绿色创业意愿的影响机理——基于大学生样本的实证研究[J]. 财经问题研究，2017（6）：132-137.

[102] 董杰，陈锐，张社梅. 聘用职业经理人改善了农民合作社绩效吗——基于“反事实”框架

的实证分析[J]. 经济学家，2020（3）：117-127.

[103] 李贵成. 返乡农民工绿色创业责任伦理培育的价值、困境及进路[J]. 河南社会科学，2020，28（6）：111-117.

[104] 赵贞，李华晶，陈睿绮. 基于 QCA 方法的生态伦理与创业意图关系研究[J]. 生态经济，2021，37（10）：214-221，229.

[105] 李永慧，李华晶，庞雅宁，等. 绿色发展制度环境、创业活动与经济增长关系研究[J]. 中国科技论坛，2019（11）：146-154.

[106] 梁瑞昕. 可持续创业驱动因素研究：基于企业不同成长阶段[D]. 长春：吉林大学，2014.

[107] Laroche M, Bergeron J, Barbaro F G. Targeting consumers who are willing to pay more for environmentally friendly products[J]. The Journal of Consumer Marketing, 2001,18(6): 503-520.

[108] Webb D J, Mohr L A, Harris K E. A re-examination of socially responsible consumption and its measurement[J]. Journal of Business Research,2008,61(2): 91-98.

[109] Bansal P, Roth K. Whycompanies go green: A model of ecological responsiveness[J]. Academy of Management Journal, 2000, 43(4):717-736.

[110] Post J, Altman B. Managing the environmental change process: barriers and opportunities[J]. Journal of Organizational Change Management,1994,7(4): 64-81.

[111] Earnhart D. Regulatory factors shaping environmental performance at publicly-owned treatment Plants[J]. Journal of Environmental Economics and Management,2003, 48(1) : 655-681.

[112] Gray B, Ronald J. When and why do plants comply? Peppermills in the 1980s[J]. Law & Policy, 2005, 27(2):238-261.

[113] Gray W, Carol J. Longitudinal patterns of compliance with occupational safety and health Administration ealth and safety regulations in the manufacturing sector[J]. Journal of Human Resources, 1991, 26(4):623-653.

[114] Frondel M，Horbac J，Rennings K. End-of-pipe or cleaner production？ An empirical comparison of environmental innovation decisions across OECD countries[J]. Bus. strategy Environ. 2007，16：571-584.

[115] Gray W, Deily M E. Compliance and enforcement: air pollution regulation in the U.S. Steel industry[J]. Journal of Environmental Economics and Management,1996, 31(1):96-111.

[116] Magat W A, Viscusi W K. Effectiveness of the EPA's regulatory enforcement: The case of

industrial effluent standards[J]. Journal of Law and Economics, 1990,33(2):331-360.

[117] Stafford S. The effect of punishment on firm compliance with hazardous waste regulations[J]. Journal of Environmental Economics and Management, 2002, 44(2): 290-308.

[118] Arora C. Do community characteristics influence environmental outcomes? Evidence from the toxics release inventory[J]. Southern Economic Journal, 1999, 65(4):691-716.

[119] Brooks N, Sethi R. The distribution of pollution: Community characteristics and exposure to air toxics[J].Journal of Environmental Economics and Management, 1997, 32(2): 233-250.

[120] Graham D, Woods N. Making corporate self-regulation effective in developing countries[J]. World Development, 2006, 34(5):868-883.

[121] Maxwell J W, Lyon T P, Hackett S C. Self-regulation and social welfare: The political economy of corporate environmentalism[J]. The Journal of Law & Economics, 2000, 43(2)：1-50.

[122] Henriques I, Sadorsky P. The determinants of an environmentally responsive firm: An empirical approach[J]. Journal of Environmental Economics and Management, 1996, 30(3):381-395.

[123] Denning K C, Shastri K. Environmental performance and corporate behavior[J].Journal of Economic and Social Research, 2000,2(1):13-38.

[124] Gunningham N A, Kagan R A, Thornton D. Shades of green: Business, regulation, and environment[M]. California: Stanford University Press, 2003.

[125] Jabbour C. Non-linear pathways of corporate environmental management: A survey of ISO14001-certified companies in Brazil[J]. Journal of Cleaner Production, 2010, 18(12): 1222-1225.

[126] Schuhwerk M E, Lefkoff H R. Green or non-green? Does type of appeal matter when advertising a green product?[J]. Journal of Advertising, 1995, 24(2): 45-54.

[127] Gin M S, Suho B. State-level institutional pressure, firms' organizational attributes, and corporate voluntary environmental behavior[J]. Society and Natural Resources, 2011, 24(11):1189-1204.

[128] 周曙东. 企业环境行为影响因素研究[J]. 统计与决策，2011（22）：181-183.

[129] 胡军. 生态创业：内涵、特征与驱动因素[J]. 天津商学学报，2006（2）：15-19.

[130] Child J. Organizational Structure,Environment and Performance:The Role of Strategic Choice[J]. Sociology, 1972, 1(6):2-22.

[131] Mintzberg H. The structuring of organizations：A synthesis of the research[M]. Englewood Cliffs，N.J.：Prentice-Hall，1979.

[132] Miles R E, Snow C C. Organizational strategy, structure and process[M]. Stanford University Press, 1978.

[133] Lumpkin G T, Dess G G. Clarifying the entrepreneurial orientation construct and linking it to performance[J]. Academy of Management Review, 1996, 1(21):135-172.

[134] 焦豪，周江华，谢振东. 创业导向与组织绩效间关系的实证研究——基于环境动态性的调节效应[J]. 科学学与科学技术管理，2007（11）：70-76.

[135] Khandwalla P N. Some top management styles，their context and performance[J]. Organizaton & Administratve Sciences，1977，7（4）：21-51.

[136] Miller D, Friesen P H. Strategy-making and environment：The third linkp[J]. Strategy Management Journal, 1983, 4：221-235.

[137] Covin J G, Slevin D P, Covin T J. Content and performance of growth-seeking strategies: A comparison of small firms in high-and low technology industries[J]. Journal of Business Venturing, 1990, 5(6): 391-412.

[138] Sapienza H J, Manigart S, Vermeir W. Venture capitalist governance and value added in four countries[J]. Journal of Business Venturing, 1996, 11（6）：439-469.

[139] Wiklund J. The Sustainability of the Entrepreneurial Orientation—Performance Relationship[J]. Entrepreneurship Theory and Practice, 1999, 24（1）：37-48.

[140] Kreiser P M, Marino L D, Weaver K M. Assessing the psychometric properties of the entrepreneurial orientation scale：A multi-country analysis[J]. Entrepreneurship Theory and Practice, 2002, 26（1）：71-94.

[141] Jambulingam T, Kathuria R, William R D. Entrepreneurial orientation as a basis for classification within a service industry：The case of retail pharmacy industry[J]. Journal of Operations Management, 2005, 23（1）：23-42.

[142] 张映红. 公司创业能力与持续竞争优势[J]. 经济与管理研究，2005（3）：24-28.

[143] 王重鸣，夏霖，阳浙江. 基于战略视角的创业导向研究[J]. 技术经济，2006（8）：1-2.

[144] 李璟琰，焦豪. 创业导向与组织绩效间关系实证研究：基于组织学习的中介效应[J]. 科研管理，2008（5）：35-41，48.

[145] 刘景江. 科技型新创企业创业导向：维度、测量和效度[J]. 自然辩证法通讯，2009（4）：49-56.

[146] 蒋峦，谢俊，谢卫红. 创业导向对组织绩效的影响——以市场导向为中介变量[J]. 华东经济管理，2010，24（5）：87-91.

[147] Isaak R. Green logic: Ecopreneurship, theory and ethics[J]. Greenleaf Publishing, 1999, 3(3): 302-304.

[148] 李先江. 绿色创业导向、探索性学习和低碳突破性创新关系研究[J]. 科学学与科学技术管理，2013（8）：120-128.

[149] 王秀峰. 中关村高新技术企业绿色创业导向与企业绩效关系研究[D]. 北京：北京林业大学，2013.

[150] 丁双. 创业导向与创新绩效的关系研究[D]. 长春：吉林大学，2017.

[151] 李华晶. 绿色创业的路径差异与融合：基于新企业与在位企业的比较分析[J]. 中国科技论坛，2013（9）：70-75.

[152] Zahra S A, Covin J G. Contextual influences on the corporate entrepreneurship-performance relationship: A longitudinal analysis[J].Journal of Business Venturing,1995, 1(10): 43-58.

[153] Venkatraman, Ramanujam V. Measurement of business performance in strategy research：A comparison of approaches[J]. The Academy of Management Review, 1986, 11（4）：801-814.

[154] Batjargal B. Social capital and entrepreneurial performance in Russia: A longitudinal study[J]. Organization Studies, 2003, 24 (4): 535-556.

[155] Hayton J C. Strategic human capital management in SMEs：An empirical study of entrepreneurial performance[J]. Human Resource Management, 2003, 42（4）：375-391.

[156] 蒋跃进，梁樑. 团队绩效管理研究述评[J]. 经济管理，2004（13）：46-49.

[157] 张君立，蔡莉，朱秀梅. 社会网络、资源获取与新创企业绩效关系研究[J]. 工业技术经济，2008（5）：87-90.

[158] 马鸿佳，董保宝，常冠群. 网络能力与创业能力——基于东北地区新创企业的实证研究[J]. 科学学研究，2010（7）：1008-1014.

[159] Delaney J T, Huselid M A. The impact of human resource management practices on perceptions of organizational performance[J]. Academy of Management Journal, 1996, 39（4）：949-969.

[160] Venkataraman S. The distinctive domain of entrepreneurshipresearch[A].Katz, J..Advances in

Entrepreneurship, FirmEmergence, and Growth, （l.3）[C].JAI Press, Greenwich, CT, 1997, 119-138.

[161] Chrisman J J, Bauerschmidt A, HOFER C W. The determinants of new venture performance: An extended model[J]. Entrepreneurship Theory and Practice, 1998, 23(1): 5-30.

[162] Lumpkin G T, Dess G G. Linking two dimensions of entrepreneurial orientation to firm performance: The moderating role of environment and industry life cycle[J]. Journal of Business Venturing, 2001, 16(5):429-451.

[163] 冯丽霞，贺亚楠. 建立以经济增加值为核心的业绩评价指标体系[J]. 中国农业会计，2002（5）：24-25.

[164] 马璐. 现代企业绩效评价系统的演变与发展趋势[J]. 科技进步与对策，2004（7）：89-91.

[165] Yusuf Y K. Sexism，English and Yorùbá[J]. Linguistik Online，2002，11（2）：7-23.

[166] Zahra S A,George G. Absorptive capacity: A review, reconcepetualization and extension[J]. Academy of Management Review, 2002, 27(2):185-203.

[167] Pavlou A P. Consumer acceptance of electronic commerce：Integrating trust and risk with the technology acceptance model[J]. Information & Management，2003，39（8）：705-719.

[168] Ambec S, Lanoie P. Does it pay to be green? a systematic overview[J]. Academy of Management Perspectives, 2008,22(4): 45-62.

[169] Hess D, Warren D E. The meaning and meaningfulness of corporate social initiatives[J]. Business and Society Review, 2008, 113(2):163-197.

[170] Parrish B D. Sustainability-driven entrepreneurship: Principles of organization design[J]. Journal of Business Venturing, 2010, 25(5):510-523.

[171] Ramus C A. Organizational support for employees: Encouraging creative ideas for environmental sustainability[J]. California Management Review, 2001, 43(3):85-105.

[172] Radonjic G, Tominc P. The impact and significance of ISO 14001 certification on the adoption of new technologies: The case of slovenia[J]. Management of Environmental Quality, 2006, 17(6): 707-727.

[173] Brammer S J, Pavelin S. Corporate reputation and social performance: the importance of fit[J]. Joumal of Management Studies, 2006, 43(3): 435-455.

[174] Hart S. A natural-resource-based view of the firm[J]. Academy of Management Review,

1995(20):986-1014.

[175] Harangzo G. Environmental management practices in the manufacturing sector[J]. Journal of East European Management Studies, 2010,15(4):321-359.

[176] 符健春，王重鸣，孟晓斌. 创业者领导行为与企业绩效：创业企业发展阶段的调节效应[J]. 应用心理学，2008（2）：129-140.

[177] Shepherd D A, Patzelt H. The new field of sustainable entrepreneurship: Studying entrepreneurial action linking “What is to be sustained” with “What is to be developed”[J]. Entrepreneurship Theory and Practice, 2011, 35(1):137-163.

[178] 李华晶，陈凯. 高管团队、绿色创业导向与企业绩效关系研究[J]. 软科学，2014（6）：90-94.

[179] 张明林，刘克春. 我国农业龙头企业绿色品牌“局部化”战略的现状、动机、问题与对策[J]. 宏观经济研究，2012（8）：97-103.

[180] 李先江. 新服务企业绿色创业导向、绿色动态能力与企业成长的关系[J]. 财经论丛，2014（2）：79-84.

[181] 李华晶，李永慧. 制度环境、绿色创业导向与绩效关系研究[J]. 社会科学辑刊，2015（2）：92-99.

[182] 张秀娥，杨柳，李帅. 绿色创业导向对可持续竞争优势的影响——绿色组织认同与绿色创新的链式中介作用[J]. 科技进步与对策，2021，38（1）：26-33.

[183] Namagembe S, Ryan S, Srid Ham R. et al. Enviropreneurial orientation in SME supply chains: Construct Measurement development[J]. World Journal of Entrepreneurship Management and Sustainable Development, 2017,13(2): 128-150.

[184] 薛梦. 绿色创业导向与企业绩效间关系研究[D]. 长春：吉林大学，2020.

[185] 张佳成. 绿色创业导向对创业企业绩效的影响[D]. 长春：吉林大学，2020.

[186] 张秀娥，滕欣宇. 绿色创业导向对农业创业企业绩效的影响——基于绿色动态能力和商业模式创新的链式中介作用[J]. 华东经济管理，2021，35（4）：82-90.

[187] 张秀娥，李清. 绿色创业导向能提高农业新创企业绩效吗？[J]. 科学学研究，2021，39（1）：93-102.

[188] 张秀娥，李清. 绿色创业导向能形成绿色竞争优势吗？[J]. 外国经济与管理，2021，43（5）：20-33.

[189] 李梦莹. 绿色创业导向的驱动因素及对企业绩效的作用机制研究[D]. 长春：吉林大学，

2021.
[190] Dixon-Fowler H R, Slater D J, Johnson J L, et al. Beyond "does it pay to be green？" A meta-analysis of moderators of the CEP-CFP relationship[J].Journal of Business Ethics, 2013,112(2): 353-366.
[191] 张启尧，孙习祥. 战略导向、绿色资源拼凑与绿色新创企业绩效关系的实证研究[J]. 管理现代化，2016，36（6）：46-48.
[192] 夏文蕾，陈晓芳，李琴，等. 绿色技术创新、媒体环保监督与企业绩效——来自重污染行业的经验数据[J]. 财会通讯，2020（16）：38-42.
[193] 任立改. 战略导向、绿色管理与企业财务绩效[J]. 财会通讯，2021（6）：61-65.
[194] 汪明月，李颖明，王子彤. 技术和市场双重不确定性下企业绿色技术创新及绩效[J]. 系统管理学报，2021，30（2）：353-362.
[195] 解学梅，朱琪玮. 合规性与战略性绿色创新对企业绿色形象影响机制研究：基于最优区分理论视角[J]. 研究与发展管理，2021，33（4）：2-14.
[196] JOYCE S, THOMSON I. Earning a social license to operate: Social acceptability and resource development in Latin America[J]. Cim Bulletin, 2000, 93(1037): 49-53.
[197] 贺爱忠，杜静，陈美丽. 零售企业绿色认知和绿色情感对绿色行为的影响机理[J]. 中国软科学，2013（4）：117-127.
[198] Koenker R W，Bassett G. Regression quantile[J]. Econometrica，1978，46（1）：33-50.
[199] 李先江. 绿色创业背景下顾客绿色抱怨与探索式绿色产品创新的关系研究[J]. 江西财经大学学报，2015（1）：43-54.
[200] 崔祥民，杨东涛，刘彩生. 绿色创业政府扶持体系研究——基于光伏、节能照明、新能源汽车的案例研究[J]. 科技管理研究，2016，36（12）：40-44.
[201] 李华晶，张玉利. 创业研究绿色化趋势探析与可持续创业整合框架构建[J]. 外国经济与管理，2012（9）：26-33.
[202] 吴德军. 公司治理、媒体关注与企业社会责任[J]. 中南财经政法大学学报，2016（5）：110-117.
[203] Cheryl R. Sustainable entrepreneurship in SMEs: A case study analysis[J]. Corporate Social Responsibility and Environmental Management,2010,17(3):125-132.
[204] Izaidin A M, Wei L K. Sustainable entrepreneurship (SE): a revised Model based on triple bottom line (TBL)[J]. International Journal of Academic Research in Business and Social

Sciences,2012,2(6): 293-310.

[205] 李华晶. 制度环境对绿色创业的驱动机理研究——以深圳市电动汽车发展为例[J]. 软科学，2013（9）：127-130.

[206] Spencer J W, Gomez C. The relationship among national institutional structures, economic factors and domestic entrepreneurial activity: a muhieountry study[J]. Journal of Business Research, 2004,57(10):1098-1107.

[207] 何凌霄，张忠根，南永清，等. 制度规则与干群关系：破解农村基础设施管护行动的困境——基于 IAD 框架的农户管护意愿研究[J]. 农业经济问题，2017（1）：9-21.

[208] York J G, Venkataraman S. The entrepreneur-environment nexus: Uncertainty, innovation, and allocation[J]. Journal of Business Venturing, 2010, 25(5):449-463.

[209] Gast J, Gundolf K, Cesinger B. Doing business in a green way: A systematic review of the ecological sustainability entrepreneurship literature and future research directions[J]. Journal of Cleaner Production, 2017, 147(1):44-56.

[210] Stubbs W. Sustainable entrepreneurship and B corps[J]. Business Strategy and the Environment, 2017(26): 331-344.

[211] Schimmenti E, Migliore G, Di Franco C P, et al. Is there sustainable entrepreneurship in the wine industry? Exploring Sicilian wineries participating in the SOStain program[J]. Wine Economics and Policy, 2016, 5(1):14-23.

[212] Ansari B, Mirdamadi S M, Zand A, et al. Sustainable entrepreneurship in rural areas[J]. Research Journal of Environmental and Earth Sciences, 2013,5(1):26-31.

[213] Fishbein M, Ajzen I. Belief, attitude, intention and behavior: An introduction to theory and research[M]. MA: Addison-Wesley, 1975.

[214] Shapero A, Sokol L. The social dimensions of entrepreneurship[M]. In C.A. Kent, D.L. Sexton, K.H. Vesper (Eds.), The Encyclopedia of Entrepreneurship Englewood Cliffs, NJ: Prentice-Hall, 1982.

[215] Woodward W J. A social network theory of entrepreneurship: an empirical study[D]. University of North Carolina at Chapel Hill, 1988.

[216] Meek W R, Pacheco D F, York J G. The impact of social norms on entrepreneurial action: Evidence from the environmental entrepreneurship context[J]. Journal of Business Venturing,

2010, 25(5):493-509.

[217] Mason C, Brown R. Creating good public policy to support high-growth firms[J]. Small Business Economics, 2013, 40(2):211-225.

[218] Harrison J S, Freeman R E. Stakeholders, social responsibility, and performance: Empirical evidence and theoretical perspectives[J]. Academy of Management Journal, 1999, 42(5):479-485.

[219] Henriques I, Sadorsky P. The relationship between environmental commitment and managerial perceptions of stakeholder importance[J]. Academy of Management Journal, 1999, 42 (1):87-99.

[220] Banerjee S B，Iyer E S，Kashyap R K. Corporate environmentalism：Antecedents and influence of industry type[J]. Journal of Marketing，2003，67（2）：106-122.

[221] 胡玲玉，吴剑琳，古继宝. 创业环境和创业自我效能对个体创业意向的影响[J]. 管理学报，2014（10）：1484-1490.

[222] Banerjee S B. Corporate environmental strategies and actions[J]. Management Decision, 2001, 39(1):36-44.

[223] Mcewen T. What, why, and how of ecopreneurship: Implications for entrepreneurship education[J]. Academy of Entrepreneurship, 2012, 18(2):33-40.

[224] Koe W, Majid I A. Socio-cultural factors and intention towards sustainable entrepreneurship[J]. Eurasian Journal of Business and Economics, 2014, 7(13):145-156.

[225] Lim K, Morse A, Mitchell K, et al. Institutional environment and entrepreneurial cognitions: A comparative business systems perspective[J]. Entrepreneurship Theory and Practice, 2010, 34(3):491-516.

[226] 方世建，桂玲. 创业、创业政策和经济增长——影响途径和政策启示[J]. 科学学与科学技术管理，2009（8）：121-125.

[227] 倪嘉成，李华晶. 制度环境对科技人员创业认知与创业行为的影响[J]. 科学学研究，2017（4）：585-642.

[228] Belz F M, Binder J K. Sustainable entrepreneurship: A convergent process model[J]. Business Strategy and the Environment, 2017, 26(1):1-17.

[229] Majid I A, Koe W L. Sustainable entrepreneurship (SE): A revised model based on triple bottom

line (TBL)[J]. International Journal of Academic Research in Business and Social Sciences, 2012, 2(6):293-310.

[230] 李培林，张翼. 国有企业社会成本分析——对中国 10 个大城市 508 家企业的调查[J]. 中国社会科学，1999（5）：41-56.

[231] Petty R E, Cacioppo J T. Involvement and persuasion: Tradition versus integration[J]. Psychological Bulletin, 1990, 107(3): 367-374.

[232] Bhate S. One world, One environment, one vision: are we close to achieving this? An exploratory study of consumer environmental behaviour across three countries[J]. Journal of Consumer Behaviour, 2002, 2(2): 169-184.

[233] D'souza C, Taghian M. Green advertising effects on attitude and choice of advertising themes[J]. Asia Pacific Journal of Marketing & Logistics, 2005, 17(3): 51-66.

[234] Fornell C, Larcker D F. Evaluating structural equation models with unobservable variables and measurement error[J] . Journal of Marketing Research ,1981, 18(1):39-50.

[235] Baron D. Private politics, corporate social responsibility, and integrated strategy[J]. Journal of Economics and Management Strategy,2004(10):7-45.

[236] Teece D, Pisano G, Shuen A. Dynamic capabilities and strategic management[J]. Strategic Management Journal,1997 (18):509-533.

[237] 陈习定，张芳芳，黄庆华，等. 基础设施对农户创业的影响研究[J]. 农业技术经济，2018（4）：80-89.

[238] 周洋，华语音. 互联网与农村家庭创业——基于 CFPS 数据的实证分析[J]. 农业技术经济，2017（5）：111-119.

[239] 陈昭玖，朱红根. 人力资本、社会资本与农民工返乡创业政府支持的可获性研究——基于江西 1145 份调查数据[J]. 农业经济问题，2011（5）：54-59.

[240] 芮正云，史清华. 中国农民工创业绩效提升机制：理论模型与实证检验——基于“能力-资源-认知”综合范式观[J]. 农业经济问题，2018（4）：108-120.

[241] 苏冬蔚，贺星星. 社会责任与企业效率：基于新制度经济学的理论与经验分析[J]. 世界经济，2011（9）：138-159.

[242] Chandler G N, Hanks S H. Measuring the performance of emerging businesses: A validation study[J]. Journal of Business Venturing,1993, 8(5):391-408.

[243] 刘小玄，李利英. 企业产权变革的效率分析[J]. 中国社会科学，2005（2）：4-16.

[244] 刘小玄. 民营化改制对中国产业效率的效果分析——2001 年全国普查工业数据的分析[J]. 经济研究，2004（8）：16-26.

[245] 胡一帆，宋敏，郑红亮. 中国国有企业民营化绩效研究[J]. 经济研究，2006（7）：49-60.

[246] 林毅夫. 政策性负担、道德风险与预算软约束[J]. 经济研究，2004（2）：17-27.

附　录

《农业农头企业绿色创业研究》调查问卷

尊敬的先生/女士:

您好！感谢您参加问卷研究。本研究得到国家自然科学基金项目的资助，旨在研究农业企业绿色创业行为。您的参与对我们的研究非常重要。问卷主要涉及您和您所在公司的绿色创业行为、创业绩效等，所有数据只作为统计处理之用，对您的答案将完全保密。如果您对研究结果感兴趣，请与我们联系。问卷题目无对错之分，请您根据所在公司和自己的实际情况做答。请不要遗漏任何一项。

再次感谢您的大力支持。

企业负责人:　　　　　　　　电话:　　　　　　　　邮箱:

第一部分　基本情况（在相应选项中打√）

1.你公司的名称：	2.你目前公司成立的年份：
3.企业性质是：□国有/集体；　□民营；　□外资/合资；　□其他（请注明）	
4.你公司是否已上市：□是；　□否	5.企业属于：□大型企业；　□中小型企业
6.你公司现有员工多少人：（　　）人	7.你公司上一年有员工多少人：（　　）人
8.公司总资产：□低于 1 000 万元；□1 000 万～5 000 万元；□5 000 万～1 亿元；□1 亿～4 亿元；□4 亿元以上	
9.企业注册地：（　）省（自治区、直辖市）	10.你公司在几个地区有经营业务：（　　）
11.你公司所在的行业（可多选）：□种植业；□畜产业；□家禽业；□水产养殖；□农产品加工业；□旅游开发；□其他	
12.你公司是否开展绿色业务：□完全没有；□研发小组；□项目团队；□产品事业部；□全公司重点业务	
13.你公司去年的销售额（万元）：□500 以下；□500～1 000；□1 000～3 000；□3 000～10 000；□10 000～30 000；□30 000 以上	
14.你公司非国有资产所占比例：□20%及以下；□21%～50%；□51%～80%；□80%以上	
15.你公司处于生命周期是：□初创期；□发展期；□成熟期；□转型期	
16.你公司在今后的 2 年内，是否打算提供绿色产品（或服务）：□是；□否	
17.你的年龄：	18.你的性别：□男；□女
19.文化程度：□初中以下；□初中；□高中；□大专；□本科；□研究生及以上	
20.你所在的部门：	21.你的职位：
22.你进入本公司任职的年份：（　　）	23.你任现职的年份：
24.你对公司所在产业的熟悉程度：□非常陌生；□比较陌生；□比较熟悉；□非常熟悉	
25.你公司承担了哪些社会责任（可多选）：□带动农民致富；□节约资源、保护环境；□保证农产品质量安全；□保障职工权益；□参与社会公共事业；□遵守商业道德；□依法纳税；□促进就业；□科技创新	

表 1　企业面临环境特征

请在以下题项上表示你的同意程度（在相应选项中打√）	1.非常不同意	2.不同意	3.不确定	4.同意	5.非常同意
企业实施环境保护行为可获得政府资金支持或税收减免	1	2	3	4	5
政府对实施清洁生产或有利于环境改善的企业给予融资支持	1	2	3	4	5
政府高度重视对环境生产企业的表彰和宣传	1	2	3	4	5
企业经营活动必须考虑对自然环境的影响	1	2	3	4	5
政府制定了比较完善的环境法规标准	1	2	3	4	5
环保部门对环境管制非常严格	1	2	3	4	5
企业违反环境制度时被察觉的可能性非常大	1	2	3	4	5
政府部门对不服从环境管理的企业会实施严厉制裁	1	2	3	4	5
消费者对企业生产的环境友好产品的需求非常大	1	2	3	4	5
消费者非常关注企业生产的环境友好产品	1	2	3	4	5
企业高度重视公众对本企业生产的环境友好产品的监督	1	2	3	4	5
企业高度重视媒体对本企业生产的环境友好产品的监督	1	2	3	4	5
企业高度重视消费者协会对环境友好产品的监督	1	2	3	4	5
企业所在行业或主管部门经常会开展环境培训（达标）活动	1	2	3	4	5
竞争对手取得了比较好的环境绩效	1	2	3	4	5
企业与供应商有比较好的环境合作	1	2	3	4	5
本地政府对社会公众的要求和呼声反应敏捷	1	2	3	4	5
人们相信本地政府会坚持道德标准和社会公正	1	2	3	4	5
本地政府的政策透明度很高	1	2	3	4	5
本公司股东对环境保护要求很高	1	2	3	4	5
社区居民对环保要求很高	1	2	3	4	5
消费者对环保要求很高	1	2	3	4	5
竞争者都实施节能减排	1	2	3	4	5
企业领导层很在意周边环境质量	1	2	3	4	5
企业领导层很关注各种环境问题	1	2	3	4	5
企业领导层在生活中很注重节能减排	1	2	3	4	5
企业领导层在工作中大力推行节能减排	1	2	3	4	5

第二部分 企业绿色创业行为

1．下列哪一项是你公司实施绿色创业的主要动因（ ）

①相关法律法规促进了绿色创业；

②实施绿色创业能更好地提高企业经济效益；

③为了符合消费者对生产工艺和产品实施绿色化生产的要求；

④为了实现绿色生态目标而选择绿色创业；

⑤领导层为了实现绿色创业偏好而选择绿色创业。

2．你认为你公司属于下列哪一种类型的绿色创业（ ）

①为实现绿色生态目标而实施创业，并把开发环保市场作为提升自身竞争力的重要手段；

②实施绿色创业的动力来自对利润的追求，对绿色投入缺乏积极性，但并不抵制；

③对绿色创业产生抵制，因为它会增加企业的负担。

3．当政府出台新的环保政策时，你公司会（ ）

①反对，因为会增加企业的负担；

②无所谓，因为不能确定新的环保政策对公司的影响；

③支持，因为从长期来看会促进企业的可持续发展。

4．绿色创业导向和行为

表 2 企业绿色创业导向

请在以下题项上表示你的同意程度（在相应选项中打√）	1.非常不同意	2.不同意	3.不确定	4.同意	5.非常同意
我们关注自身经营活动对环保的影响	1	2	3	4	5
我们认为人类社会应该与自然生态系统和谐共处	1	2	3	4	5
我们投入资金对自己的环境影响进行控制	1	2	3	4	5
企业管理层对相关环保的关注度非常高	1	2	3	4	5
我们致力于提升公司整体的环保意识	1	2	3	4	5
公司致力于促进员工的成长和发展	1	2	3	4	5

请在以下题项上表示你的同意程度（在相应选项中打√）	1.非常不同意	2.不同意	3.不确定	4.同意	5.非常同意
公司积极参与所在地的发展建设	1	2	3	4	5
作为企业家首要的是承担社会责任	1	2	3	4	5
公司通过积极行动影响公众	1	2	3	4	5
公司积极行动解决社会问题	1	2	3	4	5
公司强调成本控制提升利润	1	2	3	4	5
公司与竞争对手相比较的主要关注点是盈利水平	1	2	3	4	5
公司目标设定聚焦于销售额和利润率等财务指标	1	2	3	4	5
公司绩效考核中设置许多盈利性指标如投资回报率等	1	2	3	4	5
公司根据盈利水平分配年终奖金	1	2	3	4	5
管理层偏好高风险高回报的机会	1	2	3	4	5
管理层重视技术研发，开发创新产品	1	2	3	4	5
过去 3 年内引进的新产品和新服务数量比较多	1	2	3	4	5
过去 3 年中新产品新服务的变化程度比较大	1	2	3	4	5
引进新管理方法或新运作技术的程度比较大	1	2	3	4	5
公司对绿色（或低碳）新产品线的开发程度较大	1	2	3	4	5
公司对现有产品线的绿色（或低碳）改造力度较大	1	2	3	4	5
公司强调绿色（或低碳）产品创新、绿色（或低碳）技术领先和研究开发程度较突出	1	2	3	4	5
通常是贵公司先采取绿色或低碳行动，同行再跟进或回应	1	2	3	4	5
公司倾向于作为“领导者”，经常比同行领先推出绿色（或低碳）新产品或抢先进入绿色（或低碳）新市场，或率先引用新的绿色（或低碳）管理模式、新的绿色（或低碳）技术	1	2	3	4	5
公司高层主管经常审视产业发展趋势，率先掌握绿色（或低碳）机会，提早行动应对变化	1	2	3	4	5
公司开发具有高风险、高回报的绿色（或低碳）项目	1	2	3	4	5
公司采取大胆的、迅速的绿色（或低碳）行动来达到公司目标的程度	1	2	3	4	5
公司倾向于采取较大胆的态度，以掌握潜在的绿色（或低碳）机会的力度	1	2	3	4	5

表 3 企业绿色创业行为

请在以下题项上表示你的同意程度（在相应选项中打√）	1.非常不同意	2.不同意	3.不确定	4.同意	5.非常同意
企业采购过程中避免水、空气和土壤的污染	1	2	3	4	5
企业在可能的环节使用健康环保材料	1	2	3	4	5
企业使用清洁能源	1	2	3	4	5
企业环境部门领导参与采购事务	1	2	3	4	5
企业采购时根据环境指标选择供应商	1	2	3	4	5
物流和仓储环节使用绿色化	1	2	3	4	5
企业首先考虑引入环境友好的新技术和新产品	1	2	3	4	5
企业注意生产过程副产品的控制和回收	1	2	3	4	5
企业经常进行清洁和健康生产审计	1	2	3	4	5
企业投入大量资源进行 ISO 14001 环境管理认证	1	2	3	4	5
产品包装注重环保材料	1	2	3	4	5
企业大量投资于环境友好产品的创新和研发	1	2	3	4	5
企业与环保研发机构结成合作伙伴	1	2	3	4	5
企业制定了环境管理制度	1	2	3	4	5
企业在考核和奖励时注重环境指标	1	2	3	4	5
企业管理层对环保比较关注	1	2	3	4	5
企业对员工加强绿色理念和技能培训	1	2	3	4	5
企业注重树立绿色文化	1	2	3	4	5
企业在产品健康环保上处于行业领先地位	1	2	3	4	5
企业在环保绩效方面的设定标准很高	1	2	3	4	5
企业在制订战略规划时包括环境绩效指标	1	2	3	4	5
企业在广告中强调产品和服务的健康环保特性	1	2	3	4	5
企业产品和服务的营销战略受环境保护的影响	1	2	3	4	5
企业广告中突出对环保健康的承诺	1	2	3	4	5

第三部分 企业绩效情况

表 4 企业创业绩效

请在以下题项上表示你的同意程度（在相应选项中打√）	1.很低	2. 较低	3.一般	4.较高	5.很高
与过去 1～3 年相比，您公司的营业收入增长速度如何	1	2	3	4	5
与过去 1～3 年相比，您公司的净利润如何	1	2	3	4	5
与过去 1～3 年相比，您公司的投资收益率如何	1	2	3	4	5
与过去 1～3 年相比，您公司的员工数量增长如何	1	2	3	4	5
与周围竞争对手相比，您公司的营业收入增长速度如何	1	2	3	4	5
与周围竞争对手相比，您公司的利润增长速度如何	1	2	3	4	5
与周围竞争对手相比，您公司的市场份额如何	1	2	3	4	5
与周围竞争对手相比，您公司的员工数量增长如何	1	2	3	4	5
与同行业内相比，您公司的营业收入增长速度如何	1	2	3	4	5
与同行业内相比，您公司的利润增长速度如何	1	2	3	4	5
与同行业内相比，您公司的市场份额如何	1	2	3	4	5
与同行业内相比，您公司的员工数量增长如何	1	2	3	4	5

表 5　企业绿色创业绩效

请在以下题项上表示你的同意程度（在相应选项中打√）	1.非常不同意	2.不同意	3.不确定	4.同意	5.非常同意
与去年相比公司绿色节能业务的市场占有率提高	1	2	3	4	5
与去年相比公司绿色节能业务占公司总销售额的比重提升	1	2	3	4	5
最近一年公司绿色业务的盈利状况良好	1	2	3	4	5
公司绿色节能相关员工对公司的未来前景充满信心	1	2	3	4	5
公司绿色节能相关员工对公司业绩满意度较高	1	2	3	4	5
公司绿色节能相关员工数目增长较快	1	2	3	4	5
绿色节能业务部门的员工想调离公司的人数较少	1	2	3	4	5
绿色节能相关员工的工作能力提高较快	1	2	3	4	5
绿色节能相关员工之间彼此的认同提升较快	1	2	3	4	5
绿色节能相关员工对公司非常认同	1	2	3	4	5
由于公司的创业行动，创造了良好的社会影响	1	2	3	4	5
公司影响了上下游企业的绿色价值观	1	2	3	4	5
由于与本公司的业务关系，上下游企业改变了他们的经营实践	1	2	3	4	5
相比竞争对手，社会各界愿意为本公司提供帮助	1	2	3	4	5
公司在知识产权方面取得了重大突破	1	2	3	4	5
公司相比竞争对手取得的专利数量非常多	1	2	3	4	5
公司相比竞争对手取得的核心专利项目数量非常多	1	2	3	4	5

第四部分 企业社会责任

表6 企业社会责任题项

请在以下题项上表示你的同意程度（在相应选项中打√）	1.非常不同意	2.不同意	3.不确定	4.同意	5.非常同意
企业在带动农民致富上做得非常好	1	2	3	4	5
企业应当节约资源、保护环境	1	2	3	4	5
企业应当保证农产品质量安全	1	2	3	4	5
企业应当保障职工权益	1	2	3	4	5
企业应当积极参与社会公共事业	1	2	3	4	5
企业应当严格遵守商业道德	1	2	3	4	5
企业能非常好地依法纳税	1	2	3	4	5
企业能积极促进就业	1	2	3	4	5
企业应当积极进行科技创新	1	2	3	4	5

致　谢

本成果受国家自然科学基金面上项目“农业龙头企业绿色创业：行为测度、驱动机理及绩效评价研究”（71473111）、“精准扶贫背景下产业扶贫政策的福利效应、模式比较与瞄准机制研究”（71973061）、“信息干预下农村居民生活垃圾分类行为选择、绩效评价及治理机制研究”（72073059）以及江苏省高校品牌专业建设工程二期项目（经济学专业）联合资助，在此表示感谢！